반국가 세력의 혁명과
대통령 윤석열의 반혁명을 말한다

혁명과 반혁명

장영관 저

북저암

혁명과 반혁명

반국가 세력의 혁명과 대통령 윤석열의 반혁명을 말한다

초판 1쇄 인쇄 2025년 2월 25일
초판 1쇄 발행 2025년 2월 28일

저　자 장영관
발행인 장영관

발행처 북저암
등록번호 제399-53-00755호

주소 서울 마포구 큰우물로 75, 405호
전화 010-8671-0710　**팩스** 070-4185-7319
이메일 kalxon888@naver.com

ISBN 979-11-986047-5-0　03340

이재명이 웃고 있다
그의 등 뒤에는 허공에다 주먹을 휘두르며 쓸모없는 존재의 민망함을 달래는 여당 의원들이 있다
천재적이고 사이코패스적 악인 이재명에게는 아무런 소용이 없다는 것을 그들도 알 것이다
국민인 우리의 앞날은 무사할까

눈보라가 아득한 한남동 그 곳에서 한 젊은이가 웃고 있다
그의 웃음에 희망을 걸고 싶은 마음, 나는 나의 이 무기력에 분노한다
국민저항권이라는 막다른 길만 남은 것인가

PROLOGUE •

박근혜의 국정농단이 없었듯 윤석열의 내란도 없다. 종북좌익 세력이 자유민주 정부의 권력을 강탈하고 대한민국을 좌익의 땅으로 만들기 위한 혁명이 있었을 뿐이다. 대통령 윤석열은 좌익혁명을 막으려 했고 이것은 그가 내란죄를 거꾸로 뒤집어 쓴 이유다. 윤석열의 반혁명이 성공해야 대한민국이 산다. 실패하면, 지옥문이 열릴 것이다.

윤석열의 버티는 뚝심 하나는 대한민국 자유민주 진영 정치인 중 최고다. 문재인이 배후에서 사주한 추미애의 칼춤에서도 그는 끄떡 없었고 이는 국민이 그를 대통령으로 선택한 정서적 바탕이었다. 작은 위험만 감지되어도 몸을 도사리는 엘리트 집단 출신의 우익 정치인들 사이에서 그는 독보적이다. 박근혜 탄핵 정국에서 문재인 세력의 칼잡이가 된 원죄를 비롯하여 그의 많은 흠집과 결점에도 불구하고 반국가 세력으로부터 대한민국의 자유민주주의를 지켜내겠다는 의지 하나만으로도 그는 자유 대한민국의 큰바위 얼굴이다.

헌재에 출석한 윤석열은 "저는 철 들고 난 이후로 자유민주주의 신념 하나를 확고히 가지고 살았다"고 말했다. 그가 다시 제자리로 돌아온다면 이제는 버티기에만 머물지 않고 반국가 세력의 청소에 적극 나서길 바란다. 오랫동안 '나쁜놈 잡는 칼잡이'였던 그가 누구보다도 잘할 수 있는 일일 것이며 이것은 국민이 그를 대통령으로 뽑은 첫 번째 이유다. 그가 내란세력

6

으로부터 내란죄라는 어이없는 죄목으로 구속되는 것을 목도하며 대한민국 정치판을 조금이라도 아는 국민들은 "문재인과 이재명을 구속하지 않고 종북세력을 심판하지 않는다면 윤석열도 박근혜 꼴이 날 것"이라며 소주 안주 삼았던 말이 결국 그의 귀에까지 닿지 않았다는 사실에 절망했다. 소주 안주로 끝나야 할 일이 현실이 되다니.

 윤석열이 다시 제자리로 돌아오고 나서도 문재인과 이재명을 단죄하지 않는다면 그는 다시 감방으로 가게될 것이며 이번에는 그의 감방살이가 오랠 것이다. 범죄자가 자신의 천국을 만들고 반국가 세력이 통치하는 나라에서 자유민주주의 신봉자 윤석열이 가야 할 곳은 감옥 뿐이지 않겠는가. 그가 선포했던 비상계엄의 목적이 반드시 실행되고 완성되어야 하는 이유다. 그래야 윤석열 그가 무사하고, 국민인 우리가 평안하고, 자유민주주의 국가 대한민국이 존속될 수 있다. 국민인 우리가 인민이 된 후의 삶은 죽음과 다르지 않을 것이다. 북한에 있는 동포를 보라. 윤석열의 반혁명은 성공해야 한다. 그것을 말하려 한다.

2025. 2.
울릉도 저동 서재에서
장영관

CONTENTS •

제 2 장

혁명의 거짓과
반혁명의 진실

제 3 장
대한민국 대통령 윤석열의
반 혁 명

제 4 장

윤석열을 무너뜨리는
그들의 기술

제 5 장

좌익의
이 반란

국민인 우리가 따라가야 하는 꿈은 어느 쪽인가 • 217

제1장

북한의 지령에서 시작된
탄핵

자유애국 진영의 국민은 종북단체들이 북한정권의 지령에 따라 수시로 집회외 시위를 벌이고 정부가 간첩을 잡지 않는 현실을 근거로 대한민국이 이미 좌익의 나라가 되었다고 생각한다. 좌익 세력은 이런 주장을 철지난 이념타령이라고 폄훼하고 그들이 북한의 지령에 따라 움직인다는 증거가 있느냐고 응수한다. 그들의 특기인 오리발 전술이다. 좌익단체들이 북한의 지령을 수령하고 그것을 실행하는 것은 대한민국 77년의 역사에서 엄연한 사실이다. 이를 입증하는 직접적 기록과 자료는 많다. 국정원 등의 국가 기관의 자료는 물론 10년, 20년 전의 신문기사만 찾아봐도 쉽게 알 수 있다. 비교적 최근의 조선중앙통신 등 북한 언론의 보도, 북한 최고 권력자의 담화문과 간간이 나오는 대남 협박성 메시지, 그리고 뒤이은 남쪽 종북단체들의 주장과 집회와 시위에서 목격되는 그들의 구호와 행동을 관찰하면 과거의 자료를 들추지 않고도 바로 알 수 있다. 과거에는 수시로 발표되었으나 '철지난 이념몰이'라는 거짓 프레임이 진실로 행세하는 지금은 어쩌다, 드물게, 간간이 보도되는 간첩과 간첩단의 수사결과에도 북한의 지령을 직접 수령하고 이를 실행에 옮긴 내용은 빠지지 않는다. 종북좌익 세력이 박근혜를 탄핵한 사실과 이어 8년이 지나 다시 윤석열을 탄핵하기 위해 나선 것은 자유민주 정부를 무너뜨린 후 대한민국의 체제를 좌익의 나라로 변경하려는 좌익혁명이며 이것이 북한의 지령으로부터 시작된 것이라는 사실을 말하려 한다.

1절

•

북한의 지령을 수령하고
실행하는 혁명정당

　"요즘 세상에 간첩이 어디에 있나" 2009년 한 연예프로에 출연한 후 인기를 얻어 깜짝스타가 된 안철수가 정치판에 등장할 당시 그의 부친이 한 이 말은 대 유행어가 되었다. 통진당이 해산될 때 '지금도 간첩이?' 라고 생각한 많은 국민은 뚱한 표정이었고 그래서 통진당과 민주당의 저항이 국민으로부터 상당부분 이유있는 것으로 받아들여졌다. 이로부터 십수 년이 지나 대한민국 제20대 대통령 윤석열은 "나라에 이렇게 간첩이 많나"라며 놀라워 했다. 청주간첩단, 민노총간첩단, 창원간첩단, 전북간첩단, 제주간첩단 등 문재인이 잡기는 커녕 국정원의 간첩잡는 역할까지 불법으로 만들며 보호하고 키워준 간첩들이 봇물처럼 터져 나왔으니 대통령이 놀란 것은 당연할 것이다. 한 언론은 이를 두고 "대한민국이 뻘겋다"(문화일보, 2023.6.8)는 제목의 기사를 내기도 했다. 대한민국은 간첩들의 세상이 되었다. 그들은 2025년 지금 이 나라를 완전한 좌익의 나라로 만들기 위해 거센 폭풍을 일으키고 있다. 박근혜 윤석열 두 자유민주 정부를 뒤엎고 좌익의 나라를 만드는 것, 이것이 한번은 성공했고 또 한번은 지금 맹렬하게 몰아가고 있는 우익 대통령 탄핵의 본질이다.

1. 김일성의 생각대로 된 남조선

1950년 9월 UN군의 인천상륙작전이 임박하자 김일성은 남한을 점령하고 있던 인민군에게 퇴각명령을 내린다. 이때 남한 내의 지방 조선로동당을 향해 6개항으로 된 지시를 하달한다. 그 중에는 '당을 비합법적인 지하당으로 개편할 것'이라는 내용이 포함되어 있었다. 그러나 북상하는 UN군에 의해 북한군이 중국 국경까지 밀리는 급박한 전황 속에서 지하당의 유지는 불가능했다. 휴전 후에는 폐허가 된 북한을 재건해야 하는 상황이라 대남공작을 추진할 여력이 없었다. 그러나 휴전 7년이 지난 1960년 남한에서 일어난 4.19를 본 김일성은 절호의 기회를 놓쳤다고 생각한다. 6.25 남침 당시 남한 전역을 신속히 장악하지 못한 것은 남한 내 공산당 조직의 힘이 미약했기 때문이며 4.19 혼란을 남한 공산혁명의 결정적 기회로 만들지 못한 것도 남한 내에 과거 남로당과 같은 혁명을 지도할 조직이 없었기 때문이라는 결론을 내린 김일성은 1961년 9월 제 4차 노동자대회에서 당에 지시를 내린다. "남한 내에 혁명적 지하당 조직을 강화하라."

이때부터 북한은 남한에 간첩을 침투시켜 지하 조직을 구축하고 혁명 투쟁을 전개한다. 남한 사회를 교란하고 남한 정부의 전복을 꾀하는 그들의 긴 투쟁은 그렇게 시작된다. 인혁당, 문재인 자신이 존경하는 사상가라고 세계 만방에 밝힌 신영복과 한명숙의 남편 박성준이 활동한 통혁당, 22대 국회에서 국회부의장의 지위에 까지 오른 이학영이 활동한 남민전 등이 이런 조직이다. 이들은 박정희가 사라진 후 지상으로 올라오더니 김대중 정권 때부터는 때로는 지하에서 은밀하게, 때로는 합법적이고 공개적으로 대한민국 전복 공작과 북한을 위한 이적활동을 활발하게 전개한다. 조국과 은수미의 사노맹, 문익환 윤이상 황석영 등이 활동한 범민련, 국무총리 김부겸이 남파간첩을 접촉한 혐의로 유죄를 받은 중부지역당, 강철서신의 김영환이 주도하고 학생 김일성주의자 이석기를 키운 민혁당, 일심회간첩단, 왕재산간첩단 등이 있다. 그리고 문재인이 오랫동안 지원하고 보호해준 이석기의 통진당이 있다.

2014년 헌재의 판결로 통진당이 해산된 후 북한의 지령을 받는 혁명 조직은 사라졌을까. 아니다. 통진당 해산 후 더불어민주당이 그 역할을 계승하여 통진당보다 월등히 효율적이고 강력하게 투쟁하고 있다. 간첩과 종북주의자들은 노무현 사후 학생 운동권 그룹과 연합하여 더불어민주당의 핵심 파벌이 되었고 그들은 문재인을 지도자로 내세우고 우익정부를 흔들어 대는 9년간의 긴 투쟁을 벌인다. 그리고 다시 정권을 잡는데 성공한다. 이미 김대중 노무현 정부 때부터 정치판의 주류가 된 그들은 문재인의 집권으로 대한민국의 모든 영역을 장악한다. 김일성이 6.25 전쟁 당시 남한에서 퇴각하며 내린 지시와 4.19 직후 내린 지령의 창대한 결과다. 2017년의 박근혜 탄핵에 이어 8년이 지난 지금 윤석열을 탄핵하겠다며 날뛰고 있는, 현재 우리가 생생히 보고 있는 더민주당의 주사파 정치인들, 민노총 전교조 전농의 종북주의자들, 사법부의 주류가 된 좌익 검사와 판사, 그들이 70년 묵은 김일성의 생각과 지시를 충실히 받들어 성취한 결과다. 김일성의 생각대로 된 것이다.

2. 더불어민주당의 혁명 이력서

마르크스 레닌주의를 신봉하는 이땅의 좌익의 역사는 일제 치하에서 시작된다. 나라를 잃은 시대상황으로 인해 그들은 소비에트와 중국공산당에 긴밀하게 연결되어 있었다. 정통 좌익의 족보다. 반면 해방정국에 설립된 남로당남조선로동당은 북한과 직접 연결된 조직이다. 이때부터 한국의 좌익은 마르크스 레닌주의의 정통 좌익세력과 김일성주의를 따르는 인혁당인민혁명당 통혁당통일혁명당 등의 변형좌익 지하정당으로 나뉜다. 1970년대까지 그렇게 이어오던 좌익의 두 세력은 박정희 정부가 종료되고 1980년대부터 두 권의 족보책으로 선명하게 구분되는 계기를 맞는다.

강력한 반공주의 정책을 전개하던 박정희의 퇴장으로 좌익 학생혁명가들이 급격히 증가하면서 좌익세력은 새로운 이름인 PD민중민주계열과 NL민족해방계열로 갈라진다. PD계는 마르크스 레닌 사상을 따르는 정통 사회주의 계열로 심상정 노회찬 등 지금의 정의당 계열이 대충 이에 가깝다. 북한 체제를 사회주의로 인정하지 않는 그들은 친북이 아니라 오히려 반북의 입장을 취한다. 반면 NL계는 김일성사상을 따르는 종북주의 세력이다. 전대협 한총련 사노맹남한사회주의노동자동맹 중부지역당남한조선노동당중부지역당 민혁당민족민주혁명당 통진당통합진보당 등이다. 이 두 좌익계열은 1980년대 말까지 협력하고 경쟁하고 때로는 대립했다. 그러나 1991년 북한정권이 거물간첩 이선실을 남파하여 천문학적 규모의 자금을 뿌리며 NL계를 거대조직으로 만든 후 NL계는 제도권 정당인 민주당을 중심으로 전교조 민노총 등 거대 조직화에 성공한다. 이때부터 NL계는 대한민국 정치판에서 압도적인 주류가 된다. 지금은 대한민국을 거의 완전하게 장악한 종북주의 세력의 간략한 족보다.

NL계는 1960년대부터 지하 혁명조직에 뿌리를 둔 기성세력과 1980년대 이후 급팽창한 전대협 한총련 등의 학생 주사파 세력으로 나뉜다. 이 두 세력은 과거에는 지하에서 지도하고 지도를 받으며 은밀하게 협력하는 관계였으나 김대중이 집권하면서 공개적으로 권력을 공유하며 이 나라를 종북의 땅으로 만드는 혁명동지가 된다. 김대중 노무현 두 좌익정권 10년 동안 이들은 단일대오를 형성하며 대한민국을 좌익의 국가로 만드는 혁명에 박차를 가한다. 그러나 그들의 좌익이념적 통치는 나라를 혼돈과 경제적 쇠락으로 빠트렸고 10년을 끝으로 그들은 국민의 선택을 받지 못한다. 실권한 그들은 노무현의 퇴장과 함께 스스로를 폐족이라 규정하고 사라지는 듯 보였으나 자칭 노무현의 친구인 문재인을 앞세워 다시 세력을 규합한다. 그리고 이명박 박근혜 정부를 향해 거센 공격을 이어갔다.

자유민주 정부를 공격한 좌익세력은 크게 둘로 나뉜다. 하나는 호남 정치세력과 연합한 민주당 계열이었고 또 하나는 민주당의 지속적인 지원을 받는 한편 북한과 직접적으로 연결된 이석기의 통진당이다. 그러나 박근혜 정부에서 이석기가 구속되고 통진당이 해산되자 모든 주사파 종북세력은 문재인의 더민주당으로 통합된다. 그들은 거짓 조작 은폐 모략 선전 선동 등의 전통적 공산주의 혁명의 기술에다 남미식 포퓰리즘 수

단까지 구사하며 우익의 박근혜 정부를 전복시키는데 성공한다. 그렇게 정권을 장악한 문재인은 대한민국의 모든 영역을 파괴하고 북한의 이익에 부합하는 통치를 펼쳤다. 문재인이 물러나고 정권연장에 실패한 그들은 자신의 온갖 범죄혐의에 대한 처벌에서 벗어나기 위해 무슨 짓도 다 하는 이재명이라는 부지런하고 사악한 잡범을 결사옹위하며 대한민국을 완전한 종북의 나라로 만들기 위해 지금도 가열차게 싸우고 있다. 이 것이 한국 정치사에서 종북주의 정당의 적통을 계승하는 2025년 현재의 더불어민주당의 간략한 혁명 이력서다. 더불어민주당을 민주주의 정당으로 잘 못 알고 있는 MZ세대에게 꼭 알려주고 싶어 지면을 할애한다.

통진당의 큰집

2014년 12월 19일 헌법재판소 소장 박한철은 이석기의 통합진보당에 대해 "북한식 사회주의를 실현한다는 숨은 목적을 가지고 내란을 논의하는 회합을 개최하는 등 활동을 한 것은 헌법상 민주적 기본질서에 위배되고, 이러한 피청구인의 실질적 해악을 끼치는 구체적 위험성을 제거하기 위해서는 정당해산 외에 다른 대안이 없다"고 설명하며 해산을 선고했다. 통진당은 자유민주주의 대한민국을 전복시키고 '혁명의 그날'을 성취하기 위해 남한의 통신망을 파괴하고, 철도를 끊고, 가스시설을 폭파하고, 유류 탱크 폭파를 계획했으며 어린 자식을 교육시켜 무대에서 대한민국 정부를 비난하는 내용의 해괴망측한 노래를 부르게 만드는 사람들이 모여 마르크스주의식 폭력혁명노선을 지향하고 북한과 긴밀히 연계하며 이 땅을 북한식 공산주의 국가로 만들겠다는 목표를 세우고 만든 정당이다. 헌재의 선고문에는 이런 통진당을 '북한식 사회주의를 한국에 구현하려는 반역집단'으로 분명히 규정하고 있다.

국정원 등의 공안기관이 간첩단을 적발하고 수사를 통해 밝혀낸 내용에 의하면 북한이 남한에 조직한 지하혁명단체들은 북한으로부터 공작금과 무기를 수령하고 수시로 지령을 받고 보고를 하며 활동한 점에서 공통적이다. 헌재가 통진당을 위헌정당으로 판결하고 강제해산을 명령할 때의 수사기록에는 북한의 지령문과 통진당의 대북보고서도 포함되어 있었다. 이 기록에 의하면 북한은 통진당을 통해 '김정일의 령도를 실현' 하려 했고 이에 의해 북한 로동당의 지령과 똑 같은 내용으로 통진당의 당직 인선이 이루어졌으며 통진당의 강령을 바꾸라는 구체적인 지령을 내린 기록도 있다. 통진당은 북한이 직접적으로 움직였으며 이석기 등의 활동은 북한의 직접 지령에 의한 것임을 알 수 있다. 2000연대의 대표적 간첩단 사건인 왕재산 간첩단과 일심회 간첩단도 그 총책이 북한에 들어가거나 중국에서 조선로동당 간부와 접촉하고 지령을 받는 등 북한과 내통하며 움직인 조직이다. 로동당은 일심회를 통해 통진당의 전신인 민노당의 중앙당과 서울시당 장악을 시도하기도 했는데 지령문을 통해 "민노당 정책방향을 우리 당의 요구에 부합하도록 할 것, 중앙당 간부 대오를 친북 NL계열로 영입 강화할 것, 민노당이 통일전선적 정당이 되도록 대회사업을 영도할 것" 등의 지시를 내렸다. 또한 "장군님의 영도를 실현하라"는 지령을 내렸고 통진당과 연계된 일심회는 '장군님의 포탄이 되어 과업을 완수할 것'을 다짐했다.(신동아, 2015년 1월호)

이적 정당이자 반국가 정당인 통진당이 국회 제3당이 될 수 있었던 것은 더불어민주당이 없었다면 불가능했다. 김일성은 절세의 애국자'라 며 김일성을 숭배하고 북한의 남침에 호응하여 남한에서도 무장봉기를 일으키기 위해 총기를 준비하고 경찰서를 습격하는 등의 계획을 세우다 대법원의 실형 선고를 받은 이석기를 두 번의 특별사면과 이로 인한 피 선거권 회복으로 수 년 후에는 당당하게 국회에 입성할 수 있었던 것은 노무현 정권이 북한당국과 모종의 커넥션이나 거래가 있었던 것이 분명 하다. 여기에는 노 정권에서 두 번이나 민정수석을 지낸 문재인의 역할 이 결정적이었다. 또한 대통령이 된 문재인은 대한민국에서 자신만 가진 유일한 권한으로 2021년 12월 24일 감옥에 있던 이석기를 다시 한번 가 석방으로 풀어주었다. 2013년 대한민국 체제를 전복하기 위해 실행을 모 의하는 등 내란선동혐의로 구속된 그를 다시 풀어준 것이다. 국가전복 을 모의했다면 대역죄다. 문재인은 이런 이석기를 한명숙과 함께 풀어주 는 것을 자신의 살아있는 권력으로 해야할 마지막 임무로 여기는 듯 보 였다. 그렇게 풀려난 이석기는 2025년 지금의 윤석열 탄핵정국에서 문재 인 보다 로동당 서열이 더 높은 위치에서 민노총의 양경수 위원장을 막 후에서 조종하며 거리의 투쟁을 총지휘하고 있는 것으로 이동호 교수 등 의 전문가들은 추정한다.

큰집이 아니라 한집

전쟁이 발발하면 북한군에 동조하여 남한의 국가 기간시설을 타격할 수 있도록 준비하고 조직원들에게 '전쟁 대비 3대 지침'을 하달 하는 등 내란 음모와 국가전복 기도 혐의로 감옥생활을 하던 이석기는 문재인의 도움으로 사면되어 후에 통진당에 흡수된 노회찬 심상정의 민주노동당에 기생하며 세력을 키운다. 이어 이름이 바뀐 통진당을 완전히 장악하고 2010년 전후부터는 대한민국 공산혁명 세력의 전위부대로 성장한다. 이것은 6.25전쟁 후 60여 년 동안 지하조직으로 존재하던 공산혁명 정당이 마침내 지상으로 올라와 합법적으로 활동하게 된 획기적인 일이다. 공산주의 지하정당이 합법적인 혁명활동을을 수행하게 된 이 역사적 대사건의 중심에는 이석기가 있었다. 그러나 이석기의 족쇄를 풀어준 것은 노무현과 문재인이며 이와 함께 이석기의 국회입성을 가능케 해준 한명숙 임종석 등 더불어민주당 세력의 지원이 절대적이었다. 물론 그 배후에는 이 땅의 모든 종북좌익 세력과 북한 정권이 있었지만 이석기를 제도권에 진입시킨데는 권력자들인 이들의 방조가 없었다면 불가능했을 것이다.

2012년 3월 13일 국회 구내식당에서는 4월11일의 19대 국회의원 총선을 앞두고 '야권연대 공동선언'행사가 열렸다. 참석자는 민주당의 대표 한명숙, 통진당 공동대표 이정희 유시민 심상정, 재야 원탁회의 멤버 백낙청과 노수희 등이 참석했다. 노수희는 범민련 남측본부 부의장으로 이 야권연대 행사 열흘 후 밀입북하여 104일간 평양에 체류하며 김일성 김정일 김정은 만세를 외치는 등 북한 찬양행위를 하고 돌아와 국보법 위반과 이적행위 혐의로 4년형이 확정된 사람이다. 이 날 야권연대 행사에서 합의한 주요내용은 통진당이 후보를 내는 지역구에는 민주당의 후보를 내지 않는 것이었다. 이런 야합으로 치루어진 선거에 의해 통진당은 지역구에서 무려 7명의 당선자를 낼수 있었다. 또한 민주당 지지자들이 지역구는 민주당 후보에 투표하고 정당은 통진당에 투표하도록 유도하는 방법으로 비례대표 의원도 6명이나 당선시켰다. 이로써 대한민국 전복을 준비하던 통진당은 13명의 국회의원을 배출하여 원내 제3당이 된다. 이것은 원탁회의 원로들을 포함한 종북좌파 세력 전체가 나선 것이지만 합법성과 정통성을 가진 좌익정당 민주통합당의 주사파 대모 한명숙 당대표와 한명숙의 심복이었던 임종석 당 사무총장, 그리고 그해 말 대선주자로 나선 문재인의 역할이 결정적이었다.

이렇게 해서 국회의원이 된 사람은 이석기를 필두로 김재연 이상규 김미희 오병윤 등이며 통진당 세력과 긴밀한 관계였던 임수경은 민주당 비례대표로 국회의원이 되었다. 이석기는 결국 노무현 정권의 '이해할 수 없는' 두 번의 특별사면으로 피선거권을 회복하여 국회의원에 출마할 수 있었고 한명숙과 임종석의 '이해할 수 없는' 파격적 양보로 결국 국회의원에 당선되었다. 이로써 조직원들에게 '김일성은 절세의 애국자'라는 사상학습을 했던 이석기는 국회의원이 되어 국회에서 고급 국가정보를 취득하며 국회를 혁명투쟁의 교두보로 확보할 수 있었다. 반국가행위를 한 이석기가 국가반역을 준비할수 있도록 법적 장애물을 제거해준 정치세력이 더민주당이다. 반역집단 수괴 이석기가 북한을 위한 활동을 합법적으로 수행할 수 있게 해준 정당도 더민주당이다. 이석기가 국회에 들어가 대한민국의 특급 국가기밀에 접근할 수 있게 방조한 정당도 더민주당이며 이석기가 법의 심판을 받게 되자 이를 방해한 정당도 더민주당이다. 이석기는 북한과 내통하며 내란을 음모했고 더민주당은 그런 이석기를 보호하는 울타리였다. 더민주당이 통진당과 이석기의 배후라는 뜻이다. 더민주당은 통진당의 큰집이 아니라 한집이었다.

통진당의 역할을 이어받은 정당

2016년 '미래한국뉴스'가 입수한 '경애하는 최고사령관 김정은 동지께서 2015년 1월 5일 로동당 간부회의에서 하신 말씀'이라는 제목의 문건을 보면 이 땅의 좌익 혁명정당들이 북한의 직접적인 지령과 지시에 의해 움직이고 있다는 것은 분명하게 확인된다. 이 문건은 2014년 12월 19일 헌법재판소의 판결에 의해 강제 해산된 통진당 사태에 대한 다급한 입장과 대책을 담고 있다.

"이번 사건(통진당 해산)을 계기로 대남부서에서는 남조선 혁명가들과 조직을 재정비할 필요성이 있다. 우리 당의 노선과 일치하는 노선을 투쟁과업으로 내세운 당이 건설되도록 모든 힘과 지원을 아끼지 말아야 한다.. 이번 통진당 해체사건을 교훈 삼아 대남부서에서는 남조선의 헌법재판소를 정치적으로 각성되고 반미의식이 강하며 권위있는 세력이 장악하도록 뒷받침하라.. 현재 남조선에서 공화국의 통일노선을 신념으로 간직하고 투쟁하는 진보세력들은 친북좌파로 인식되어 활동을 원활하게 할 수가 없다. 선거에서 지지율을 얻어 야당이나 여당의 핵심 위치까지 진입할 수 있도록 여기 있는 일꾼들이 모색하고 만들어야 한다.. 다가오는 대선에서 전폭적인 지지율을 얻으려면 민족의 화해와 협력, 통일의 상징인 개성공업지구 활성화와 금강산 관광 재개, 이산자 가족 상봉 등을 전제조건으로 내걸고 남조선 당국과 맞서야 한다. 우리의 노선을 그대로 옮기지 않아도 겨레에게 통일에 대한 희망과 신심을 안겨주는 목소리를 내는 사람은 언제든지 동반자가 될 수 있다.. 우리 쪽 사람들이 남조선 정당들에서 주도권을 틀어쥐게 된다면 그때 가서 국가보안법 철폐나 미군철수를 자연스럽게 이끌어 낼 수 있다. 남조선에 있는 진보세력은 적진에 있는 우리들의 동지이다. (그들은) 통일에 대한 절절한 희망 속에 미군 철수, 고려연방제 통일, 국가보안법 철폐 등을 외치던 애국세력들이다.. 국가안전 보위부나 보위사령부는 독립적 행동보다 대남부서와 협력하라. 귀순자 위장도 일반인과 준비된 요원들을 엄격히 구분해서 침투시키라"(미래한국뉴스, 2016.3.3, 정재욱 기자)

김정은의 지령을 실행했다

김정은이 내린 이상의 '말씀'에 의하면 불과 보름전에 헌재의 결정으로 해산된 통진당이 북한정권의 대남부서가 직접 조종하는 조직이었음을 알 수 있다. 김정은은 통진당 해산으로 대남 혁명역량이 약화될 것을 우려하여 대남공작부서를 향해 새로운 과업을 지시하고 있는 것이다. 그리고 '정치적으로 각성된 헌법재판소' 혹은 '선거에서 지지율을 얻어 핵심 위치까지 진입' '우리쪽 사람들이 남조선의 주도권을 틀어쥐게 된다면' 등은 마치 문재인 정권하의 더불어민주당을 보는 듯 강력한 기시감이 든다. 문재인 정권은 김정은의 이 말씀에 따라 5년간 대한민국을 통치했으며 더민주당은 통진당의 역할을 계승한 정당이 분명하다.

아직도 그 잔당이 진보당의 이름으로 활동하고 있는 통진당 세력과 더민주당과 북한의 관계는 우리가 상상하는 이상이다. 문재인 집권기에 이석기의 석방을 주장하는 차량이 한꺼번에 2500여대가 동원되고 해상 선박시위를 포함하여 전국 방방곡곡에서 동시다발적인 집회가 진행된 사실은 좌편향성이 크게 강화된 대부분의 언론의 외면으로 그 심각성이 우리 국민에게 제대로 전달되지 못했지만 이석기와 그의 세력이 얼마나 거대하고 힘이 센 것인지를 말해준다. 또한 문재인이 그의 임기를 불과 몇 개월 남기고 박근혜 사면으로 국민의 눈을 피해가며 이석기를 풀어줄 정도로 더민주당과 이석기 세력의 관계는 우리가 아는 것 이상이며 북한과의 관계도 우리의 상상 이상일 것이다.

좌익세력이 북한과 내통한 일 중에서 공개된 증거는 많지 않다. 그렇다고 적지도 않다. 오랫동안 광범위하게 내통했기 때문이다. 김대중 정권에서 박지원이 주도했던 거액의 대북송금 처럼 어느 정도 밝혀진 것도 있다. 공산주의 활동이 불법화된 대한민국에서는 종북세력이나 지하혁명조직, 그리고 좌익정권이 북한 정권과 은밀하게 내통하는 것은 불법이자 위헌이며 반국가 행위다. 공산주의 이념을 추종하여 북한 중심의 통일을 지향하는 그들의 활동 역시 불법이다. 이 불법성을 회피하기 위해 종북세력은 북한정권과 은밀한 방법으로 내통한다. 목적은 대한민국을 공산주의 국가로 만들고 북한에 흡수시키는 혁명과업을 달성하는 것이다. 더민주당 세력이 북한과 내통했던 증거나 흔적은 많다.

주사파의 원조 김영환은 2013년의 통진당 사태에서 국회의원 이석기 등이 야권연대를 통해 통진당 당원들이 국회에 대거 입성한 것은 북한의 지시에 의한 전략일 것이라고 말했다. 그의 말이 맞다면 통진당의 이석기 김재연은 물론 야권연대를 통해 통진당 당원 13명을 국회의원으로 만든 민주당의 문재인 한명숙 임종석과 원탁회의의 백낙청까지 모두 북한의 지령을 수행했다는 말이다. 김영환 자신도 1990년대에 활동한 지하

조직인 민혁당을 만들어 활동하던 중 북한으로부터 '정당을 만들어 남조선의 제도 정치권으로 진출하라'는 지시를 받았다고 고백했다.(중앙일보, 2013.8.30) 실제 김영환은 1991년 서해에서 북한이 보내준 잠수정을 타고 밀입북하여 김일성을 만나고 40만 불을 받아와 1995년 지방선거에 출마한 이상규 김미희에게 선거운동자금 500만원씩을 지원했고 1996년 총선 출마자 6명에게도 1인당 500만원씩 지원했다고 말했다. 이상규와 김미희는 결국 2012년 19대 총선에서 통진당 소속으로 국회의원이 되는 데 성공한다. 김영환이 북한과 내통하며 받은 지시를 15년 이상이 지나 결국 이석기가 실행에 옮긴 것이다. 그들의 혁명은 보통의 국민인 우리가 상상하는 것 이상으로 철저하고 질기고 맹렬하다. 그들은 포기하지 않는다.

3. 조선로동당 서울지부

"대한민국 집권당 더불어민주당 대표 추미애입니다. 저는 중국공산당의 최고 지도자이자 신시대의 설계자이신 시진핑 총서기께서 주창하신 '두 개의 100년'과 '중국의 꿈'이 세계 평화와 번영에 공헌할 것으로 기대하고 확신합니다. 한국의 더불어민주당도 올해로 창당 62주년을 맞이했고 2055년이 되면 창당 100년이 됩니다. 저는 정당 간의 연대와 협력으로 시대의 도전에 맞서…" 2017년 북경에서 열린 '중국공산당 세계정당 고위급 회의'에 참석한 추미애가 12월 3일에 한 기조연설 내용의 일부다. 중국 정부가 아닌 중국공산당이 창당 100주년을 기념하여 개최한 이 대회에는 세계 여러나라의 공산당과 사회주의 계열의 정당이 초청되었고 한국에서는 더민주당이 참석했다. 보도자료에는 여러나라의 공산당 당기黨旗 가운데 민주당의 당기가 포함된 사진도 있었다. 더민주당이 공산당, 적어도 사회주의 정당임을 확인할 수 있는 장면이다.

수령님의 말씀

통진당 잔여 세력은 2017년 다시 결집하여 '민중당'이라는 이름으로 재건되었으나 21대 총선에서는 의석 확보에 실패하고 원외정당이되어 존재감이 크게 감소한다. 통진당이 이렇게 되었다고 해서 조선로동당의 직접적인 지시를 받는 종북정당이 없어진 것은 아니다. 북한의 대남 공작 60여 년의 결실로 양성된 수많은 김일성주의자들이 모인 더민주당이 2016년부터 사실상 대한민국에 대한 지배력을 장악하고 통진당의 역할을 대신하거나 혹은 그 이상의 역할을 수행하고 있다. 더민주당은 북한의 공작자금으로 조직되어 북한의 지령에 의해 움직인 지하혁명단체에 소속되어 간첩활동을 전개했던 사람들과 김일성을 향해 충성을 맹세하고 북한이 보내준 돈으로 활동하고 생활한 주사파들이 주축이 된 정당이다. 그들은 문재인을 옹립하여 정권을 장악한 후 늘 북한의 입장에 서서 북한의 이익을 대변하고 김정은의 행위를 옹호하고 김여정의 하명을 즉시 이행했다. 더민주당을 중심으로 하는 문재인 세력은 북한의 직접적인 조종을 받던 통진당과 다름 없었고 6.25가 남침이냐는 물음에 대해 끝까지 답변을 거부하던 통진당의 이정희와 같은 부류의 사람들이었다.

정권을 잡고 권력자가 된 그들은 소수 야당이던 통진당에 비해 월등하게 실효적이고 합법적인 방법으로 친북한 친김정은 정책을 전개했다. 김정은이 말했던 "우리쪽 사람들이 남조선 정당에서 주도권을 틀어쥐게 된다면"이라는 전제가 실현된 것이 바로 더민주당이고 문재인 정권이다. 문재인 정부에서 헌재 재판관 9명 중 7명을 좌익 성향의 법조인으로 교체한 것은 김정은이 "헌법재판소를 정치적으로 각성된 세력이 장악하도록 뒷받침하라"고 한 '말씀'을 실행한 바로 그것이다. 2015년 1월 김정은의 대남지시가 내려지고 2년 4개월이 지난 2017년 5월 문재인은 대통령이 되었고 더민주당은 여당이 되었다. 이것 역시 김정은의 '말씀' 그대로 된 것이다. 문재인 정권은 북한 정권과 내통하며 김정은의 지시를 받고 대한민국을 장악하고 있었다고 보는 것이 정확할 것이다. 문재인 정권은 문재인 자신의 말대로 조선민주주의인민공화국의 '남쪽'이었으며 더민주당은 조선로동당의 서울지부가 맞을 것이다. 문재인 시대의 대한민국은 김정은의 손바닥 위에 있었다.

문재인은 김정은의 부하였을까

미국 블룸버그 통신은 '문재인 대통령이 유엔에서 김정은의 수석대변인top spokesman이 됐다'는 제목의 2018년 9월 26일자 기사에서 "김정은이 유엔총회에 참석하지 않았지만 그를 칭송하는 사실상의 대변인을 뒀다. 바로 문 대통령이다"라고 했다. 한 달 후 10월 29일자 뉴욕타임즈는 이런 기사를 냈다. "문재인 대통령은 가능한 모든 기회를 동원해 김정은을 '젊고 솔직한 경제개혁가이자 정략가'로 묘사하며 미북대화를 중개하고 심지어 교황 방북을 로비하고 있다. 김정은은 문재인 대통령보다 더 훌륭한 대리인agent을 발견하기 어려울 것이다." 문재인과 그의 정권은 해외 언론으로부터 이러한 평가를 받을 정도로 북한의 뜻을 받들어 대한민국을 통치했다. 특히 대통령 문재인은 북미회담의 주선에 전력을 다했고 재임기간 중 무려 여덟 번이나 미국으로 날아가 '김정은이 비핵화를 약속했으니 북미 정상회담을 하고 북한에 대한 경제 제재를 풀어달라'고 간청했다. 유럽 등 다른 나라 정상을 만나서도 제재 해제를 부탁하는 일을 빠뜨리지 않았다. 해외 언론이 문재인을 김정은의 수석 대변인 혹은 대리인이라고 말한 이유다.

문재인은 퇴임 후 '변방에서 중심으로'라는 제목의 대담형식으로 된 회고록을 냈다. 북한 중심의 그의 사고체계를 압축적으로 보여주는 책 제목이다. 그의 시대 대한민국은 '국제 왕따'라고 불릴 정도로 서방 자유진영 국가는 물론 중국으로부터도 철저히 소외되었다. 반면 그의 집요한 중재에 힘입어 자발적 소외 국가였던 북한은 김정은이 세계 최강국 미국 대통령을 세 번이나 거듭 만날 정도로 국제 무대의 중심에 섰다. 그래서 '변방에서 중심으로' 선 것은 북한이다. 반면 2015년 9월 박근혜 대통령이 시진핑에 초청되어 천안문 문루에 시진핑 푸틴과 나란히 설 정도로 국제적 중심국이었던 대한민국은 그의 시대에는 국제적으로 철저히 소외된 나라였다. 그래서 그가 말하는 '변방에서 중심으로' 자리한 나라는 북한이었고 우리는 반대다. 그를 간첩으로, 그의 정권을 대한민국 역사상 최대 규모의 간첩단으로 규정하는 근거 중 하나다.

대통령 문재인 뿐만이 아니라 정권의 핵심 권력자들도 모두 마찬가지다. 개성연락사무소를 폭파하여 우리 국민이 낸 세금 700억 이상이 한순간에 가루가 되고 서해바다에서 비무장의 우리 공무원이 사살되어 태워졌을 때 청와대와 민주당의 권력자들은 북한의 책임을 묻는 대신 거꾸로 북한과 김정은과 김여정을 옹호하는데 총력을 다했다. 따라서 문재인과 그의 동지들 모두를 북한의 대변인 혹은 김정은의 대리인으로 규정해야 한다. 그리고 문재인과 함께 주사파 출신들이 주류인 더민주당을 조선로동당 서울지부라고 규정해야 한다. 더민주당이 북한의 지령을 수령하고 이를 실행했다는 사실은 박근혜 윤석열 두 자유민주 진영의 대통령에 대한 탄핵에서 더욱 분명하게 확인된다.

2절

•

우익 정부 대통령의
피할 수 없는 운명, 탄핵

대한민국 77년의 역사에서 좌익 정권의 대통령은 김대중 노무현 문재인 셋이다. 후계자 노무현을 대통령으로 만드는 데 성공한 김대중은 4억5천만 불을 북한에 보내고 국정원과 외교부 직원 200명 이상을 스웨덴으로 파견하며 로비를 한 결과 노벨상을 받는 개인적 영광을 누린 후 천수를 다했다. 문재인은 국민과 국가의 경제는 망쳐 놓고도 자신이 받는 돈은 모두 그리고 대폭 인상하고 국가의 조세원칙을 어기면서 이를 모두 면세로 하는 조치까지 자신의 대통령 권한으로 해놓고 퇴임했다. 그의 철면피는 여기서 그치지 않는다. 무려 2개 소대에 해당하는 경호인력이 퇴임한 자신을 지키도록 법을 바꾸고 양산에 요새 같은 건물을 지어 지금 스스로 평안하다. 퇴임 후 뇌물죄 등으로 수사받던 노무현은 스스로의 극단적 선택으로 그의 죄는 저절로 없어졌고 죽음으로 진영을 살린 그는 신화적 존재가 되었다. 두 좌익 대통령은 살아서 영화를 누리고 또 한 명은 죽어서 영웅이 되었다. 반면 우익 대통령은 모두 탄핵되었다. 탄핵의 이름으로 탄핵된 박근혜 윤석열만 있는 것은 아니다.

우익 대통령은 모두 탄핵되었다

건국 대통령이자 첫 우익 대통령인 이승만은 뛰어난 외교적 수완으로 신생국 대한민국을 공산주의가 아닌 자유민주주의 체제의 국가로 출발시켰다. 첫 국가적 대위기이자 큰 도전이었던 김일성의 남침에는 미국과 유엔군의 지원을 이끌어내며 기어이 나라를 지켜냈다. 이런 그에게 붙은 이름은 독재자 친일분자 호색한이다. 그를 독재자라 부르는 사람들은 세계를 통틀어 20세기의 대표적 독재자인 김일성과 시대를 이어 21세기의 최악의 독재자인 그의 아들과 손자에 대해서는 말하지 않는다. 이승만보다 월등히 더 독재적이었던 문재인도 비판하지 않으며 대통령이 되기 전에 이미 김정은 수준의 독재를 하고 있는 이재명에게는 30% 이상의 국민이 무조건적인 지지를 보낸다. 일제에 항거한 독립운동사의 시작과 끝인 이승만에게 친일분자 딱지를 붙이는 것은 반공주의자라면 모두 친일분자의 명찰을 붙이는 종북집단의 오래된 프레임이며, 호색한은 우익의 건국 대통령에게는 이미지부터 무너뜨리는 좌익의 '이미지 먹칠 전략'이다. 우익 대통령 이승만은 그렇게 탄핵되었다.

어이없기는 박정희도 마찬가지다. 국외에서는 등소평 이광요 푸틴 등이 멘토로 추앙한다고 밝히며 '대통령들의 대통령'이라고 불리는 박정희가 존경받지 못하는 유일한 곳이 한반도다. 그가 김일성의 숙적이었고 둘의 대결에서 그가 확실히 승리했으니 북한에서는 그렇다고 해도 남한에서는 왜 이런 대접을 받을까. 김대중을 기념하는 장소는 대한민국 땅에 널려 있는데 그의 동상 하나 세우는 것조차 사회적으로 큰 논란이 된다. 필리핀보다 못하던 우리의 경제수준은 그의 빅플랜을 따라가며 산업화에 성공하여 이제는 세계 10위 권의 경제대국이 되었다는 확실하고도 명백한 업적이 있음에도 그는 여전히 독재자이고 여자를 옆에 두고 술을 먹다 죽은 호색한일 뿐이다. 박정희도 이승만처럼 탄핵되었다는 뜻이다.

광주의 혼란을 수습하고 대한민국 역사상 가장 급속한 경제성장을 이끌었던 전두환은 죽어서 묻힐 자리도 찾지 못하고 있으니 그도 탄핵된 것은 마찬가지이며, 기업인 출신으로 경제구조의 선진화를 비롯한 대한민국의 총체적 세계화를 이끌었던 이명박은 여느 국가의 대통령이라면 나라의 위신을 생각해서라도 가볍게 넘길 정도의 개인적 재산 문제로(그는 자신의 재산 331억 원을 스스로 국가에 헌납하기도 했다) 17년 형을 받고 약 1년 반 동안 감옥에 있었다. 탄핵과 무엇이 다른가. 자유민주주의자 대통령에 대한 탄핵에 상당하는 이런 일들은 모두 퇴임 후의 일이다. 그러나 박근혜부터는 다르다. 재임 중에 있는 현직 대통령에 대한 탄핵으로 연속 두 번이다. 박근혜는 결국 탄핵되었고 윤석열은 진행 중이다. 다음에 등장하는 우익 대통령도 그럴 것이다. 좌익의 세상인 지금의 대한민국에서 우익 대통령이 탄핵 당하는 일은 필연이고 운명이고 숙명이다. 북한이 내려보내는 지령에서 시작된 이 숙명의 역사는 길다.

1. 북한의 지령을 수행한 박근혜 탄핵

북한은 박근혜에 대한 탄핵여론이 조성되기 2년 전인 2014년부터 이미 탄핵을 부추겼다. 당시 조선로동당 선전선동부가 발행한 책자에는 "박근혜 대통령은 선거 과정에서 헌법과 법질서를 통째로 위반했기 때문에 가짜 대통령이다. 그러므로 자발적으로 사퇴하지 않으면 국민의 불복종 운동으로 결국 거센 탄핵에 직면하게 될 것이다."고 되어 있다. 북한군 정찰총국 간부출신으로 귀순한 김 모 씨는 언론과의 인터뷰에서 박근혜 탄핵에 북한이 개입했다는 사실을 증언했다. 그는 "북한은 한국의 대선에 개입해 왔으며 특히 박근혜 탄핵 사태는 북한에 너무 좋은 기회였다"고 밝혔다.(월간조선, 2022년 12월호) 국회의원을 지낸 조원진 우리공화당 대표는 이 증언이 사실이라며 증거를 제시한다. 그는 박근혜 대통령 탄핵 당시 북한정권이 16년 이상 중단했던 난수방송을 다시 시작하여 2016년 19회, 2017년 43회 송출하여 남한에 있는 간첩들에게 박근혜 탄핵 관련 행동 지령을 내렸다고 말했다. (보령뉴스, 2022.11.24) 북한의 탄핵 지령은 2016년 당시 이화여대 대학원에서 북한학을 전공하던 손유민 씨가 연구 목적으로만 접근이 가능한 조선중앙통신의 기사를 찾아가며 북한이 박근혜 탄핵에 대해 내린 지령성 보도를 추적한 논문에서 고스란히 확인된다. 조선중앙통신은 북한 최대의 국영 보도기관이다.

박근혜가 갈 곳은 감옥 뿐이었다

"지금 남조선과 해외를 비롯하여 우리 겨레가 사는 곳 그 어디에서나

〈박근혜는 퇴진하라!〉〈박근혜를 처형하라!〉〈탄핵대상 박근혜정권 갈아 엎자!〉 라는 웨침과 함께 민족의 분노가 활화산처럼 폭발하고 있다. 민심의 버림을 받은 산송장인 박근혜가 갈 곳은 지옥 뿐이다."(로동신문, 주체 105(2016).3.16) "무자비한 보복전의 첫 불세례를 박근혜역도가 도사리고 있는 청와대에 쏟아부을 것이다. 박근혜 역적패당이 어떻게 아우성치며 불타 없어지는가를 똑똑히 보게될 것이다."(로동신문, 주체105(2016).3.26) "박근혜는 〈하야하라〉〈물러나라〉〈탄핵하자〉는 민심의 웨침을 무덤으로 한시바삐 가라는 민족의 목소리, 겨레의 요구로 알아들어야 한다. 민족을 등진 만고의 매국악녀 박근혜는 이 땅, 이 하늘아래 더이상 살아 숨쉴 곳이 없으며 온 겨레의 준엄한 심판을 받고 가장 비참하고 처절한 종말을 맞이하게 될 것이다.. 박근혜 역적패당에게 치명적인 정치, 군사, 경제적 타격을 가하여 비참한 종말을 앞당기기 위한 계획된 특별조치들이 련속 취해지게 될 것이다."(로동신문, 주체105(2016).4.8) (손유민, 페이스북 2017.4.12, '1년 전 로동신문 보도대로 따라가는 대한민국' : 띄어쓰기와 철자법은 로동신문 기사 그대로 인용했다.)

이상의 신문기사가 나온 2016년 3~4월은 사드배치를 극렬히 반대하던 더민주당 국회의원 대부분과 종북 좌익세력이 날뛴 사드정국이 시작되기 4개월 전이며 JTBC의 태블릿 보도로 탄핵정국이 본격화하기 7개월 전이다. 이때는 아직 우리 정치권에서 '탄핵'을 입에 올리기도 전이었다. 북한 로동신문이 탄핵을 말한지 약 반년 후 대한민국에서는 청계천광장과 광화문 광장에서부터 '박근혜 탄핵'의 소리가 울려퍼졌다. 이 시간의 흐름과 탄핵 외침의 선후는 결코 우연이 아니다. 더불어민주당과 종북세력이 로동당의 지령을 받들어 기획하고 실행한 것이 바로 박근혜 탄핵이라는 뜻이다. 이후 1년간 진행된 촛불 탄핵 그리고 박근혜의 하야와 구속은 '(박근혜의) 비참한 종말을 앞당기기 위한 계획된 특별조치들이 련속 취해지게 될 것'이라고 한 로동신문의 기사 딱 그대로 된 것이다. 그래서 우연일 수 없다고 말하는 것이다.

탄핵의 시작과 끝, 북한 지령

더불어민주당은 북한의 지령을 받고 지하에서 대한민국을 전복시키기 위해 투쟁한 사람들과 김일성에게 충성을 맹세하고 김일성의 주체사상을 신봉하는 주사파들이 모두 모인 혁명정당이다. 19대 대통령 문재인은 그러한 사람들과 오랫동안 뜻을 같이한 동지였다. 이점은 그들이 북한의 지령을 받고 탄핵정국을 만들어 정권을 탈취했다는 근거가 된다. 2016년 3~4월 로동신문에 실린 북한의 박근혜 탄핵 지령에 따라 7월부터 사드 반대로 좌익이 총궐기하고 그 여세를 몰아 10월부터 본격적으로 탄핵정국을 조성하여 결국 2017년 3월 헌재가 탄핵을 인용함으로써 북한의 지령은 완성되었다. "(박근혜가 탄핵되기) 1년 전 로동신문에는 박근혜를 탄핵시켜야 한다는 기사로 도배가 되어 있었다. 1년 후 북한이 원한 그대로 박근혜가 탄핵되었다. 대한민국의 정치가 북한이 원하는대로 움직이고 있어 화가 난다. 이미 우리의 역사교과서가 북한의 역사교과서와 비슷해진 지금 로동신문과 대한민국의 언론이 비슷하고 대한민국의 정치가 로동신문의 주장대로 되어가고 있다"(손유민, 페이스북, 2017.4.1) 이 말에 틀린 부분이 있는가.

박근혜에 대한 헌재의 탄핵 결정이 임박하게 되자 북한정권은 남한에서 활동하는 간첩과 종북세력 전체를 향해 거듭 지령을 내린다. "박근혜를 신속히 탄핵하라"(조선로동신문, 2017.3.3), "박근혜가 탄핵되어야 봄이 온다"(민주조선, 2017.3.7) 등의 제목으로 된 지령이 숨가쁘게 전달된다. 이어 3월 10일 헌재에서 탄핵이 인용된 후에는 "민족반역자 박근혜를 탄핵한 힘으로 자주 민주 통일의 새사회를 열자"(조선로동신문, 2017.3.15)라는 제목으로 후속 지령의 기사를 냈다. 자유민주주의를 신봉하는 대통령 박근혜에 대한 탄핵은 시작도 끝도 모두 북한당국의 지령이었다. 물론 이것이 다가 아니다. 다음은 윤석열이었다. 윤석열 역시 우익 진영의 대권 후보로 부상하는 시점에서부터 북한의 탄핵 공세에 직면한다. 우익 진영 대통령에 대한 탄핵, 좌익이 주도권을 장악한 땅에서 그것은 피할 수 없는 운명으로 보인다.

2. 윤석열도 피할 수 없었던 탄핵의 운명

북한정권으로부터 윤석열을 탄핵시키라는 지령이 내려온 것은 그가 대통령이 되기 훨씬 전에 시작되었다. 조선로동당의 대남공작 전문기관인 '문화교류총국'이 윤석열을 탄핵하라는 지령을 최초로 내린 것은 2020년 5월이다. 법무장관 추미애는 차기 대권후보로 꼽히던 조국은 물론 문재인과 그의 종북 동지들의 부패행위와 이적행위까지 수사하는 검찰총장 윤석열과 검찰 수뇌부를 궤멸의 상태로 몰아가고 있었고 이에 윤석열이 버티는 대치정국이었다. 북한은 대외 선전매체인 '메아리'를 통해 "윤석열을 공수처 1호 수사 대상으로 삼아라"는 메시지를 냈고 이는 '공수처를 통한 윤석열 검찰총장 제거' 지령으로 해석되었다. 이 무렵 종북단체들이 서초동 검찰청사 인근에서 연일 '조국 수호'와 '검찰총장 윤석열 퇴진'을 외쳤으니 종북세력이 북한의 '메아리'가 낸 메시지를 지령으로 받들어 실행에 옮겼다고 이해하는 것이 맞을 것이다. 출범 후 4년 동안 단 한 건의 구속과 유죄판결의 성과도 내지 못하며 아무것도 하지 않던 공수처가 처음으로 무려 대한민국 국가원수에 대한 체포에 성공했으니 '윤석열을 공수처 1호 수사 대상으로 삼아라'고 한 북한의 지령은 실행에 옮겨졌다. 여기에 윤석열 탄핵의 본질이 들어있다. 무서운 일이다.

5년을 기다리다 실행된 지령

윤석열을 제거하기 위한 수사기관으로 당시에는 조직도 채 만들어지지 않았던 공수처를 꼭 집어 내리는 북한의 지령이 그때는 이해되지 않았다. 그 내막은 5년 후 우리법연구회 출신의 오동훈 공수처장에 의해 분명해진다. 공수처는 매년 200억 이상의 국가 예산을 쓰며 법원으로부터 단 한 건의 유죄판결도 받아내지 못하는 쓸모없는 조직으로 4년을 허송세월 하다 윤석열 체포 정국에서야 두각을 드러내고 존재감을 뿜어낸다. "윤석열을 공수처 수사 대상 1호로 하라"는 북한의 지령이 제대로 실행된 것이다. 북한정권과 남한 내에서 활동하는 종북세력의 관계는 일반 국민인 우리가 상상하는 그 이상이다. 공수처 설립에 관한 법률이 국회를 통과한 것은 2019년 12월 10일이고 대통령 문재인이 이를 국무회의 의결을 통해 공포한 것은 2020년 1월 7일이다. 그리고 예산을 확보하고 인원을 채용하여 정식으로 출범한 것은 2021년 1월 21일이다. 공수처가 아직 조직을 갖추고 출범하기도 전인 2020년 5월에 이미 북한 선전매체에서 이 조직을 통해 윤석열을 제거하라는 메시지를 내었으니 문재인 정권을 포함한 남한의 종북세력과 북한의 협업은 '단일 조직에 의한 일관된 행동'으로 이해해야 한다. 공수처는 출범 후 4년 동안 총 3300여 건의 사건을 접수하여 이 중 단 5건을 기소했다. 유죄를 받아낸 것은 0건이다. 매년 200억 원의 예산을 쓰는 이 조직을 없애야 한다는 주장이 드높은 이유다. 이 조직의 쓰임은 5년차인 2025년에 그 '진짜'를 드러낸다.

공수처는 좌익 진영이 저지른 범죄혐의에 대해서는 거의 손을 대지 않았다. 사건을 접수하고도 수사에 착수하지 않고 기소하지 않은 사건의 대부분은 문재인 정권의 사건과 그 관련자들의 범죄혐의다. 공수처법이 거론될 당시 이 기관은 좌익세력의 범죄혐의를 모조리 쓰레기장에 처넣어 폐기시키고 소각시키기 위한 조직이 될 것이라고 했던 비판이 그대로 입증된 것이다. 이 조직이 자신의 진짜 쓸모를 드러낸 것은 설립 5년차가 되어 자유민주 진영의 대통령 윤석열을 제거하고 대한민국의 자유민주주의 체제를 붕괴시키려는 의도를 드러낸 탄핵정국에서다. 대통령 윤석열을 체포하기 위해 좌익 법관 모임 출신의 공수처장 오동운이 서울서부지법의 좌익 판사들과 손발을 맞추며 영장을 발부받아 윤석열을 기어이 체포하려는 장면은 그들의 질기고 치열한 좌익혁명 투쟁의 모습 그대로였다. 종북좌익 세력이 북한 정권의 지령을 받고 함께 손발을 맞추며 대한민국을 좌익의 나라로 만들려고 하는 이 긴 호흡의 큰 그림이 아직도 제대로 보이지 않으신가. 북한의 '윤석열 제거' 지령을 수행하는 공수처의 치열한 공작을 서술하는 제5장에서 좀 더 분명하게 보일 것이다.

탄핵되어야 할 운명이라는 것이 있다

종북단체 연합인 '촛불행동연대'는 2022년 3월 26일 청계광장에서 대통령 당선인 윤석열 탄핵을 주장하는 집회를 열었다. 이 조직의 운영위원장인 김민웅(더민주당 국회의원 김민석의 친형)은 연단에 올라 "오늘, 촛불항쟁의 날을 시작한다. 우리는 다시 싸운다. 1단계로 2016년 박근혜를 탄핵했다. 2단계로 2019년 서초 촛불로 검찰개혁의 힘을 만들어냈다. 3단계로 이제 오늘 촛불항쟁의 날을 시작한다. 우리의 전투는 오늘 이 자리에서 다시 시작된다. 우리는 불퇴전이다. 우리는 이긴다."고 외쳤다. 이날 집회에는 "윤석열은 제2의 전두환이다" "전쟁광 윤석열을 규탄한다" "윤석열은 대한민국 최악의 헌법파괴자다"는 등의 구호가 난무했다. 아직 대통령 직무수행을 시작하지도 않은 윤석열을 탄핵하겠다는 것이 쑥스러웠던지 "선제 탄핵"이라고 이름 붙이며 구호를 외쳤다. 이어 취임

10일 전인 4월 29일에는 아직 퇴임하기 전인 문재인의 청와대 국민청원 게시판에 '윤석열 당선인 사퇴촉구 및 탄핵을 청원합니다'라는 제목의 청원을 시작하여 숫자를 불리고 있었다.

윤석열의 대통령 당선이 확정된 날은 3월 10일이었다. 그의 탄핵을 주장하는 집회가 시작된 2022년 3월 26일도, 국민청원이 시작된 4월 29일도 윤석열은 당선인 신분에 있었기 때문에 대통령으로서 한 일이 아무것도 없었다. 그러니 '직무상 중대한 위헌 위법'의 일은 애시당초 존재할 수 없었고 그래서 그를 탄핵할 사유는 어떤 것도 없었다. 그럼에도 그를 탄핵하자고 나선 것이다. 그의 대통령 당선 그 자체가 탄핵사유였다. 이로부터 2년 6개월이 지난 2024년 12월 그가 비상계엄을 선포했다는 이유로 그것을 내란으로 몰아 탄핵하겠다고 나선 것은 구실일 뿐이다. 윤석열은 처음부터 탄핵당해야 하는 운명이었다. 사회주의 공산주의 김일성주의가 아닌 자유민주주의를 신봉하는 대통령이라는 사실 그 자체가 탄핵사유였던 것이다. 윤석열은 대통령 당선과 동시에 이미 탄핵될 운명이었다. 좌익 대통령에게는 찾아볼 수 없는 운명이다. 좌익 대통령에게는 찾아볼 수 없는 운명이다.

3. 또 내려진 제사정치의 지령

2022년 10월 29일 이태원참사가 있었다. 죽음을 이용하여 국민의 감정을 사로잡고 이를 우익정부를 공격하는 무기로 이용하며 좌익혁명의 불쏘시개로 삼는 좌익의 전술은 이번에도 여지없이 온 나라를 삼켰다. 노무현 박원순 등의 좌익 인사의 자살은 순교로 승화시키고 우익정부에서 발생한 재난은 정부를 공격하는 도구로 삼는 그들의 제사정치가 또 시작된 것이다. 어김이 없었다. 참사 일주일 후인 11월 5일 '촛불행동'은 서울 도심에서 희생자 추모집회를 열었다. 김민석 의원의 친형 김민웅이 추모를 핑계로 개최한 이 집회는 윤석열 퇴진이 목적이라는 사실은 그들의 구호에서 바로 드러났다. "윤석열을 끌어내리자. 이제부터 진짜 싸움이 시작된다" 그들이 새로운 싸움을 시작한 것이 아니다. 그들이 오래 끌어오고도 아직 완성하지 못한 혁명과업의 완성을 위한 투쟁에 이 참사를 도화선으로 써먹자는 선동의 수작이다.

또 제사정치

11월 19일 서울시청 인근에서 촛불집회가 열렸다. 이 집회에는 더민주당의 민형배 안민석 김용민 양이원영 황운하 등 7명의 국회위원이 참석하여 "윤석열 정권은 퇴진하라"고 공개적으로 주장했다. 연단에 오른 이들은 "이태원참사의 주범인 윤석열은 책임지고 내려오라"고 외쳤다. 이태원참사 사망자를 추모한다는 명분으로 모였으나 그들의 구호는 '윤석열 탄핵'에 초점이 맞추어져 있었다. 종북단체들은 '촛불행동'을 중심으로 참사 1주일이 지난 11월 5일부터 서울도심에서 "윤석열 퇴진"을 외치며 이 사회적 재난을 윤석열 정부의 책임으로 몰아가는 제사정치에 불을 당겼고 2주 후 여기에 더민주당이 노골적으로 올라탄 것이다. 북한의 김여정도 어김없이 등장한다. 그녀는 11월 24일 조선중앙통신 담화를 통해 "국민들은 윤석열 저 천치바보가 들어앉아 자꾸 위태로운 상황을 만들어가는 정권을 왜 그대로 보고만 있는지 모를 일"이라며 촛불집회를 열어 윤석열을 끌어내리라는 분명하고도 단호한 메지시를 보냈다. 북한은 참사 직후부터 이미 남한의 종북단체들에게 반복적으로 지령을 하달했고 김여정의 담화가 나온 후 이 참사를 이용한 대통령 윤석열 탄핵 주장은 본격적으로 불이 붙는다.

윤석열 정부에서 화물연대가 총파업에 돌입한 것은 2022년 6월부터다. 막 출범한 자유민주 정부를 길들이기 위해 민노총이 기획하고 지휘하는 파업이었다. 이 파업의 진행 중에 내린 북한의 지령은 이런 것이다. "헌법재판소가 화물연대 파업에 대해 위헌 여부 판정을 내릴 때까지 윤석열 괴뢰패당에 대한 투쟁기세를 계속 유지 확대하라."(2022.12.6) 이 지령문에는 "파업투쟁 참가자들과 그 가족이 노동자들의 정당한 생존권 요구를 친북행위로 몰아 정치적으로 탄압한 이들을 상대로 고소 고발 활동을 적극적으로 벌이라"는 지시내용도 담겨있었다.

법원이 확인해준 북한의 지령
국정원과 경찰청은 2023년 1~2월 간 국보법 위반혐의로 민노총 사무실과 관계자들에 대한 압수수색을 실시하여 "윤석열을 퇴진시켜라"는 등 탄핵을 지시하는 내용의 북한 지령문과 함께 국내 종북단체들의 '대북충성맹세문'을 포함한 114건의 문건을 확보했다고 밝혔다.(2023.3.13) 지령문 중에는 "각종 시민단체들과 연대해 윤 정권 퇴진과 탄핵 분위기를 조성하라"는 등 반정부 투쟁을 지시하는 내용과 화물연대 파업에 대해 "모든 통일애국 세력이 연대해 대중적 분노를 유발시키라"는 내용의 지령도 있었다. 특히 '촛불행동'이 이태원 참사 관련 집회에서 외친 "윤석열 퇴진이 추모다" "국민이 죽어간다" "이게 나라냐" 등의 구호가 그대로 적힌 지령문도 나왔다. 이런 구체적 구호는 참사 후 300여 종북단체가 벌인 수십 차례의 집회에서 그대로 선창하고 반복적으로 복창한다.

2024년 11월 7일에 있었던 민노총간첩단의 석권호 등 4명에 대한 수원지법의 1심 재판에서 재판부는 "북한은 2022년 10월 핼러윈참사 상황에서도 유족들의 고통을 오로지 대정부 투쟁의 수단으로 삼는 내용의 지령을 내렸다"고 적시했다. 법원은 북한으로부터 지령문을 수신한 후 국가기밀을 탐지하고 수집한 행위 등을 유죄로 인정하고 "이태원참사를 계기로 각계각층의 분노를 분출시키라"는 지령을 받았다는 혐의를 들어 징역 15년형을 선고했다. 이로써 국내에 존재하는 간첩과 종북세력이 북한 정권의 지령을 받고 이태원참사를 이용하여 윤석열 퇴진 운동을 전개한 사실은 법정에서 확인되었다. 좌익이념에 오염된 극소수의 판사가 법원 요직 절반을 차지하고 '좌익 무죄, 우익 유죄' 판결을 붕어빵처럼 찍어내는 지금의 대한민국 사법부에서 보기드문 애국적 판결이었다.

4. 북한의 지령을 받는 이땅의 고정 간첩단

"국민의 명령이다. 윤석열을 탄핵하라" 2023년 5월 22일 북한 조선중앙통신은 남한에 있는 종북단체들을 향해 이런 메시지의 지령을 공개적으로 내렸다. 윤석열이 대통령에 취임하기도 전부터 시작되었던 탄핵 지령은 2023년에도 끊임없이 반복된다. 그러나 윤석열 취임 2년차인 이 해에는 계속되는 탄핵 선동이 아닌 대형 간첩단 사건이 국민의 시선을 사로잡는다. 문재인 정권이 감추고 보호하고 키워온 간첩과 간첩단을 윤석열 정부가 손을 댔고 그래서 간첩들이 봇물처럼 쏟아져 나왔기 때문이다.

대한민국이 뻘겋다

'충북동지회'라고도 불리는 청주간첩단 사건이 발표된 것은 문재인의 퇴임을 9개월 앞 둔 2021년 8월이다. 이 간첩단의 활동은 이미 김대중 정부에서부터 국정원에 포착되었으나 좌익정부의 보호와 뭉개기, 국정원 내부의 좌우 세력의 대립으로 오랫동안 묵혀있다 대통령 문재인과 국정원장 박지원의 '전략적 터뜨리기'로 20년 이상이 지난 이때에야 공개된 것이다. 그들의 전략이 성공하여 관련 간첩들 대부분은 아직도 제대로 된 수사와 처벌을 피하고 있지만 박근혜 정부의 수사 내용에는 이들이 북한의 지령을 받고 활동한 사실이 고스란히 들어있다. 2019년 8월 북한정권이 청주간첩단에게 하달한 '2020년 4.15총선에 대한 전술지침'에는 "보수세력을 제압하고 진보세력이 압도적으로 승리하도록 하라"는 지령을 내렸고 그해 11월에는 "2022년 대선 관련 통일체를 조직하라"는 지령을 내리는 등 선거에 개입하기 위한 공작을 적극적으로 수행한 내용이 확인된다. 당국에 압수된 USB에는 2017년부터 21년까지 4년 동안 84건의 지령문과 보고문 등의 교신이 확인되었다.(주간조선, 2021.8.21) 청주간첩단이 김정은이 가장 두려워한다는 우리 공군의 스텔스기 관련 정보를 북한에 넘기고 스텔스기의 추가 도입을 막기위해 민노총, 더민주당, 문재인의 청와대와 긴밀히 소통한 내용도 확인된다.

문재인이 국정원, 기무사, 대검공안부 등 간첩잡는 국가기관을 궤멸의 수준으로 무너뜨리면서 보호해준 간첩과 간첩단은 윤석열 정부에서 봇물처럼 터진다. 2023년 새해 벽두부터 연이어 드러난 간첩단은 창원간첩단, 제주간첩단, 전북지하조직망, 민노총간첩단 등이다. 윤석열 대통령은 이를 보고 "나라에 간첩이 이렇게나 많나"며 놀라워 했고 문화일보는 "대한민국이 뻘겋다"는 제목의 기사(2023.6.8)를 실었다. 이 기사에서 자유민주연구원 유동열 원장은 창원간첩단이 2021~22년 북한에 보고한 보고문과 지령을 받은 지령문을 분석한 결과 이 간첩단이 구축한 지역 조직과 단체가 민노총 민노당 등 대규모 조직에 침투한 것을 제외하고도 총 68개이며 이 가운데 절반은 이미 구축되었다고 말했다. 그는 전국 각 지역에 구축된 간첩조직의 분포를 나타내는 간첩 포치布置지도를 제시하며 "창원간첩단 조직 만으로도 대한민국은 뻘겋게 표시된다"고 말했다. 창원간첩단은 경남 창원과 진주를 거점으로 활동했는데 방위산업체가 집중한 창원에서 정보를 수집하고 방산업체의 임원 포섭을 시도한 혐의와 함께 북한의 지령을 받고 윤석열 정부 타도 집회를 주도한 혐의로 총책 황모 등 4명은 구속기소 되었다.

민노총과 북한과 윤석열

2023년 1월 공안당국은 민노총간첩단이 하부 지하조직을 만드는 등 방대한 조직망을 구성했다는 소식을 발표하며 "그 규모를 가늠하기 어려운 정도"라고 말했다. 민노총 집행부 전체를 간첩단으로 규정하는 공안 전문가도 있을 정도이니 그 조직의 규모를 다 캐는 것은 거의 불가능하다. 많은 우익 인사가 대한민국을 이미 간첩이 점령한 나라로 규정하는 근거다. 민노총간첩단의 총책 석권호는 20년 이상 조직국장 등 민노총 요직을 거친 사람이다. 그러므로 민노총 집행부 모두가 간첩이라는 주장은 근거가 충분하다. 양경수 위원장을 비롯한 핵심 지도부는 대부분 이석기의 경기동부연합 동지들이라는 점에서 더욱 그렇다. 총책 석권호는 청와대를 비롯한 국가 핵심 시설에 근무하는 민노총 노조원 출신들을 통해 청와대 송전망, 평택 해군2함대 사령부, 오산 공군기지, 평택 화력발전소와 LNG저장탱크 배치도 등의 기밀을 수집하여 유사시에 국가 기간망의 마비를 준비했다는 것이 공안당국의 설명이다. 내란을 기도하고 선동하고 준비한 이석기의 내란 모의를 그대로 계승한 것이다.

석권호는 징역 15년 형을 받고 "내가 석기 형보다 거물이야?"라고 반문했다고 해서 화제가 되었다. 함께 기소된 또 다른 민노총 간부 김모 씨는 징역 7년, 양모 씨는 5년 형을 받았다. 이들은 재판에서 모든 진술을 거부했으나 공안당국이 밝혀낸 그들의 간첩행위는 엄청나다. 그들은 2018년 10월부터 2022년 12월까지 모두 100차례 이상 북한의 지령문을 받거나 보고문을 보냈는데 여기에는 북한정권이 석 씨의 지하조직을 뜻하는 '지사'에 내린 구체적인 지령이 들어있다. 그들이 수령한 지령에는 금속노조, 기아차 화성공장, 기아차 광주공장 장악에 대한 지령과 함께 "윤석열 역적 패당의 탄압 책동 규탄을 위한 실천투쟁을 조직하라"(2022.12)는 지령도 있으며 북한에 보낸 보고문에는 "이남 사회에 김일성주의화 위업을 빛나게 실현하겠다"(2020년 9월)는 내용도 있다. 그들이 북한정권과 주고받은 통신문에는 김정은을 '총회장님'으로, 조선로동당 문화교류국을 '본사'로, 남한의 지하조직을 '지사'로, 민노총을 '영업1부'로 부르는 등 기업조직인 것처럼 위장했다.(채널A, 2023.5.11) 이로써 민노총은 북한의 문화교류국과 통일된 용어를 사용하며 지령을 내리고 보고를 올리는 관계임이 분명하게 확인된다.

민노총간첩단에 대한 1심 재판부는 "(석 씨가 북한과 주고받은) 지령문과 보고문의 내용들은 모두 단 하나의 목표인 '대한민국의 자유민주주의 체제의 전복'으로 귀결됐다"(조선일보, 2024.11.7)고 밝혔다. 이 간첩단 조직원들이 캄보디아 등지의 동남아 국가에서 북한 문화교류국 공작원들과 접촉하고 수령한 지령에는 "윤석열 퇴진" "윤석열 탄핵"이 빠지지 않았다. 대한민국의 자유민주주의 체제를 전복시키기 위해서는 '자유민주주의 수호를 위한 반국가 세력 척결'을 내세우는 윤석열 제거가 우선적 과제였기 때문이다. 민노총간첩단은 북한으로부터 "윤석열 퇴진, 윤석열 탄핵" 등의 지령을 수령했고 민노총 집햅부가 주도하는 시위에서는 이런 구호가 어김없이 등장했다. 대통령 윤석열에 대한 탄핵이 북한의 지령에서 시작되었다는 명백한 증거다.

5. 비상계엄 전에 이미 높았던 탄핵의 외침

김정은은 2024년의 신년사를 따로 내지 않았다. 국내 언론은 23년 12월 30일 조선로동당 전원회의 5차회의에서 내놓은 그의 발언을 신년사로 여겼다. 그 내용이 엄청나다. "남조선 전 영토를 평정하기 위해 대사변을 준비하라" 김정은의 이 발언을 민노총과 더불어민주당을 비롯한 남한의 종북세력은 어떻게 받아들이고 무엇을 했을까. 윤석열 탄핵이 바로 그것이다. 5년 전 윤석열이 검찰총장으로 있을 때 이미 내린 윤석열에 대한 탄핵, 5년 동안 줄기차게 추진했으나 아직도 실현하지 못하고 있는 윤석열에 대한 탄핵이 바로 현실적으로 실현 가능한 '대사변'이었다. 러시아 파병에 힘과 정신이 팔린 북한 정권이 남조선 전 영토를 평정하기 위한 대사변을 일으킬 수 있는 직접적인 수단과 여력은 없었다. 대신 그들의 지시를 받고 움직이는 남한 내의 종북세력이 있었다.

윤미향이 쏘아올린 대사변의 풍선

간첩 분류법에 의하면 간첩은 크게 북한이 내려보낸 직파간첩과 남한 내에서 자발적으로 생긴 자생간첩으로 나뉜다. 자생간첩은 합법적인 대한민국 국적을 가지고 남한에 고정적으로 정착하면서 간첩활동을 수행한다는 의미에서 고정간첩으로도 불린다. 고정간첩 즉 자생간첩은 다시 직파간첩에게 포섭된 포섭간첩과 혈족간첩으로도 세분한다. 혈족간첩은 말 그대로 가족 친지로 엮어진 간첩이다. 21대 국회의 더불어민주당 소속 윤미향은 대표적인 혈족간첩이다. 그의 남편 김삼석과 시누이 김은 주는 안기부에 의해 1993년 남매간첩단으로 공개되어 유죄가 선고되었으며 시누이 남편 최기영은 일심회간첩단 사건으로 기소되어 징역 3년 6개월을 선고 받았다. 윤미향 역시 국회의원 신분으로 친북적이며 종북적이고 반국가적인 활동을 반복하며 자신이 혈족간첩이라 불리는 인식을 교정하려고 노력한 적이 없다. 2024년 새해 벽두부터 대한민국이 이미 종북세력의 손아귀에 있다는 사실을 일깨워 준 것은 윤미향이다.

1월 24일 국회 윤미향의원실에서 토론회가 열린다. 이 토론회의 발제를 맡은 '평화통일센터' 김광수 이사장은 전쟁을 하고 난 다음의 평화를 말했다. 그는 "전쟁을 하면 북한 입장에서 남한을 정복한다고 생각한다. 정복한 다음에 결과로서 평화가 온다. 전쟁을 통한 평화 이야기를 지금 북한이 하고 있다."고 말했다. 그는 김정은이 말한 '대사변' 즉 전쟁을 말하고 그 이후 남북대결 상황이 종식된 상황에서의 평화를 말하고 있다. 그는 "전쟁이 일어나고 그 전쟁의 결과 평화가 만들어질 수 있다면 그 전쟁관도 수용해야 한다"고 말했다. 북한이 전쟁을 통해 남한을 점령한 이후 김정은 치하에서 살아가는 상황을 평화로 받아들이고 그때를 준비하자는 말이다.

20여 좌익 시민단체가 공동으로 주최한 이 토론회에서는 "한반도 전쟁 위기의 근원은 북한이 아니라 한미동맹이다." "통일전쟁으로 평화가 만들어진다면 수용해야 한다." "북한의 전쟁관은 정의의 전쟁관이다." "북한이 전쟁으로라도 통일을 결심한 이상 우리도 그 방향에 맞춰야 한다." 는 등 지난 연말 나온 김정은의 대사변 지침을 옹호하고 합리화하고 기정사실화 하는 내용으로 가득했다. 여기에 참석한 사람들을 모두 반국가 세력 혹은 간첩으로 규정하는 것에 무리가 있을까. 그들은 자유민주주의 대한민국을 포기하자는 말을 하고 있다.

탄핵이라는 대사변

김정은이 말한 대사변은 전쟁이 아닌 다른 양상으로 전개된다. 미국과 UN이 주도하는 국제적인 경제제재로 당장 돈이 궁했던 김정은은 러시아에 인민군 병력 1만 명 이상을 용병으로 보내야 했고 추가 파병을 위해 대기하는 병력도 10만이 넘는다. 여기다 변함없는 주한미군의 존재는 북한이 전쟁을 통한 대사변을 당장 실행에 옮길 수 없는 이유였다. 그래서 북한의 남침 움직임은 없었다. 결국 남한 내의 종북세력이 힘을 모은 투쟁의 타깃은 북한이 내린 윤석열 탄핵 지령이다. 2월 6일 조선로동신문은 "총선용 전쟁위기 조장하는 윤석열을 탄핵하자" "민중을 우롱하는 패륜정권 윤석열을 탄핵하자"는 제목의 기사를 실었고 이어 두 달 후인 4월 9일에는 "일본 앞잡이, 전쟁 돌격대 윤석열을 탄핵하자"는 기사를 냈다. 늘 그렇듯 남한에서 활동하는 종북단체들은 로동신문의 이런 기사가 나기 전에 그들만의 루트로 이미 지령문을 수령하고 시위와 집회를 통해 실행에 옮긴다. 한 해 전인 2023년 5월 17일자 로동신문에는 "윤석열을 탄핵하고 징역 100년 형으로 감옥에 보내자"는 기사도 냈는데(조선로동신문, 출처; 유튜브 heyMARY) 당시에는 웃고 넘겼으나 2025년 1월 더불어민주당과 공수처와 법원에 포진한 좌익 법률가 카르텔이 똘똘 뭉쳐 윤석열을 체포하는 장면을 보며 북한의 지령은 언젠가는 꼭 실행된다는 사실에 심한 공포감을 느꼈다.

2024년 7월 3일은 종북세력이 더불어민주당의 지원을 받으며 진행해 온 대통령 윤석열에 대한 탄핵청원 인원이 100만 명을 넘긴 날이다. 이 탄핵청원을 주도한 사람은 촛불행동 공동대표 권오혁이다. 그는 2024년 2월에도 국보법 위반으로 유죄선고를 받는 등 전과 5범으로 줄곧 북한 체제를 찬양 고무하는 종북주사파 인사로 분류된다. 권오혁에게 유죄를 선고한 재판부의 판결문에는 그가 "대한민국의 자유민주적 기본질서를 부정하고 북한 사회주의 체제를 찬양 고무하는 내용의 글을 게시하고 이 적표현물을 반포 소지한 혐의가 인정된다"고 적시하고 있다. 그는 일본 후쿠시마 처리수 방류를 이유로 내세우며 윤석열을 탄핵해야 한다고 주장하는 촛불집회도 주도했으며 더민주당은 그의 주장을 5개 탄핵 사유 중의 하나로 포함시키고 탄핵청원 관련 청문회를 개최했다. 그는 반국가 행위를 범하고도 좌익 판사가 득세하는 법원이 솜방망이 처벌을 내려준 덕분에 여전히 자유롭게 활동하며 윤석열 탄핵 청원운동을 주도했다.

권오혁의 활약으로 100만을 넘긴 탄핵청원의 공은 더민주당과 김여정에게 넘겨진다. 청원 인원수가 100만 명을 넘긴 이날 김준혁 강득구 등의 야당 의원들은 국회 소통관에서 '윤석열 탄핵 촉구 기자회견'을 열고 윤석열을 탄핵해야 한다고 역설했다. 이어 7월 8일에는 북한의 2인자 김여정이 직접 나서서 윤석열을 탄핵하라는 지령을 공개적으로 내린다. 김여정은 남조선에서 윤석열 탄핵소추안 발의를 요구하는 국민청원이 100만 명을 넘었다는 사실을 먼저 언급하며 "윤석열 괴뢰패당은 분노한 남조선 인민들과 더불어민주당의 탄핵 과녁에서 절대 벗어날 수 없다"고 단호하게 말했다. 김여정은 더불어민주당을 남한에 있는 자신의 조직으로 생각하는 것이 분명하다. 그의 이 말이 얼마나 무서운 것인지 그때는 몰랐다. 그것을 실감하는 데는 5개월이 더 걸렸다.

주사파 테러리스트의 영웅적 활약

김여정의 발언 다음날인 7월 9일 정청래의 국회 법사위는 윤석열 탄핵소추안 발의 관련 국회 청문회 실시 계획을 여당의 반대를 묵살하고 강행 처리한다. 그리고 19일과 26일 2차에 걸쳐 청문회를 열었다. 이를 두고 국민의힘 주진우 의원은 "법률적 법리적으로 말이 안되는 청원서 하나만으로 탄핵소추를 위한 조사를 하겠다는 것은 헌법 위반이다. 문재인 정권 때는 대통령 탄핵 청와대 국민 동의가 140만 명이 넘었어도 이런 청문회를 하지 않았다."고 항변했다. 그러나 '주사파 테러리스트가 국회 법사위원장이 되었다'고 국민을 놀라게 했던 정청래는 주진우 의원의 말에 눈하나 깜짝하지 않는 듯 보였다. '윤석열'과 '탄핵' 두 단어가 난무했던 이 청문회는 방송에 생중계되었는데 그것을 한 부분만 잠시 봐도 윤석열의 탄핵은 결코 피할 수 없는 기정사실로 보였다.

북한의 지령에서 시작된 윤석열 탄핵은 이미 모든 것이 결정되어 돌이킬 수 없는 것이었고 윤석열을 체포하고 구속하는 일만 남아 있는 듯 보였다. 온갖 비판을 받고 욕을 먹으면서도 법사위원장 자리를 끄떡없이 지키며 청문회를 강행한 정청래의 영웅적 활약이 그것을 더욱 확실하게 했다. 윤석열의 탄핵은 그때 이미 불가피한 일로 보였고 이로써 김정은이 말한 대사변은 전쟁이 아니라 전쟁에 버금가는 윤석열 탄핵인 듯 했다. 김정은은 자신의 병력을 러시아로 보내 병사들의 목숨값으로 외화를 챙겼고 전쟁은 남쪽에 있는 그의 추종세력이 대신해 주는 형국이 되었다. 김정은은 이것을 미리 계산하고 병력을 푸틴에게 보낸 것일까. 이 모든 것이 김정은의 설계대로 된 것일까. 대한민국은 김정은의 손바닥 위에 있는 것일까. 이 물음에 대한 대답은 '예스'다. 적어도 결과는 모두 그렇게 되지 않았는가. 반복되는 우연은 필연이라고 했으니 예스가 맞을 것이다. 그래서 12월 3일 밤에 대통령 윤석열이 비상계엄을 선포한 것이 내란이고 이를 이유로 그를 탄핵한다는 말은 구실이고 핑계일 뿐이다. 그는 이미 탄핵되어야 할 운명이었다. 북한정권이 일찌감치 정해둔 운명이다. 자유민주주의자 대통령이 또 다시 나온다면 그의 운명도 뻔하다. 이것은 대한민국의 운명이기도 하다.

6. 갑자기 들이닥친 탄핵이 아니다

북한이 2024년 5월부터 남쪽으로 내려보낸 오물풍선에는 삐라도 있었다. 삐라 중에는 '윤석열 탄핵'을 부추기는 내용도 많았다. "윤석열 탄핵만이 민중이 살길이다" "촛불의 목소리, 탄핵광장에서 만나자" "촛불항쟁이냐 전쟁 선포냐 여기서 민중의 생사가 결정된다" "탄핵의 거꾸로 셈세기 5, 4, 3, 2, 1(카운트다운을 의미)" 등의 문구가 촛불집회 현장의 사진과 함께 다양한 표현으로 되어 있었다. 윤석열에 대한 탄핵의 풍선이 터지고 그것이 현실이 된 것은 2024년 12월 14일이다. 더불어민주당은 12월 3일 밤 윤석열의 단 6시간의 비상계엄을 내란으로 거꾸로 뒤집어 씌우는데 성공하여 국회에서 탄핵소추안을 가결시키면서 그의 대통령으로서의 직무는 즉시 정지되었다. 북한에서 윤석열에 대한 탄핵 지령이 처음 내려온지 5년 만에 결국 이 지령이 실현된 것이다.

북한의 지령을 수행하는 남한 정권

남한에서 활동하는 종북세력이 북한의 지령을 수령하여 이를 실행한 역사는 길다. 간첩, 간첩단, 종북단체의 차원에서 뿐만 아니라 정권의 차원에서도 그렇다. 과거의 대표적 사례 중 하나를 들자면 월간조선 등의 언론에서 이미 여러 차례 다룬 바 있는 김대중이 평양을 방문했을 때의 일이다. 2000년 6월 15일 평양순안비행장에서 김대중과 김정일은 약 45분 동안 차내 밀담을 나눈 일이 있다. CIA가 도청 감청하여 전 주월남 한국대사관 경제담당 이대용 공사를 통해 우리 정부 관계자에게 전달한 것을 한 매체가 대화 전문을 입수하여 공개했는데 그 중에는 이런 대화 내용이 있다. / 김정일: "차기 대선은 누구를 염두에 두고 있소?" / 김대중: "호남 출신 한화갑이나 정동영이면 어떨까 합니다" / 김정일: "그건 안됩니다. 노무현으로 하시지요" / 김대중: "그는 경상도 출신으로 청문회 스타라고는 하지만 여론이나 인지도 면에서 훨씬 밀립니다" / 김정일: "그 아비의 원래 고향은 호남이고 처가 등 출신 성분이 좋소. 여론이나 인지도는 선전 선동을 통해 충분히 월장越牆할 수 있소. 선거 문제는 우리와 연구를 많이 합시다." 김대중이 우리 측의 대통령 경호수칙을 위반하고 경호원 없이 김정일 전용차에 올라 나눈 이상의 대화는 우리가 이미 알고있듯 김정일의 생각 그대로 되었다.

2002년 민주당 경선에서 리틀DJ라 불리던 한화갑은 제주도 경선에서 1위를 차지할 정도로 인기가 높았다. 그러나 광주 경선에서부터 노무현이 전폭적인 지지를 받았고 한화갑은 돌연 중도에 사퇴한다. 그리고 낌새를 차린 정동영은 김대중을 찾아 의중을 물었고 김대중은 "혼자 뛰는 마라톤을 보았느냐"고 말했다. 정동영은 완주한다. 결국 민주당의 대선 후보가 된 노무현은 대통령이 되었고 정동영은 다음 대선에서 민주당 대선 후보가 된다.(스카이데일리, 2024.12.29) 이 보도에 따르면 김대중이 김정일의 지령을 받들어 실행한 것은 분명해 보인다. 정권 전체가 하나의 거대한 간첩단이었던 문재인 정권이 북한의 지령을 받고 이를 수행한 사례는 무수하게 많다. 저자가 고영주 변호사와 공동 집필한 [대통령 된 간첩]에는 그를 간첩으로 단정하는 이유 100가지를 설명하고 있는 바 이 모두를 북한의 지령을 수행한 것이라고 이해 해도 무리는 없다.

2021년 10월 조선일보는 충북동지회 간첩단이 북한과 주고받은 암호화된 파일이 담긴 공소장을 입수했다. 여기에는 이 간첩단이 2020년 7월 18일 북한 문화교류국에 보낸 통신문에서 북한당국을 향해 "이재명에 대중이 결집하도록 조치해 달라"는 요청 내용이 들어 있었다.(뉴데일리, 2021.10.16) 주사파 이론책으로 활동하다 전향한 이동호 교수는 "이후 북한은 이재명을 중심으로 뭉치라는 지령을 내렸고 이때부터 종북좌익 세력 전체는 이재명을 중심으로 움직였다"고 말했다. 북한정권과 민노총의 선택은 탁월했다. 수많은 범죄혐의로 늘 감옥갈 두려움에 사로잡혀 있던 이재명은 대한민국의 좌익국가화 혹은 북한화라는 종북세력의 목표보다 우선 자신이 살기 위해 극단적인 행동을 주저하지 않았다. 이때부터 대한민국의 체제변경의 혁명투쟁은 덩달아 더욱 맹렬하게 전개된다.

탄핵 지령, 그 아주 오래된 역사

북한이 남쪽을 향해 탄핵의 지령을 내린 역사는 길다. 2004년 3월 노무현의 탄핵 소추안이 가결되었을 때는 북한의 대남 선전매체를 통해 연일 "탄핵은 무효다"(통일선진) "탄핵의 배후는 미국이다"(민주조선) 등의 메시지와 함께 종북단체들에게 "탄핵을 규탄하라"(조선로동신문)는 지령을 내렸고, 광우병 사태 때는 "미친소병 수입하는 정부 반대. 리명박을 탄핵하라"(조선로동신문, 2008.5.6) "한나라당은 살고싶으면 리명박을 탄핵하라"(민주조선, 2008.6.20) "리명박 탄핵서명운동에 나설 것을 선언한다"(민주조선, 2009.7.17)는 등의 지령을 내렸다. 그리고 박근혜 윤석열 탄핵 지령은 앞에서 든 바와 같이 횟수로 다 헤아릴 수가 없다. 더 거슬러 올라가면 '노태우 대통령 탄핵'(민주조선, 1992.6.18) '김영삼 대통령 탄핵'(민주조선,

1995.6.22) 지령도 있다. 자유민주 진영의 대통령에 대해서는 모조리 탄핵의 지령을 내린 것이다. 그 중에서 끝을 본 것은 임기 3년 9개월을 채운 현직 대통령 박근혜에 대한 탄핵이다. 임기 2년 7개월을 채운 현직 대통령 윤석열에 대한 탄핵도 진행중이다. 비상계엄, 쿠데타, 내란, 외환 등 난무하는 윤석열에 대한 죄목은 모두 가져다 붙인 구실일 뿐, 탄핵은 북한의 지령에서 시작된 좌익혁명의 실행이다.

　대한민국 대통령에 대한 탄핵 시도는 윤석열로 끝일까. 아니다. 다음에 또 자유민주주의자가 대통령이 되고 자유민주 정부가 들어서면 어김없이 다시 시작될 것이다. 이땅에 주사파가 존재하는 한, 이땅에 종북좌익 세력이 소멸되지 않는 한, 주사파 국회의원과 운동권 출신의 좌익 판사와 의식화 된 공수처 검사와 기회주의적 경찰과 검사가 존재하는 한 우익 대통령에 대한 탄핵은 반복될 것이다. 좌익으로 체제변혁 중인 이땅에서 피할 수 없는 우익 대통령의 운명이다. 그러나 대한민국이 완전한 좌익의 나라가 되어 다시는 자유민주주의자 대통령이 집권할 수 없게 된다면 어떻게 될까. 이제는 주기적으로 세계적 구경거리가 된 대한민국 대통령의 탄핵은 사라지게 될 것이다. 그때는 탄핵 대신 숙청이 일상화될 것이다. 피의 숙청이다.

3절

●

남쪽 최고 령도
백낙청의 설계대로 되어가는 대한민국

대통령 윤석열의 비상계엄 선포를 이유로 그를 탄핵하는 정국에서 더불어민주당 소속의 국회의원 박선원이 조선로동당 서열에서 문재인보다 위에 있다는 주장이 화제가 되었다. 박선원은 문재인이 국정원을 간첩을 잡기는 커녕 오히려 북한에 봉사하는 정보기관으로 만들기 위해 국정원 조직 1인자인 원장 박지원과 함께 2인자의 자리인 기획조정실장에 그를 앉혔다고 해서 화제가 되었던 사람이다. 대한민국의 공산국가화를 위해 적군파식 테러를 준비했던 이학영이 국회의원이 되고 이어 22대 국회에서는 국회 부의장의 자리에 오른 사실과 함께 문재인보다 서열이 높다는 박선원이 이재명의 민주당에서 국회의원이 된 사실은 많은 북한 전문가들이 종북주사파가 대한민국 국회에 완벽한 혁명의 진지를 구축하는데 성공했다는 중요한 근거로 든다. 그렇다면 남한에서 활동하는 종북세력 중에서 최고 서열은 누구일까.

조선로동당 남쪽 지부의 서열

종북주사파 세력은 조직의 철저한 보안수칙 준수와 완벽에 가까운 은밀성으로 그들의 서열을 정확히 파악하는 것은 불가능에 가깝다. 그러나 김일성의 주체사상에 매혹되어 종북단체 막후의 지휘부에서 이론가 혹은 거리의 투쟁가로 오래 활동하다 전향한 김문수 김영환 이동호 민경우 구해우 그리고 자칭 원단 공산주의자 박성현 등의 견해를 종합하면 대략적인 윤곽은 잡힌다. 1997년 대법원으로부터 이적단체 판결을 받았고 2024년 들어 김정은의 '통일 폐기' 한마디에 바로 해산한 범민련남측본부에서 사무처장을 지낸 민경우 씨는 주사파의 서열 1위 김영환, 2위 이석기, 3위 임종석을 들었다. 김영환은 김일성을 두 차례 만나고 돌아와 '주체사상은 사기다'라고 선언한 후 전향했으니 지금은 이석기 1위, 임종석 2위라고 봐야 할 것이다. 그러나 이것은 1980년대 득세한 학생 주사파의 서열인 동시에 행동 주사파의 서열이다. 학생 주사파 중에는 전대협 한총련 이후의 주사파 단체 가운데 하나인 21세기진보학생연합 출신의 박주민 의원과 반미 학생운동 조직인 삼민투 출신의 박선원 의원 역시 행동 주사파로 분류된다. 그러나 이들 행동대원들을 배후에서 조종하는 지휘부는 따로 있다.

'원탁회의'라 불리는 기성세대 종북 그룹이 있다. 종북주의자 원로들의 묶음을 말한다. 백낙청 교수, 함세웅 신부, 김상근 목사, 노수희, 박석운, 오종렬 등이 맴버다. 문재인 이해찬 한명숙 유시민 등도 그들의 회합에 참석하곤 했다. 원탁회의라 불리는 이 원로그룹은 김대중 노무현 정권에서부터 공개적인 행보를 보였으며 이명박 박근혜 정부에서 반정부

투쟁을 지휘 독려하고 특히 대선 총선 교육감 선거 때가 되면 후보에 대한 교통정리를 한 사실은 상당 부분 공개되었다. 문재인을 '바지 대통령'으로 규정하는 사람들은 가장인 문재인을 비롯하여 가족 전체가 잔돈에 관심이 많고, 잘 웃어 국민에게 착하다는 이미지를 줄 수 있고, 간이 작아 시키는 말을 잘 듣는 그를 원탁회의가 대통령으로 내세웠다고 말한다. 원탁회의를 대한민국을 통치하는 실세로 꼽는 사람들이 흔히 드는 하나의 사례다. 북한 전문가들은 이 원탁회의의 좌장으로 백낙청을 지목한다. 백낙청 외에 다른 사람을 지목하는 전문가도 있다. 박성준이다. 좌익의 대모인 한명숙의 남편인 박성준은 문재인의 멘토로 알려져 있기도 하다. 그를 남한 종북세력의 령도로 지목하는 근거는 그가 현재 생존하는 통혁당의 적자이기 때문이다.

김일성의 지시를 직접 받들어 1964년에 남한 혁명 지하조직으로 설립된 통혁당은 1968년에 적발되어 김종태 등 최고위의 3인은 사형을, 신영복 등 5인은 무기징역을, 박성준은 15년 형을 선고받았다. 그래서 박성준은 현존하는 통혁당 잔당 중에는 서열 1위다. 김일성은 초기 통혁당의 서열 1위 김종태가 사형당하자 대규모의 군중을 동원하여 시신없는 장례를 치러주고 공화국 영웅 칭호를 수여했다. 이후 남한에서 활동하는 모든 종북단체들은 통혁당을 그들의 정신적 뿌리로 여기게 되었다. 통혁당 출신으로 현존하는 최고위인 박성준을 백낙청에 버금가는 서열로 추정하는 근거다. 그는 성공회대 교수, 박원순이 설립한 아름다운가게 공동대표 등 외에는 눈에 띄는 사회적 활동이나 직함이 없다. 그러나 그가 문재인의 멘토라는 점, 그의 부인 한명숙이 그를 대신하여 국무총리까지 지내는 등 좌익정권에서 왕성한 활동을 하고 종북좌익 세력의 대모로 추앙받는 점, 헌정사상 단 1번 있었던 법무장관의 검찰에 대한 수사지휘권을 정치자금법 위반 혐의로 2년간 옥살이를 한 한명숙의 유죄를 뒤집기 위해 문재인 정권이 두 번이나 거듭 발동한 점, 문재인이 퇴임을 5개월 앞둔 2021년 12월 한명숙을 복권시킨데 이어 그 다음 달 박성준에 대해서도 통혁당 사건에서 받은 유죄를 53년만에 무죄로 뒤집어 그의 오래된 반국가 범죄의 전과를 깨끗하게 해준 점 등은 박성준이 남한 내의 종북좌익 세력에서 점하는 위상을 충분히 짐작케 해준다.

그렇다면 백낙청과 박성준 중 누가 남한 내의 조선로동당 서열 1위일까. 윤석열 탄핵사태에서 백낙청의 활약은 조금이라도 드러난 것이 있는 반면 박성준의 활약은 포착된 것이 거의 없다. 공산당 조직의 생리를 들며 철저히 감추어지고 은폐된 박성준의 서열이 더 높을 것으로 추정하는 사람도 있다. 정치학자로서 노태우 정부의 국무총리를 지낸 고 노재봉 교수도 생전에 이에 대한 화두를 던지고는 대답을 내놓지 않을 정도로 민감한 문제이니 각자의 짐작이나 숙제의 영역에 두기로 하자. 여기서는 서열 1위로 추정되는 사람 중의 한 명인 백낙청이 윤석열 정부 흔들기와 윤석열 탄핵에 어떤 활약을 했는지를 살펴보기로 한다.

최고 서열 백낙청의 설계

백낙청은 2012년 출간한 "2013년 체제 만들기"라는 제목의 저서에서 "지금까지와는 다른 세상을 만들자"는 주장을 펼쳤다. 대통령 취임사에서 한번도 경험하지 못한 나라를 선언했던 문재인의 말과 같은 뜻이다. 대한민국의 자유민주주의와 시장자본주의 체제를 사회주의 공산주의 체제로 변경하는 것은 좌익의 궁극적 지향이다. 백낙청이 '지금까지와 다른 세상'을 말하는 것은 대한민국을 좌익체제의 나라로 만들겠다는 뜻이다. 그의 오랫동안의 말과 글과 행동이 그것을 증명한다. 백낙청은 2012년 12월 실시된 대통령 선거에서 문재인이 박근혜를 물리치고 당선된 후인 2013년부터 대한민국을 새로운 세상으로 만드는 구상을 하고 있다. 이때부터 2025년까지 12년 동안 대한민국은 그의 생각대로 되었을까. 대답은 예스다.

백낙청의 희망과는 달리 그해 대선은 박근혜가 당선되었다. 그러나 그가 지휘하는 종북좌익 세력은 이때부터 박근혜 정부를 끊임없이 흔들었고 박근혜는 결국 3년 9개월 만에 탄핵되었다. 박근혜가 비운 청와대를 차지한 문재인은 백낙청의 주장대로 대한민국을 '지금까지와는 완전히 다른 나라'로 만들어 나갔다. 대통령 문재인이 한 명의 간첩으로 보일 정도로 그의 반자유민주적 방식과 파괴적 결과에 놀란 국민은 20대 대통령으로 자유민주주의자 윤석열을 대통령으로 선택했다. 그러나 이번에는 박근혜보다 더 짧은 2년 7개월 만에 탄핵소추안을 가결하여 직무를 정지시키고 좌익의 충견 공수처와 좌익 판사를 앞세워 그를 구속시켰다. 이 정도면 일단은 백낙청의 말대로 되었다.

백낙청은 윤석열 정부 출범 5개월이 지난 2022년 10월 한 인터넷 TV에 출연하여 "(윤석열) 대통령을 탄핵시키는 방법도 있지만 퇴진을 권고하는 게 낫다고 봅니다. 탄핵보다는 퇴진이 더 낫다고 봐요"(오마이TV,

2022.10.11, '오연호가 묻다') 백낙청이 좌익에서 차지하는 위상을 생각하면 이것은 남한 내 종북단체 전체에게 내린 하나의 지침일 것이다. 22대 총선이 있었던 2024년이 되자 그는 새해 벽두부터 "최우선 당면 과제는 2기 촛불정부를 만드는 일이다. (4.10) 총선에서 승리하면 2기 촛불정부 수립에 집중해야 한다. 그것이 성공하면 세계사적으로 아무도 안 가본 길을 우리가 열게 될 것이다"(백낙청TV)라고 말했다. 그리고 총선에서 좌익이 압승을 거두자 "이재명은 차기, 조국은 차차기"라며 대통령 순번까지 구체적으로 정해주었다. 그는 "박근혜를 몰아내고 문재인 정권을 세운 것은 1기 촛불혁명이었고, 이제 윤석열을 몰아내고 2기 촛불혁명 정부를 만들자"고도 말했는데 언론인 김용삼은 이를 두고 "윤석열을 몰아내라는 지령을 내린 것"이라고 평가했다. 윤석열을 몰아내라는 그의 지령은 7개월 후 실현된다. 그는 남쪽 좌익의 수령이 맞는가.

그의 손바닥에서 움직이는 남쪽

백낙청은 2022년 대선에서 이재명의 패배와 윤석열 당선으로 대한민국 체제를 좌익으로 바꾸는 일이 어려워지게 되자 윤석열을 퇴진시키는 2기 촛불혁명으로 '세계사적으로 아무도 가보지 않은 길'을 도모했다. 그는 윤석열 정부에서 우익 성향의 법조인으로 채워지게 될 헌법재판소에 의한 기각을 염두에 두고 윤석열 타도의 방법으로 헌재의 결정에 따른 탄핵 대신 중도 퇴진을 통한 임기단축을 주장했다. 그는 "김대중 대통령 이후로 이재명 후보만한 정치인을 우리가 만난 적이 없다. 이재명은 2기 촛불정부를 내다보는 국가 지도자"라고 치켜세우며 지도자 이재명이 '촛불을 앞세워 민중을 거리로' 나오게 한 후 '보수세력 일부의 협동'과 '기득권 언론의 은근한 응원'을 통해 윤석열 정권을 몰아내도록 독려했다. 결과는 대부분 그의 말대로 되었다.

이재명과 손발을 맞춘 민노총이 촛불 민중을 거리로 모으고, 한동훈 조경태 안철수 김상욱 같은 보수세력을 배신한 여당 의원들의 협동, 조선 동아 중앙 등 보수성향의 신문사까지 가세한 기득권 언론의 응원, 모두 백낙청의 바람대로 되었다. 이 정도의 일치률이라면 우연이 아니다. 그의 계획과 설계 딱 그대로다. 대통령 윤석열이나 국민인 우리의 계획과 설계 와 바람과는 정반대다. 백낙청의 생각과 지침대로 움직이는 대한민국, 위험하고 무서운 일이다. 그는 2024년 자신의 신년칼럼에서 "현행 헌법에 따르면 정부 교체는 2027년이다. 그러나 2027년까지 기다릴 필요 없다." 고 말했다. 이것까지 그의 말대로 실현되어 윤석열이 돌아오지 못하고 국가 통치권이 다시 좌익의 손으로 넘어간다면 대한민국의 자유민주주의 는 종말을 맞게 될 것이다. 자유와 풍요를 누리는 국민인 우리는 억압과 빈곤에 시달리는 좌익 국가의 인민이 될 것이다. 백낙청의 설계와 지령은 그래서 무서운 것이다.

제2장

혁명의 거짓과 반혁명의 진실

90대 10이 거꾸로 행세하는 대한민국

원탁회의 멤버를 중심으로 하는 종북세력의 원로회의에 대항하는 성격인 '대한민국 국가원로회'를 이끌고 있는 장충근 회장은 대통령 윤석열의 비상계엄과 뒤이은 탄핵 정국에서 광화문, 한남동, 안국사거리 헌재 앞 등에서 열린 시위현장에는 자유우파 국민이 90% 이상이라고 말한다. 여론조사는 백중세를 보이지만 투표의 공정성이 보장된다면 자유민주 진영의 후보가 압승할 것이며 선거 부정 없이는 종북좌파 후보들이 당선되기 어려울 것이라고 그는 주장한다. 입법부 사법부 행정부 곳곳에 진지를 구축하는데 성공한 종북주사파의 대한민국 파괴적 활동과 좌편향성이 심각한 언론으로 인해 현장의 민심과 선거 결과의 불일치가 심각하다는 말도 그는 덧붙인다. 장충근 회장의 말을 빌리지면 2025년 지금 대한민국의 우익과 좌익의 대립은 90 : 10의 전쟁이다. 그러나 언론보도는 다르다. 더불어민주당의 '윤석열 내란'이라는 거짓 프레임 언어를 그대로 사용하는 언론을 본다면 이것은 우익 10 : 좌익 90의 전쟁이다.

8년 전 박근혜 탄핵 그때도 그랬다. 2016년 10월에 시작된 초기 집회는 좌익의 촛불이 월등했다. 그러나 12월 들어 우익의 태극기 집회 규모가 더 커지자 경찰은 집회 참가자 수 집계 발표를 중단했고 언론은 촛불집회는 높은 곳에서 찍어 참가자가 거의 다 보이는 사진을 싣는 반면 태극기집회는 현장 일부분을 같은 눈높이에서 찍은 사진을 실었다. 그것도 어르신 모습만 보였다. 그래서 현장에 참석하지 않고 방송이나 신문으로 시위장면을 접한 대부분의 국민에게 촛불집회는 모든 연령대의 전국민이 참석하는 집회로, 태극기집회는 한가한 어르신이 참석하는 집회로 인식된다. 좌익 그들의 중요한 혁명기술인 이미지 조작 전술이다.

2024년 12월부터 시작된 비상계엄과 탄핵 정국에서 더민주당과 민노총이 힘을 합해 모은 집회의 규모는 초라했다. 이미 그들의 세상이 되었다고 여기는 듯 그들은 더 이상 촛불을 들지 않았다. 그러나 한남동 대통령 관저 인근과 광화문에 모여 탄핵 반대를 외치는 집회 참석자는 규모도 압도적이었고 특히 20, 30대 젊은이들이 많았다. 그들은 기성세대보다 훨씬 오랜 시간을 살아가야 할 대한민국을 걱정하고 있었다. 극단적 이기주의자인 이재명이 '기본'이라는 이름으로 당겨쓰는 자신들의 미래 빚을 걱정하고, 자유민주주의가 아닌 인민민주주의의 나라를 걱정했으며, 김일성의 후손을 수령으로 받들며 살게 될지도 모르는 미래를 걱정하고 있었다. 그러나 이번에도 마찬가지였다. '윤석열 탄핵 반대'와 '이재명 구속'을 외치는 집회현장은 작고 간단히 보도되었다. 혁명의 거짓은 선명하게 보였으나 반혁명의 진실은 보이지 않았다. 아, 이래서 윤석열이 비상계엄을 선포했구나.

1절

●

8년을 묵은 거울
박근혜 탄핵

윤석열은 왜 탄핵되었을까. 내란? 어림없는 소리다. 권력을 잡은 세력이 내란을 했다고? 목소리 큰 사람이 이기는 저잣거리의 헛논리다. 생각을 하고 공부를 하는 사람들의 논리는 아니다. 대한민국을 뒤집으려 하는 사람들의 억지 논리다. 권력을 잡고 있지 않은 쪽에서 일으키는 것이 내란이라고 책에 분명히 적혀있다. 권력을 가진 쪽에서 일으키는 내란은 동서고금을 막론하고 어떤 역사책에서도 본 일이 없다. 대통령이 내란을 했다는 말이 참이 되기 위해서는 그 반대쪽이 권력을 잡고 있고 힘이 더 세다는 뜻이 된다. 대통령이 아닌 어떤 세력이 권력을 잡고 힘을 휘두른다면 그것이 바로 내란이고 반란이다. 그것은 국가 비상사태로서 비상계엄 선포의 요건이 된다. 비상계엄은 비상시에 쓰는 대통령의 권한이라고 헌법에 명시되어 있다. 헌법이 보장하는 권한을 행사하는 것이 어떻게 내란인가. 북한정권이나 문재인과 같은 김정은의 하수인의 눈에는 내란으로 보일 것이다. 정부가 아닌 어떤 세력이 대통령의 합법적인 권한 행사를 내란으로 규정하고 구속시키는 일이야말로 반란이고 혁명이다.

대통령 윤석열이 직무상 중대한 위헌 위법의 행위를 범한 것은 아무 것도 없다. 국회를 장악한 이재명의 민주당이 대통령의 손발을 꽁꽁 묶어놓아 제대로 일을 하지 못했으니 위헌 위법을 따질 일도 없다. 윤석열은 내치의 영역에 쌓여있는 개혁과제 등에 손을 대지 못하자 자신의 시간에 밖으로 나가 원전을 수주하고 K-방산을 세일즈하며 많은 성과를 냈다. 그래서 그에게는 과가 아닌 공만 있다. 대통령 후보 시절 공약으로 내세웠던 여가부 폐지 하나도 국회를 장악한 야당의 반대로 실행하지 못한 것이 윤석열 그의 정부다. 그가 탄핵된 이유는 반대 쪽에 있다.

12가지 혐의로 수사받고 재판 받으며 감옥행이 예정된 이재명이 감옥 안 가는 방법으로 선택한 윤석열 정부 마비시키기, 자유민주주의 수호를 말하고 공산주의에 적대적 태도를 취하고 반국가세력 척결 의지를 보이는 윤석열 제거하기, 북한과 중국과 러시아를 멀리하고 미국과 일본과 유럽의 문명화되고 선진화된 서방국가와 가까워지는 일 방해하기 등 윤석열을 탄핵시킨 이유는 모두 윤석열이 아닌 이재명의 민주당에 있었다. 윤석열이 탄핵된 이유는 집권 기간 내내 손발이 꽁꽁 묶여 있다 2년 7개 월만에 직무가 정지된 그보다 3년 9개 월을 대통령 자리에 있으며 종북좌익 세력과 제법 제대로 붙었던 대통령 박근혜에게서 찾는 것이 축적된 자료가 더 많고 찾기도 더 쉽다. 박근혜가 탄핵된 이유는 윤석열이 탄핵된 이유와 겹친다. 박근혜 탄핵은 윤석열 탄핵의 거울이다.

모두 거짓인 탄핵 사유

대한민국 제 18대 대통령 박근혜는 1737일, 무려 4년 9개월을 감옥에 있었다. 거의 4년을 끈 그에 대한 재판은 문재인의 임기 1년 4개월을 남긴 2021년 1월에 종결된다. 국정원 뇌물혐의 징역 15년에 벌금 180억 추징금 2억, 문화계 블랙리스트 등 기타 혐의 징역 5년 추징금 33억, 새누리당 공천개입 혐의 징역 2년, 도합 징역 22년에 벌금 180억 추징금 35억이다. 모두 박근혜를 감옥에 잡아두기 위해 만들어낸 엉터리 범죄혐의다. 국정원 특활비는 김대중의 측근은 물론 아들도 쌈지돈처럼 빼먹었고 문재인은 부인이 이를 광범위하게 사용했다는 의혹에 대한 수사를 피하기 위해 지금도 요리조리 피하는 미꾸라지 작전을 쓰고 있다. 역대 모든 좌익정권이 빼먹은 것에 비하면 우익정부의 것은 조족지혈이며 그나마 박근혜가 개인적으로 사용한 것은 단 한 푼도 없었다. 그럼에도 이를 범죄로 엮어 15년형을 내렸다.

문화계 블랙리스트 역시 억지로 꿰어맞춘 죄목이다. 정부 모든 부처에 '적폐청산TF'를 만들어 수천 명을 솎아내고 1000여 명을 수사하여 200여 명을 구속시킨 문재인 정권에 비하면 박근혜 정부의 것은 아무것도 아니다. 대통령이 여당의 공천에 영향력을 행사한 것이 범죄라면 역대 모든 대통령은 범죄자이며 그 중에서도 김대중이 압도적이다. 22년형을 내린 이런 모든 죄목이 엉터리라는 뜻이다. 더 엄중한 일이 있다. 이런 죄목이 현직 대통령을 탄핵하고 끌어내릴 때 제기된 사유와는 아무런 관련이 없다는 점이다. 박근혜는 탄핵의 사유없이 탄핵되었다. 윤석열에 대한 탄핵도 그렇게 진행되고 있다. 8년 전의 박근혜 탄핵을 지금의 윤석열 탄핵의 거울이라고 말하는 이유다.

대법원에서 확정된 박근혜에 대한 모든 범죄는 법치와 정의의 수호가 아닌 진영의 이익을 위해 법을 악용하는 천하의 거짓말쟁이 대법원장 김명수가 좌익이념의 실현과, 좌익진영의 이익과, 대한민국의 좌익국가화를 위해 법과 국민을 농락한 결과다. 그리고 더 큰 문제는 박근혜가 탄핵의 사유없이 탄핵되었다는 점이다. 김명수의 대법원이 확정한 박근혜의 범죄 가운데 헌법재판소에서 박근혜를 탄핵할 때 제시된 사유는 단 한 개도 없다. 국회의 탄핵소추 사유 9가지 중에도 유죄로 확정된 것은 아무것도 없다. 박근혜에 대한 탄핵은 그래서 엉터리 탄핵이고 사기탄핵이다. 그래서 무효다. 그것은 문재인의 민주당이 박근혜의 정권을 탈취한 쿠데타이며 대한민국을 북한에 봉사하는 존재로 만들기 위한 혁명이었다.

법조계 원로의 진단

2016년 늦가을부터 온 겨울에 걸쳐 광화문 광장을 점령한 촛불이 집단이성을 마비시키며 대한민국을 지배하는 상황을 지켜보며 원로 법조인 몇 분은 탄핵으로 치닫는 상황을 정리하며 국민을 향한 각성의 메시지를 보냈다. 대법관, 헌재 재판관, 대한변협회장 등을 역임한 정기승 김두현 이종순 이시윤 이세중 김종표 김문회 함정호 김평호 님이 정리해준 다음 6가지는 당시 상황의 문제점을 정확히 말해준다.

1. 국회가 아무런 증거조사 절차나 선례수집의 과정없이 신문기사와 심증만으로 탄핵을 의결하여 대통령의 권한을 정지시켰다. / 2. 특검조사가 시작되기도 전에 탄핵소추를 의결한 것은 이번 탄핵이 비정상적이고 졸속으로 처리되었다는 것을 단적으로 드러낸다. / 3.법적 성격이 전

혀 상이한 13개 탄핵사유에 대해 개별적으로 심의 표결하지 않고 일괄적으로 표결한 것은 중대한 적법절차 위반이다. / 4. 박 대통령이 헌법의 원리나 원칙을 부정하거나 반대한 사실이 없음에도 몇 개의 단편적인 법률위반이나 부적절한 업무집행 의혹만을 근거로 헌법위반이라고 주장하는 것은 논리의 비약이다. / 5. 대통령이 공익법인 설립 및 그 기본재산의 출연을 기업들로부터 기부받은 것은 이미 선례도 많고 그 목적이 공공의 이익을 위하는 것이므로 이를 범죄행위로 규정하여 단죄하는 것은 법리에 맞지 않는다. / 6. 헌재는 9명 재판관 전원의 심리 참여가 헌법상의 원칙이므로 (결원이 생긴 현재) 재판을 일시 중지하였다가 전원재판부를 구성한 연후에 재판을 재개하여 심리를 진행해야 한다. (조선일보, 2017.2.9) 법조계 원로들의 이러한 지적과 염려에도 불구하고 3월 10일 헌재는 박근혜에 대한 탄핵을 인용했다. 이것이 얼마나 잘못된 것인지는 국회의 탄핵소추 사유, 헌재의 탄핵인용 사유, 대법원이 확정한 유죄의 사유를 비교하면 바로 알 수 있다.

엉터리 탄핵소추안

2016년 12월 9일 국회가 박근혜에 대한 탄핵 사유로 나열하며 소추안을 가결시키고 헌재에 제출한 것은 헌법 위배 5가지에 법률 위배 4가지가 더해져 모두 9가지였다. 법률 위배는 세부적으로 8가지로 나뉘어져 모두 13가지로 부르는 경우도 있다. 후에 입증된 것이 단 하나도 없는 모조리 엉터리인 사유들은 이렇다.

헌법 위반 5가지: 1. 최순실에게 국정 영향력을 행사하도록 함 / 2. 최순실의 의사에 따른 정부 인사를 임명함 / 3. 사기업에 공익재단 금품 출연을 강요하고 임원 인사에 간섭함 / 4. 언론 보도를 탄압하고 신문사 사장 인사에 개입함 / 5. 세월호 7시간 동안 아무런 역할을 수행하지 않음으로써 국민 생명권 보장 조항을 위배함

법률 위반 8가지: 1. 재단법인 미르, K스포츠 모금을 위해 대기업 총수들과 단독면담을 가지고 각종 민원을 받음 / 2. 롯데그룹 추가 출연금 약속 받음 / 3. 최순실의 지인회사 KD코퍼레이션 지원을 지시함 / 4. 최순실의 회사 플레이그라운드 지원을 지시함 / 5. 대통령이 최순실 안종범과 공모해 KT 황창규 회장에게 의무 없는 일을 하도록 함 / 6. 안종범에게 포스코가 펜싱팀을 창단하도록 지시함 / 7. 안종범에게 그랜드코리아레져 회사와 관련한 부당한 지시를 내림 / 8. 최순실에게 공무상 비밀을 담고 있는 문서를 유출함.(SBS,2016,12,12) 이상의 헌법 위반 5가지에 법률 위반 8가지를 합해 총 13가지 탄핵사유 가운데에 조사와 수사와 재판을 거치며 유죄로 확정된 것은 단 하나도 없다. 모두 엉터리란 뜻이다. 소추안에 부연된 설명은 더 엉터리다.

국회에서 탄핵소추안을 통과시킬 때 여기에 끌어다 붙인 이유를 보면 가관이다. "광화문에서 100만 국민이 모여 촛불집회를 열고 박근혜의 하야를 요구하니 주권자인 국민의 요구를 따라야 한다."고 했다. 100만이라는 시위 참여자의 숫자는 애시당초 말이되지 않는 것이며 이 숫자를 인정한다고 해도 100만 명은 전 국민 5000만 명의 단 2%로서 대표성이 성립되지 않는다. 98% 국민의 의사는 어쩔텐가. 좌익성향의 방송을 동

원하여 유도된 여론을 만들고 좌익성향의 여론조사 회사에서 편향된 질문 문항으로 유도한 여론조사 결과를 들이대며 "대통령에 대한 지지율이 몇 주간 연속으로 4~5%로 추락했으니 국민은 이미 박근혜를 탄핵한 것이나 마찬가지다"라고 했다. 이게 대체 법을 만드는 입법기관인 국회에서 내 놓을 수 있는 탄핵사유인가. 대체 대한민국 어느 법체계에 시위대의 숫자와 여론조사 수치에 의해 탄핵을 소추할 수 있다고 규정되어 있는가. 이게 대체 법치국가에서 있을 수 있는 일인가. 당시 국회가 제시하는 탄핵사유와 그것을 설명하는 용어와 논리와 법리는 정상적인 자유민주주의 국가의 그것이 아니었다. 종북좌익세력이 대한민국을 뒤집기 위한 반란이나 혁명의 논리였다.

박근혜 최서원의 국정농단은 지금까지도 보통의 국민이 알고 있는 박근혜 탄핵의 핵심 사유다. 국정농단은 '정유라의 입시비리'와 '최순실의 태블릿PC' '박근혜 최순실의 경제공동체'가 만들어낸 프레임이었다. 그러나 국회가 박근혜에 대한 탄핵소추안을 가결시킬 당시 탄핵의 사유로 제시된 사안에는 최서원에 대한 의혹들과 그것이 박근혜와 어떤 연관성이 있는지에 대한 사실 확인은 고려의 대상이 아니었다. 11월 30일 박영수 특검팀 발족이 결정되어 최서원과 관련된 모든 의혹을 조사하고 진상을 규명하기로 되어 있었지만 국회는 이 결과를 기다리지 않았다. 야합한 여야 정치인들에게 사실과 진상은 고려의 대상이 아니었다. 또한 현직 대통령을 탄핵하는 것은 헌법과 법률이 정한 사유와 조건과 절차에 따라야 하는 최고의 법률행위임에도 그 내용과 절차가 적법한 것인지에 대한 고려도 완전히 무시되었다. 결국 국회는 신문과 방송에 나온 의혹

관련 기사 14건과 최서원 안종범 등 대통령 주변의 8인에 대한 검찰공소
장 등만을 근거로 탄핵소추를 강행했다. 그렇게 의결된 탄핵소추안에는
수사기관에 의해 검증된 사실은 아무것도 없었다. 검찰의 공소장에 나
온 몇 건과 여러 언론의 기사를 인용하고 발의자들이 그것에 일방적인
해석과 주장을 늘어놓은 내용으로 채워져 있었다. 그리고 법조인들이 지
적한대로 법적 성격이 전혀 다른 13가지의 탄핵사유를 개별적으로 심의
표결하지 않고 일괄적으로 '박근혜 정부의 최순실 등 민간인에 대한 국
정농단 의혹사건'으로 이름을 붙여 국회 문턱을 넘고 헌법재판소로 넘겼
다. 반국가 세력과 협잡꾼들이 모인 국회의 협잡질이었다. 좌익과 배신자
들이 작당한 대한민국 뒤집기였다.

단 하나도 확정되지 못한 탄핵사유

국회를 통과한 탄핵소추 사유 13가지는 헌재로 넘겨져 주심 강일원
재판관의 손에 들어간다. 강일원은 법정에서 국회 측을 향해 "난삽하니
받아 적어라"며 다음 5가지로 이를 변조해 준다. 권한 밖의 무단변조다.
1. 공무원 임면권 남용(문광부 직원 강제 해임) / 2. 언론자유 침해(세계일보
사주 퇴진 압력) / 3. 세월호참사 관련 생명권 보호 의무 / 4. 삼성관련 뇌
물수수 (공익재단 출연금 204억 원) / 5. 최서원의 국정개입. 이 5가지 중에
도 후에 사법부에서 유죄로 확정한 것은 아무것도 없다. 김명수의 대법
원이 박근혜에게 내린 22년 형의 죄목에는 이상의 5가지 혐의는 아무것
도 없다. 단 1가지도 없다.

박근혜에게 중형을 내린 범죄혐의인 이재용의 86억 뇌물공여, 국정원

특활비, 새누리당 공천개입 3가지는 모두 탄핵 사유와는 관련 없는 별건 수사다. 박근혜는 물론 최서원에게 내려진 죄목과 형량 조차 탄핵소추안에 제시되 13가지 혹은 5가지 사유와는 아무런 관련이 없다. 삼성 뇌물도 탄핵 당시 제기된 공익재단 출연금은 무죄로 판결났으며 그 후에 찾아낸 다른 건으로 최서원과 박근혜에게 유죄판결을 내렸다. 최서원의 국정개입은 핵심 증거인 '최순실의 태블릿PC'가 최서원의 것이 아니라는 사실이 밝혀지며 허구로 드러났다. 결국 박근혜를 탄핵하는 사유로 끌어다 낸 내용은 모두 범죄혐의가 구성되지 않았다. 헌재소장 대행 이정미 재판관이 읽은 탄핵결정문이나 국회의 탄핵소추안에는 코빼기도 비춘적이 없는 이 3가지의 별건으로 대법원이 감옥에 있는 전직 대통령 박근혜에게 22년 형을 선고한 것이다.

박근혜에 대한 탄핵 인용은 당연 무효다. 그럼에도 박근혜는 탄핵되어 대통령 직을 박탈당하고 감옥으로 보내졌다. 박근혜에게는 죄가 없었다. 그러나 문재인과 더불어민주당의 죄는 하늘을 찌른다. 국민인 우리가 속은 것이다. 이로부터 8년 후 문재인 대신 거대 좌익정당의 당주가 된 이재명은 기존의 종북주사파 국회의원에다 자신처럼 갖가지 범죄혐의를 가진 사람들이 더해진 더불어민주당을 진지로 삼아 다시 한번 같은 일을 되풀이한다. 대한민국 제 20대 대통령 윤석열에 대한 탄핵은 그렇게 시작되었다.

2절

•

대통령 박근혜가 탄핵된
진짜 이유

국회의 탄핵소추 사유와 헌재의 탄핵결정 사유 가운데 유죄로 확정된 것은 아무것도 없다. 그렇다면 박근혜가 탄핵된 진짜 이유는 무엇일까. 표면적 1차 이유는 좌익세력의 박근혜 권력 탈취다. 여기서 좌익세력이라 함은 종북주사파, 사회주의자, 기회주의자, 특정지역 주민을 포함한다. 이기적 기회주의자나 특정지역민이 집단으로 자신들의 이익을 도모하는 일은 어느 시대 어느 곳에서나 있는 것이므로 논외로 한다. 여기서는 종북주의자와 사회주이자들이 박근혜의 권력을 탈취한 사실을 고찰한다. 좌익 그들에게는 분명한 목적이 있었다. 결론부터 말한다면 박근혜를 탄핵한 것은 좌익세력이 대한민국을 좌익체제로 만들고 북한에 복속되도록 하는 그들의 혁명에 장애물이 되는 대통령을 제거하기 위해 탄핵을 강행했다. 박근혜는 종북좌익 세력의 혁명에 '비정상의 정상화'라는 슬로건을 앞세운 반혁명으로 대응하다 탄핵되었다. 이것은 윤석열이 탄핵당한 이유와도 같다.

1. 좌익의 무혈혁명 전략에 대응한 박근혜의 반혁명

종북 좌익세력에 의해 대한민국의 자유민주주의 국가 정체성이 사회주의 공산주의 북한주의로 변경되고 있다는 사실을 박근혜는 알고 있었다. 강력한 반공주의 정책을 펼쳤던 그의 아버지가 퇴장한 후 대한민국이 좌익의 나라가 되어가고 있다는 사실도 그는 알고 있었다. 그는 이를 바로 잡으려고 했다. 대통령 취임과 동시에 그가 내세운 국정의 모토 '비정상의 정상화'는 이러한 그의 인식과 의지를 담은 것이다. '비정상'은 종북좌익 세력에 의한 대한민국의 좌익 국가화 혁명이었고 '정상화'는 이를 바로 잡으려는 박근혜의 반혁명이었다. 좌익세력은 그런 박근혜를 가만히 두지 않았다. 그에 대한 무차별적인 공격이 시작되었다.

먼저 온라인에서 유통되는 잘못된 내용을 바로 잡기 위한 경찰의 해명성 댓글에 '조작'의 굴레를 씌우고 문재인의 심복 김경수가 주도한 드루킹 사건에 비교하면 사건이라 부를 수도 없는 국정원의 교정성 댓글을 부풀리고 과장하여 박근혜의 범죄행위로 몰아가며 비정상을 정상화하려는 박근혜의 손발을 묶어놓았다. 유병언과 오래 묵은 인연인 문재인의 직 간접적 책임이 무수히 발견되는 세월호 참사를 "국가가 애들을 죽였다"에서 "박근혜가 애들을 죽였다"로 둔갑시키며 박근혜 정부를 식물 상태로 만들어 나간다. 그럼에도 박근혜는 미래세대에게 주체사상을 주입시키는 전교조를 불법화하는 등 대한민국의 정체성을 바로세우기 위해 노력했고, 핵실험을 하고 미사일을 마구 쏘아대는 북한정권에 대응하여 개성공단의 가동을 중지시켰으며, 여러 가지 군사적 조치를 취했다. 모두 북한과 종북좌익 세력의 혁명에 대항하는 박근혜의 반혁명이었다. 문재인 세력이 박근혜를 탄핵시킨 진짜 이유는 여기에 있다. 그를 탄핵시킨 국회의 탄핵소추 사유와 헌재의 탄핵인용 사유와 22년형을 내린 대법원의 유죄의 죄목이 단 하나도 일치하지 않는 이유는 바로 여기에 있다. 8년 후 다시 오는 윤석열 탄핵의 예고편이었다.

전교조를 불법화 한 죄

박근혜는 보수 정당의 국회의원 신분이었던 2005년 전교조를 '해충'에 비유하는 발언으로 명예훼손으로 고발당한 일이 있었다. 그는 전교조의 반국가적 종북 정체성을 일찍부터 알고 있었던 것이 분명하다. 전교조는 교원의 권익을 위해 활동하는 노동조합이 아니다. 좌익단체들이 모두 그러하듯 이름과는 다르다. 김일성이 남한 내 혁명세력을 향해 "머리 좋은 애들 노동현장으로만 보내지 말고 사회 구석구석으로 보내라"는 교시를 내린 후 1988년 전대협이 산하에 '비밀투신위원회'를 만들고 교대와 사대 출신의 조직원에게 주체사상을 공부시켜 학교 교육현장으로 투신시켜 결성한 단체가 바로 전교조다. 투신은 말 그대로 몸을 던진다는 뜻이다. 박근혜는 전교조를 앞세운 종북세력이 미래세대에게 주체사상을 주입시키며 긴 호흡의 무혈혁명을 수행하는 그들의 실체를 알고 있었다. 그래서 해충에 비유했던 것이다.

전대협에서 주체사상 교육을 총괄했던 왕년의 주사파 이동호 교수는 교육현장에서 벌어지고 있는 이념교육의 실상을 다음과 같이 생생히 전한다. "전교조 통일위원회 자료는 북한 교과서를 그대로 베낀 것이다. 지금 모든 역사교과서에 '투쟁'이라는 말이 끊임없이 반복되는 것은 바로 공산주의의 계급투쟁 사상 때문이며 '인류 역사는 민중의 투쟁을 통해서 발전한다'는 계급투쟁 사상에 기반을 두고 있다. 물론 여기서 말하는 투쟁은 자유민주주의가 아니라 인민민주주의를 지향하는 투쟁이다. 지금 우리 청소년들이 배우는 역사교과서가 그렇게 되어있다. 학교현장 뿐만 아니라 그 외에도 많은 조직원들을 교육시키고 사상무장시켜 사회 곳곳으로 내려 보냈다. 공부 잘하는 친구들을 선발해 고시공부시켜 판검사로 만들었고 서울대 출신을 중심으로 공직과 언론계에도 많이 보냈다. 우리들이 훈련시켜 보낸거다. 지금 50대가 된 그들이 주류가 되어 일제히 대한민국을 왼쪽으로 몰아가고 있다. "(트루스포럼, 2017.9.12)

민주화라는 이름으로 좌익세력이 속속 대한민국 사회의 주류로 자리 잡는 추세는 노태우 정부에서부터 현저했다. 이런 흐름에 편승하여 1989년에 결성된 단체가 전교조다. 이념 편향성으로 인해 불법단체의 신분을 면치 못하던 전교조는 10년이 지나 1999년 김대중 정권에서 합법화 된다. 그러나 2013년 박근혜 정부가 출범된 후 '비정상의 정상화'라는 국정지침의 한 부분으로 전교조에 대한 법적 지위의 박탈이 추진되어 2015년 5월 헌재 판결로 전교조는 불법단체가 된다. 전교조는 반국가적이고 반자유민주적인 정체성으로 인해 이명박 정부에서도 불법화 추진 시도가 있긴 했으나 유야무야 되다 결국 박근혜에 의해 합법화 16년 만에 다시 불법적 단체가 것이다. 전교조는 대한민국의 좌익 국가화 혁명을 도모했고 박근혜는 그들의 혁명에 '반혁명'으로 대응한 이 일이 박근혜 탄핵의 진짜 사유 중 하나라는 사실은 문재인 정권에서 바로 확인된다.

　　정권을 잡은 문재인은 김명수의 대법원을 앞세워 2020년 9월 전교조를 다시 합법적 노조의 지위로 회복시킨다. 전교조는 불법적으로 설립되어 활동한지 10년이 지나서야 좌익의 김대중 정권이 들어서면서 합법화되었고, 그들의 명백한 북한 편향성과 과도한 정치성과 불법적 활동으로 박근혜 정권에 의해 16년만에 다시 불법단체로 규정되었으며, 다시 7년 후 문재인 정권에 의해 합법화된 것이다. 이것은 전교조가 정권의 이념적 성향에 따라 합법화되거나 불법화가 반복될 정도로 이념성이 강한 정치적 단체라는 뜻이다. 물론 전교조가 지향하는 이념은 자유민주주의가 아니라 사회주의다. 북한식 공산주의라는고 하는 것이 더 정확하다. 전교조는 역사투쟁과 사상투쟁을 담당하는 종북주의 혁명조직이다. 지금도 중고등학교의 역사교육과 이념교육은 그들이 장악하고 있으며 우리의 아이들에게 '인민 주권'을 가르치고 있는 사람들이 바로 그들이다. 그들은 공산주의의 땅이 된 미래의 남조선을 준비하고 있다. 박근혜는 여기에 칼을 대는 '반혁명'을 했고 이것은 그가 탄핵당하는 이유 중 하나다. 종북단체에 칼을 대는 반혁명이 원인이 된 탄핵은 윤석열에게도 똑같이 재현된다. 이번에는 전교조가 아니라 민노총이다. 후술한다.

대한민국의 정체성을 바로 세우는 반역

　　이땅의 종북세력은 대한민국 국민을 좌익의 사상으로 개조하기 위한 노력을 멈춘 적이 없다. 그들은 이것을 사상투쟁이라 불렀다. 주사파 혁명투사들이 학교 현장으로 내려가 전교조를 설립한 것도 국민의 사상을 개조하기 위한 사상투쟁이다. 그들의 사상투쟁의 출발점은 역사투쟁이다. 1948년 자유민주주의자들이 건국한 대한민국의 정통성을 무너뜨리고 북한의 김일성 체제로 정통성을 변경하는 것은 그들의 사상투쟁의 출발점이다. 좌익 혁명가들의 투쟁은 무력투쟁과 사상투쟁 투트랙이다. 무력투쟁은 시위 폭동 전쟁으로 전개하는 반면 사상투쟁은 교육과 문화 예술을 매개로 한다. 그들이 전개하는 모든 사상투쟁의 출발점은 한반도의 정통성을 북한으로 변경하는 것이다.

헌정 사상 첫 좌익 대통령인 김대중이 집권하면서 역사 논쟁이 시작된다. 사상투쟁이 시작된 것이다. 이때부터 자유민주주의 이념에 기초한 기존의 역사교육과 사회주의와 김일성주의에 기초한 좌익의 역사교육은 충돌하고 갈등한다. 교육부 장관이 김대중 정권 5년간 일곱 번, 노무현 정권 5년간 다섯 번 교체되었다는 사실은 이념과 역사 문제로 두 진영 간의 마찰과 충돌이 얼마나 뜨거웠는지를 단적으로 보여준다. 개인의 학습 능력의 차이를 인정하고 사회 각 분야의 다양성을 반영하는 자유민주주의 체제의 수월성秀越性 교육과 좌익 이념이 추구하는 사회주의 전체주의 체제의 평등성 교육이 교육현장에서 직접적으로 충돌하기 시작한 것이다. 주사파들의 국가 장악력이 더욱 확대되고 강화된 노무현 정부에서는 노무현이 직접 서울대 폐지론을 거론할 정도로 평등주의 교육이 포퓰리즘화 되어갔으며 정권의 지원을 받으며 주류가 된 좌익 역사학자들은 역사 교과서 근현대사 부문에 북한 정권과 주사파들의 역사관을 그대로 반영하며 거센 논란이 시작된다.

노무현 정권 첫 해인 2003년, 전체 고등학교의 54%는 한국사 교과서로 금성출판사의 책을 채택하고 있었다. 이 책의 한국 근현대사 부분에는 좌익의 민중사관과 반제민족해방 이론을 바탕으로 한 수정주의 역사관 위에서 대한민국의 정통성을 사실상 부정하고 있으며, 북한이 1990년대에 대량의 아사자를 낸 사실은 외면하고 김일성 김정일 체제가 북한의 자립경제의 토대를 마련했다고 미화하는 서술을 담고 있다. 또한 북한의 '현대조선사' 내용을 그대로 옮겨 "사회주의 기초 건설의 총체적 과업은.. 자립경제의 토대를 튼튼히 닦은 것이었다"고 기술했다.(동아일보, 2008.10.7) 절반 이상의 고등학교가 채택한 이 교과서는 세계 최악의 빈곤국가인 북한의 경제를 자립경제로 미화하고 있다. 전교조 소속 교사들은 심지어 대한민국의 세계 10위의 경제대국이라는 찬란한 성취를 두고 미제국주의의 식민지 경제라고 가르쳤다. 지금 생각하면 대한민국의 급격한 좌익 국가화는 이때부터 시작된 듯하다.

국정 역사교과서 전쟁

박근혜 정부 1년 차인 2013년 12월 초 교육부는 고등학교 한국사 교과서 8종을 승인했고 각 학교는 이 8종 중에 1종을 선택하여 주문하고 신학기 시작 전인 다음 해 2월에 교과서가 공급될 예정이었다. 교육부는 이때 8종 중 7종에 대해 총 41건의 수정명령을 내렸다. 그러나 7종 중 교학사만 수정명령을 받아들였고 나머지 6종은 수정을 거부했다. 영남대 박진용 교수는 2014년 발간된 고교 한국사 검인증 교과서 10종을 2010년에 발간되었던 국정교과서와 비교 분석하며 새 교과서의 북한 편향성을 다음과 같이 조목조목 짚었다.

1. '북한정권 출범'을 '북한정부 수립'으로 수정 기술함 / 2. 6.25 전범인 김일성과 박헌영을 이승만 김구와 동일시 함 / 3. '6.25전쟁 직전 38도선에 잦은 충돌이 일어났다' 고 기술하여 남한에도 전쟁 책임이 있는 것으로 암시함 / 4. 6.25전쟁에서 김일성 박헌영의 역사적 책임 기술을 삭제하고 이승만의 민족화해 조치인 반공포로 석방 기술을 삭제함 / 5. '북한의 6.25남침' 등 구체적 기술을 삭제함 / 6. '환호하는 군중에 둘러싸인 여운형'으로 사회주의자에게는 우호적으로 표현한 반면 '초당적 지도자임을 자처하는 이승만'이라며 건국 대통령 이승만은 냉소적이고 부정적으로 표현함 / 7. 북한의 독재는 옹호하고 한국의 독재는 강한 어조로 비난함 / 8. KAL기 폭파와 아웅산테러 등 북한의 테러 도발을 삭제함 / 9. 김정일 사진은 3회 게재하고 노태우 김영삼 사진은 단 1회도 게재하지 않음 / 10. 한국의 산업화와 경제발전을 '성장위주 정책'으로 폄훼함. (뉴데일리, 2015.11.23)

2015년 10월14일 여당 대표 김무성은 국회에서 국정 교과서의 필요성을 설명한다. 그는 "교과서도 문제지만 수업에 사용되는 자습서와 교사용 지도서의 내용은 더욱 심각하다"고 말하며 금성출판사의 자습서에 나오는 '만경대에 온 이유는 위대한 수령님의 생가이기 때문이다. 이곳은 우리에게 성지다' 라고 서술된 구체적 사례를 들기도 했다. 이러한 배경에서 박근혜 정부는 마침내 2015년 10월 국정 교과서 제작을 결정한다. 총 44억원이 들어간 이 교과서는 2017년 1월에 배포되었다. 종북단체들은 가만히 있지 않았다. 좌파 교육감들이 장악한 서울 광주 강원도 교육청은 일선 학교에 '국정 교과서 연구학교'를 신청하라는 공문을 아예 보내지도 않았고 전교조 민노총과 이들의 영향 아래에 있는 시민세력과 이들의 선동에 넘어간 학부모들은 시위를 벌이며 정부, 각 기관, 일선 학교의 검토회의나 공청회를 열지 못하도록 원천적으로 방해했다. 그리고 이미 국정 교과서를 선정한 학교로 몰려가 취소하도록 압박을 가한다. 그들이 국정 역사교과서를 반대하는 논리는 이런 것이었다.

1. 국정 교과서는 학생들에게 일방적인 사관을 주입시키려는 역사 쿠데타다 / 2. 국정화를 추진하는 논리는 전부 허위사실이다 / 3. 국정화는 자유의 억압이다(개그맨 김제동) / 4. 국정화는 반드시 타도해야 할 혁명의 대상이다 등이다. 그들은 좌익의 정체성에 걸맞게 거짓과 조작을 동원한 선동도 빠뜨리지 않았다. 정부가 다수의 검인정 교과서와 1종의 국정 교과서까지 모두 10여 종의 교과서 중 하나를 각 학교가 스스로 선택하도록 하였음에도 그들은 "정권이 쓴 역사만 배우라는 것이다"라는 거짓 구호를 앞세우고 여론을 호도하며 국정 교과서는 물론 교학사 교과서조차 채택을 방해했다. 좌익의 왜곡된 시각을 담은 교과서 이외의 교과서, 즉 자유민주주의에 기초한 교과서는 원천적으로 발을 붙이지 못하도록 하겠다는 뜻이었다. 대한민국의 역사 교과서는 이렇게 바뀌어갔고 결국 우리 아이들은 김일성을 미화하고 북한체제를 옹호하는 역사 교과서로 공부하게 되었다. 그들의 사상혁명과 역사투쟁이 승리한 것이다.

좌익은 승리했고 우익은 패배했다

박근혜의 정부에서 정권을 잡고있지 못하던 좌익세력이 정권을 잡고 있던 우익정부를 이기고 이 전쟁에서 승리했다는 사실은 의미가 크다.

대통령이 우익 출신이냐 혹은 우익정권이냐 하는 것과는 상관없이 좌익이 사실상 대한민국을 지배하고 있다는 뜻이다. 박근혜는 권력을 잡고 있으면서도 좌익진영이 총동원되어 자유민주적 교과서를 일선 학교에서 사용하지 못하게 방해하는 행위를 막아내지 못했다. 그리고 김대중 정권에서 시작되어 이미 15년 이상 진행되어온 대한민국 역사의 좌경화와 북한으로 기우는 한반도의 정통성을 바로잡기 위해 국정 교과서를 만들어 이에 정면으로 대응하려다 더 큰 저항을 받았고 이는 결국 그가 탄핵되어 대통령 자리에서 쫓겨나는 엄청난 결과의 도화선이 되었다. 그들이 국정농단이라는 유령을 만들어 박근혜 정부를 붕괴시킨 일보다 더 무서운 일은 여기에 있다. 1945년 이후의 대한민국 역사를 북한의 역사에 편입시켜 대한민국을 북한에 자연스럽게 넘어가도록 하는 역사투쟁이다. 집에 아이들이 있다면 한국사 교과서를 한 번 펼쳐보시라. 놀랄 것이다.

문재인은 대통령 취임 단 이틀 후인 2017년 5월 12일 청와대에서 국정 역사교과서 폐지와 제37주년 5.18 기념식 제창곡으로 '임을 위한 행진곡'을 지정해 부르도록 지시했다. 그의 취임후 첫 공식 지시였다. 좌익 정권에게 사상혁명이 얼마나 중요한지 알 수 있는 대목이다. 문재인이 지시를 내린지 19일 후인 5월 31일 교육부는 역사 교과서 국정 검정 혼용 체제에서 국정을 뺀 검정체제로 전환하는 고시를 발표했다. 이것은 좌익들의 오랜 사상투쟁과 역사 뒤집기가 승리했음을 법적으로 확정한 것이다. 이로써 박근혜 정부가 44억원을 투입하여 만든 국정 역사 교과서는 폐기되었고 3년이 지난 2020년 1월 새로운 검정 역사 교과서가 나왔다. 새로운 교과서에는 천안함 폭침을 언급조차 하지 않거나 '원인을 알 수 없다'고 되어있고 북한의 책임에 대해서는 어떤 서술도 없다. 최대 관심사였던 민주주의 표현은 집필진이 '민주주의'와 '자유민주주의' 중에서 알아서 직접 고르도록 했다. '인민민주주의'의 문을 열어 놓은 것이다. 좌익의 오랜 역사투쟁의 빛나는 성취였다. 그들은 좌익의 사상혁명과 역사투쟁의 승리를 위해 박근혜를 탄핵하고 권력을 강탈했다. 박근혜가 그들의 혁명에 대항하는 반혁명을 했고 그래서 탄핵되었다는 뜻이다. 20대 대통령 윤석열도 대한민국을 좌익국가화하는 좌익의 혁명에 대항했고 그래서 탄핵되었는 점에서 같다. 좌익은 간첩을 무더기로 잡아내고 반국가세력에 칼을 대는 윤석열의 직무를 정지시켰다. 후술한다.

2. 주사파의 유혈혁명에 대비하는 박근혜의 혁명 방해

이석기 임종석 정청래 등 운동권 출신의 주사파 투쟁가들이 젊은 시절 거리에서 화염병을 던지며 외쳤던 대남혁명과업의 구호는 주한미군의 철수, 국가보안법의 철폐, 연방제 실시가 핵심이다. 여기다 독재타도와 재벌해체를 더하면 아직 머리가 덜 야문 그들의 투쟁력은 배가되었다. 유혈과 무혈의 투트랙에 의한 남한 접수 전략은 김일성이 확정한 후 모든 종북세력이 절대적으로 따르는 혁명의 바이블이다. 국보법 철폐와 연방제 실시는 주체사상을 수용한 종북좌익 세력이 합법적으로 대한민국을 접수한 후 연방제 형태로 남한을 북한에 흡수시키는 무혈혁명 전략이다. 많은 북한 전문가들은 이 전략이 이미 80% 정도 성공했다고 본다. 반면 주한미군의 철수는 무력으로 남한을 점령하는 유혈혁명을 위해 필수적인 전제조건이다. 세계 최강의 군사력을 보유한 미군이 주둔하는 한 전쟁을 통한 남한 점령은 불가능하기 때문이다. 이것은 문재인이 그의 통치 5년 중 전반은 트럼프와 김정은의 협상 중재에 매달리고 이것이 실패하자 후반에는 종전선언과 평화협정에 매달린 이유다. 미국과 평화협정을 맺은 후 미군이 철수하고 북쪽이 바로 쳐내려와 미군이 없는 남쪽을 점령했던 베트남 통일 모델을 재현하려는 것이 문재인의 그림이었다. 그러나 박근혜는 문재인과는 완전히 다른 대통령이었다. 북한의 남침에 대비하는 것은 그의 부친 박정희가 철저함을 도모했던 일이니 그도 그렇게 했다. 대한민국을 지키기 위해 북한의 남침에 대비한 일이 이유가 되어 그가 탄핵될 것이라고는 박근혜 자신도 상상하지 못 했을 것이다.

제주도에 모인 데모꾼들

1948년 남쪽의 우익 정부와 북쪽의 좌익 정권이 각각 출범한 이후 남한에 근거를 두고 활동한 좌익 혁명조직의 유혈 무혈의 두 가지 투쟁 중에서 시작은 유혈투쟁이었다. 문재인이 민주화 운동 혹은 통일운동으로 둔갑시킨 제주 4.3폭동과 여수 순천 14연대 반란사건에서 시작하여 6.25 전쟁, 그 이후의 수천건에 이르는 무력도발까지 모두 무력에 의한 혁명 투쟁의 단편들이다. 한미군사동맹에 기반한 주한미군의 존재와 함께 대한민국의 군사력이 제대로 갖추어진 이후 북한정권은 대규모 무력투쟁 대신 사상혁명을 더욱 강화했다. 그러나 긴 시간이 소요되는 사상혁명에 비해 단시간 내에 결과를 낼 수 있는 무력에 의한 혁명은 결코 포기할 수 없는 전략이다. 북한정권이 인민을 굶겨가며 핵무기와 미사일 체계를 완성하고 세계 3위의 세균전 전력을 보유한 것도 결국 무력으로 단시간 내에 남한 정복 혁명을 달성하기 위한 것이다. 여기다 문재인이 그렇게도 매달렸던 미국과 북한의 합의에 의한 종전협정과 평화선언의 실현과 주한미군의 철수, 뒤이은 남한 점령이라는 시나리오는 트럼프의 재집권으로 다시 뜨거운 가능성으로 부상했다.

문재인이 정권을 잡은 후 사병에서부터 장교에 이르기까지 훈련을 대폭 줄인 일, 한미군사훈련을 실전 대신 컴퓨터게임으로 대체한 일, 전방의 15개 사단을 없애거나 후방으로 이동한 일, 국방예산을 무기를 구입하는 등 전력강화를 위한 지출에는 축소하고 대신 사병의 급여를 대폭 인상하는 등 소모성 지출에 집중한 일 등은 모두 무력에 의한 혁명을 수월하게 하기 위한 종북좌익의 혁명 작업이다. 이렇듯 좌익 그들에게 남한의 군사적 방어력 강화는 절대적으로 막아야 하는 일이다. 모든 좌익 단체와 좌익정권이 박근혜 정부의 군사력 강화, 북한의 남침에 대비하는 방어능력 강화 조치에 무조건적으로 저항한 이유다. 그럼에도 박근혜와 윤석열은 군사적 방어능력 강화를 강행했다. 박근혜와 윤석열은 그렇게 해서 탄핵되어야 마땅한 대통령이 되었다. 대한민국의 방어능력을 강화한 박근혜의 반혁명을 먼저 말하면 이렇다.

경남 밀양의 송전선과 송전탑 건설사업이 승인된 것은 2007년 노무현 정부에서다. 처음에는 전자파를 걱정하는 밀양 지역주민과 한국전력 사이의 분쟁 정도였으나 이명박 정부에서 공사가 시작되며 공사 중단과 재개를 반복할 정도로 분쟁이 격화되었다. 이어 박근혜 정부에서 국정교과서 갈등에다 민노총 전교조 등 좌익 단체의 활동을 제약하고 불법화하면서 종북세력은 밀양 송전탑에 적극 개입한다. 2013~4년 간에 분쟁이 특히 격렬했는데 이것은 종북 단체들의 전문 데모꾼들이 지역 주민을 선동했기 때문이다. 그러나 밀양은 아무것도 아니다. 당시 종북단체 소속 데모꾼들의 제1전선은 다른 곳에 있었다. 제주도 강정마을이다.

제주 서귀포시 강정마을에 위치한 해군 군사기지 건설은 김대중 정권에서 처음 논의되기 시작하여 노무현 정권에서도 논의가 계속되다 이명박 시대에 확정되었다. 우리의 안보상 필요에 의해 충분한 검토를 거친 후 결정되었다는 의미다. 건설공사는 이명박 정부 때인 2010년에 착공되어 박근혜 정부의 2016년에 완공되었다. 우리의 전력을 강화하는 이 해군기지의 건설을 좌익 세력은 극렬하게 반대하고 나섰다. 2011년 들어민주당과 민노당의 종북 정치인들을 중심으로 기지건설에 대한 반대의견의 목소리가 높아졌다. 특히 손석희 앵커가 MBC '시선집중' 프로에 나와 반대의견을 내면서 극렬 종북단체들이 본격적으로 가세하며 해당 지역 주민과 정부 측의 갈등은 증폭되고 이때부터 주민을 선동하여 세를 불린 데모꾼들과 경찰 군 등의 정부측 사이의 물리적 충돌이 끝없이 반복되었다. 이 충돌은 2016년 기지가 완공될 때까지 계속된다.

정부는 확장정책을 본격화하는 중국과 무력증강을 계속하는 북한 등 동아시아의 안보정세 변화에 대응하여 제주 해군기지 건설을 결정했다. 특히 이 기지가 완공되면 해군 3함대의 전력을 크게 강화할 수 있었다. 반면 민주당이 주도한 반대 측은 "제주도는 평화의 상징이다, 위기가 오면 제주도가 위험해진다, 요즘 세상에 무슨 군사기지냐, 이것은 미군기지다" 등의 주장을 했고 여기에 환경단체들이 가세하여 환경파괴를 반대 이유로 들었다. 현장에서 물리적 반대투쟁을 이끌던 사람들의 면면을 보면 2005년 평택 미군기지 건설 당시에도 똑같은 주장을 하고 폭력을 행사했던 사람들을 포함한 종북단체 소속이 대부분이었다. 이들 중에는 밀양 송전탑 반대시위 현장과 제주 강정마을을 오가며 시위를 지휘하는 사람도 있었다. 전문 시위꾼 혹은 데모꾼이라는 말이 생긴 것은 이때부터다. 이들은 고의로 군사작전 구역에 침입하는 일도 잦았는데 경찰이나 군인들이 밖으로 내보내면 '제주 해군이 민간인을 폭행했다'고 기자들에게 알렸고 언론은 이것을 사실인양 그대로 받아적어 보도했다.

해군기지의 건설을 반대하는 종북좌익 단체 사람들의 반대의 핵심 논리는 "군사력에 의한 평화의 시대는 지나갔다"는 것이었다. 그들의 구호는 여기에 촛점이 맞추어져 있었다. 그러나 미국 중국을 포함한 모든 국가들이 매년 국방비 예산을 늘리는 일에는 함구했고 핵실험을 계속하고 미사일 시험발사를 계속하는 북한에 대해서는 아무 말도 하지 않았다. 인민의 아사를 외면한 채 군비증강에만 몰두하는 김정은을 비난하는 사람도 없었다. 그들은 일관되게 우리의 군사력 증강을 반대했다. 무기 없는 평화, 군사기지 없는 평화, 힘 없는 평화가 가능한가 하는 국민의 반문에는 대답하지 않았고 북한은 공격용 무기를 계속 늘려가는데 우리는 방어용 무기조차 가져서는 안되느냐는 항의에도 그들은 대답하지 않았다. 북한이 핵 탄두를 장착한 미사일을 쏘겠다고 위협하면 항복하자는 것인지, 진짜 핵을 쏘면 그냥 죽자는 말인지 하는 물음에도 대답하지 않았다. 그냥 우리의 방어력 강화에 대해 무조건 반대만 했다. 그들의 이러한 이적과 자해적인 시위는 2016년부터 사드 배치 반대로 옮겨간다. 밀양과 제주를 오가던 사람들은 이제 성주까지 활동영역을 넓힌 것이다. 바쁜 사람들이었다. 그들의 바쁨은 모두 박근혜를 괴롭히겠다는 목적에서 동일했고 그들의 최종 목표는 박근혜 정부를 무너뜨리는 것이었다. 결국 그들의 뜻대로 되었다.

참외를 전자파에 익힌 죄

"성주에 사드가 배치되면 반경 5~6km 안팎으로 전자파가 세상을 지배하겠지. 전자파로 인해 꿀벌이 완전히 사라지겠지. 꿀벌이 사라지면 성주 참외가 열리지 않겠지. 참외가 열리지 않으면 우리는 성주 참외 맛을 볼수 없지" 문재인과 가깝다는 시인 안도현의 글이다. 비겁해서인지 기가 막혀서인지 정치학 교수들이 모두 입을 다물어버린 틈을 비집고 개그맨 가수 음식비평가 등이 마구 정치평론을 배설해 놓은 문재인의 시대에 이제는 정치학 원론이나 한번 읽어 봤을까 싶은 시인까지 나서서 이렇게 말을 보태며 선동질에 나섰다. 대중의 이성에 호소하는 것보다 감정 건드리는 전술을 구사하는 좌익에게 시인은 훌륭한 앞잡이였다. 안도현의 시는 효과가 있었다.

2016년 7월 13일 박근혜 정부는 경북 성주군에 고고도미사일 방어체계인 사드를 배치한다고 발표했다. 성주 주민은 사드 배치의 필요성은 공감하면서도 왜 하필 성주냐며 반대의견을 냈다. 곧 좌익언론과 더불어 민주당의 주사파 의원들은 과장되고 비합리적인 이유를 나열하며 반대했다. 이를 시작으로 이 땅의 모든 종북좌파 세력들은 거의 동시에 들고 일어난다. 그들이 우익 정부의 대북정책에 저항할 때면 늘 그러했듯 이번에도 괴담을 만들며 공산당식 선전술을 전개했다. 처음의 '사드 참외'는 곧 '전자레인지 참외'가 되고 '전자파에 익은 참외'가 되더니 '사드 전자파에 인체가 튀겨진다'는 구호까지 등장했다. 이어 "전자파가 수분을 빨아들여 사드기지 인근 주민들이 화상을 입는다"는 문장으로 진화하자 국민을 현혹하기에 충분했다. 이런 선동이 먹혀들어 결국 성주군수는 혈서를 쓰며 반대했고 5000여 명의 주민이 모여 궐기대회를 가졌으며 학생들은 등교를 거부했다. 설득차 성주에 간 국무총리 황교안이 폭행당하고 감금되는 등 성주는 무법천지가 되어갔다. 이때는 이미 종북좌파 단체들이 시위를 주도하고 있었다. 원정 온 좌익 데모꾼들은 성주 주민을 선동하여 세를 불리며 촛불시위를 하고 군사장비를 반입하는 차량을 막으며 폭력을 휘둘렀다. 성주는 좌익의 땅이 되어가고 있었다.

일본 교토에 사드가 배치될 당시 자문역을 했던 사토 도루佐藤亨 교토대학 교수는 "사드레이더의 전자파는 인체에 휴대전화 만큼의 영향도 주지 못한다."고 (동아일보, 2016.7.16) 했지만 난무하는 괴담 앞에 과학적 진실은 통하지 않았다. 군사기지와 민간 마을과의 거리나 레이더 각도를 들며 전자파의 영향이 전혀 없음을 설명하는 것은 전자파에 익은 참외와 그것을 먹은 인체가 파괴되는 단순하고 강렬한 거짓 이미지 앞에 아무런 소용이 없었다. "(박근혜) 대통령 방미가 강력 전자파가 발생하는 사드를 받아오는 방미라면…" 당시 더민주당 대표 추미애가 박근혜의 외교 활동을 폄훼하고 사드배치를 반대하기위해 했던 선동질의 말씀이다. "사드 전자파는 인체에 치명적 영향을 주는 것으로 알려져 있다." 당시는 성남시장이었고 2022년 대선에서 문재인을 이어 민주당의 대통령 후보가 된 이재명의 말씀이다. "사드 전자파 밑에서 내 몸이 튀겨질 것 같아 싫어~" 영부인 김정숙의 친구 손혜원 민주당 의원이 유행가 가사를 고쳐 부른 노래다.

곧 대통령이 될 문재인은 우리 정부의 사드배치 결정에 대해 "본말전도, 일방결정, 졸속처리의 문제가 있다. 국익의 관점에서 볼 때 득보다 실이 더 많은 결정"(2016.7.13) 이라며 반대의사를 표시했다. 유력한 차기 대선후보였던 문재인의 이 말을 신호로 좌파진영은 일제히 들고 일어난다. 사드는 공격용이 아닌 방어용 무기 시스템이다. 우리는 방어용 무기조차 가져서는 안 된다면 미사일을 수시로 시험발사하는 북한의 공격에 무방

비로 있다가 그냥 항복하자는 말이거나 지금이라도 핵을 가진 김정은의 치하로 순순히 들어가자는 그런 말인 듯 보였다.

국방부와 환경부는 합동으로 전문가를 파견하여 전자파를 측정하는 등 사드 배치로 인한 종합적인 영향평가를 실시했다. 그 결과는 문재인 정권이 출범하고 3개월 후인 2017년 8월 13일 국방부가 직접 나서서 발표한다. 결론은 경북 성주 사드기지 내의 전자파는 기준치 이하이며 소음이 미치는 영향도 없다는 것이었다. 성주참외는 우리나라 참외 생산량의 약 60%를 차지하고 성주 주민 약 20%가 재배에 종사한다. 2015년 4020억이던 생산매출액은 2016년에는 사드 소동으로 3710억 원으로 떨어졌다. 그러나 2019년에는 5050억 원으로 크게 올랐고 2021년에는 5500억 원을 넘겼다.

사드에서 전자파는 나오지 않았다. 그래서 성주참외도 성주 주민도 아무런 피해를 입지 않았다. 문재인이 대통령에서 물러나고 한 달이 지나 문재인 정부에서 사드 전자파를 조사하고 유해 기준치의 2만분의 1에 지나지 않는다는 결과가 나오자 이 사실을 4년간이나 쉬쉬하며 감추었다는 보도가 나왔다. (TV조선, 2022.6.10) 사드를 무조건적으로 반대하는 북한정권과 좌익 지도자들의 방침을 관철하기 위해 사실관계를 은폐했다는 것은 그들의 종북 정체성을 생각하면 놀라운 일은 아니다. 그러나 그 목적이 북한의 공격능력을 극대화하고 남한의 방어능력을 약화시키기 위한 진실의 은폐라는 점에서 엄중한 일이다.

좌익이 제주해군기지를 결사 반대하고 북한의 미사일 공격을 방어하기 위한 사드 배치를 반대하는 이유는 간단하다. 무력에 의한 통일이라는 그들의 혁명에 장애가 되기 때문이다. 그럼에도 박근혜는 사드를 배치했다. 정부의 사드 배치에 땅을 내어준 기업 롯데는 북한의 우방인 중국 정부로부터 중국 내 사업에 막대한 불이익을 당했고 문재인 정권은 별일 아닌 일로 총수를 감옥에 가두었다. 보복이었다. 국가 안보를 위해 땅을 내어주고 칭찬은 커녕 오히려 치명적 파편을 맞은 롯데는 수 년이 지나 결국 기업이 휘청거리는 지경에까지 이른다. 최순실 딸의 입시비리 부풀리기 공세에 앞선 사드배치 반대 전술은 결국 박근혜 정부를 붕괴시키는 거대한 에너지로 작용한다. 김정은의 남침 계획에 적극적으로 준비하고 대응하는 박근혜는 탄핵되어야 마땅한 대통령이었다. 8년 후 똑같은 탄핵이유가 다시 등장한다. 대통령 박근혜처럼 대한민국을 지키려 했던 대통령 윤석열도 탄핵의 위기에 놓인 것이다.

3절

●

대통령 윤석열이
비상계엄을 선포한 이유

"저는 철이 들고 난 이후 자유민주주의라는 신념 하나를 확고히 가지고 살아온 사람입니다" 2025년 1월 21일 헌법재판소 변론에 출석한 대통령 윤석열은 이렇게 말했다. 2022년 5월 10일 대통령 취임사에서 '자유'를 무려 35번이나 말했던 윤석열은 인민민주주의자들과 기회주의자들의 연합인 더불어민주당 국회의원과는 다르게, 80% 이상이 국민 세금 빨아먹는 기생충 같은 국민의힘 국회의원들과도 다르게 자유민주주의와 인민민주주의에 대한 개념이 분명한 사람이었다. 대한민국 제20대 대통령 윤석열이 비상계엄을 선포한 이유는 '자유민주주의 수호' 여기에 있었다. 허술한 솜씨와 기술, 준비가 치밀하지 못했던 측근들이 그의 뜨거운 열정을 무모하고 바보 같은 짓으로 보이게 만들었지만 그는 자신의 비상대권을 쓸 수 밖에 없었던 이유를 그렇게 말했다.

1. 대한민국 선거관리위원회, 이 경이로움

복마전이 된 선관위가 좌익 정치세력과 결탁한 선거 부정, 부정선거로 국회의 다수의석을 점령한 좌익정당의 의회 독재, 윤석열의 표현대로 대통령인 자신보다 더 힘이 센 국회와 언론으로 인해 아무것도 할 수 없는 정부, 마구잡이식 특검안 및 탄핵소추안 발의와 예산 폭력으로 정부의 기능을 마비시키는 야당, 간첩법 개정을 반대하고 양곡관리법 노란봉투법 등의 사회주의적 법안의 입법 폭주를 통한 체제변혁을 시도하는 더불어민주당 등은 대통령 윤석열 스스로가 말하는 비상계엄을 선포한 이유다. 그가 말하지는 않았지만 그의 계엄 선포와 탄핵심판으로 뒤늦게 온 국민이 분명하게 알게 된 사실도 있다. 국민은 대한민국을 자유민주주의의 나라로 알고 있고 그것을 지키려고 하지만 정부 국회 법원 등의 공적 영역에 있는 공직자 중에는 이 나라를 좌익의 나라로 만들기 위해 싸우는 사람이 매우 많으며, 특히 헌재 법원 공수처 검찰 경찰 등의 형사사법 기관에는 좌익 법조인의 카르텔이 방대하고 견고하게 자리잡고 대한민국을 좌익의 체제로 변경하기 위해 뭉치고 있다는 사실을 알게된 점이다.

대통령이 된 윤석열은 국민의 바램과는 달리 집권 초기에 문재인을 비롯한 종북 반국가 세력에 대한 심판과 종합적인 잡범이자 거대 국가예산 절도 피의자인 이재명에 대한 수사와 처벌을 주저했다. 그가 시간을 허비하는 동안 반국가 세력과 범죄자 연합은 국회를 점령하고 그를 공격했다. 그는 임기 절반을 남긴 무렵에야 칼을 뽑았고 전쟁은 그때부터 시작되었다. 이 상황을 좌익과 자유민주 진영의 체제전쟁으로 규정하고 전력을 다하지 않는다면 그의 감옥살이는 피할 수 없으며 감옥에서의 시간은 박근혜의 4년 9개월보다 더 길어질 것이라는 사실은 그도 알고 있었을 것이다. 이재명 우원식 김민석 정청래 박선원 일당은 문재인의 패거리보다 10배는 더 무자비한 인간들이기 때문이다.

2015년 1월 15일 윤석열은 체포되었다. 내란 수사권이 없는 공수처의 불법 수사와, 관할이 아닌 서울 서부지법의 좌익 판사가 발부한 불법 영장과, 수천 명의 경찰을 동원한 기회주의자 경찰청장 대행의 불법적인 영장 집행의 불법 합동작전 앞에서 이쪽 저쪽으로 갈라선 우리 청년들 사이의 무력충돌에 의한 불상사를 막기 위해 '체포 당해 주기로' 마음 먹은 윤석열은 관저를 찾은 여당 의원들 앞에서 이렇게 말했다. "이런 상황에서 2년 반 임기를 더해서 뭐 하겠나. 좌파의 실체를 알게 돼 다행이다. 내가 어려움을 겪더라도 국민들, 우리 청년들이 우리나라의 실상을 제대로 알게 되고 자유민주주의의 소중함을 알게 되면 그것으로 의미가 있지 않느냐"고 말했다. 그리고 차량을 탑승하고 공수처로 향했다. 그렇다면 그가 말한 '좌파의 실체'는 무엇일까. 그가 비상계엄을 선포한 이유를 알면 그것으로 좌파의 실체는 바로 알 수 있다.

과학상을 받아야 할 복마전

2021년 11월 19일 대법원에서는 선거무효소송 변론이 열렸다. 2020년 4.15 총선에서 인천 연수구을에 출마했던 전 국회의원 민경욱이 제기한 소송이었다. 원고 측은 재검표에서 부정선거로 의심되는 투표지가 수천 장 나왔으며 이 중에서도 마치 신권화폐처럼 접힌 흔적 없이 빳빳한 투표지 묶음이 나온 것에 대해 집중적인 문제를 제기하고 투표결과를 조작하기 위해 가짜 투표지를 따로 만들어 투표함에 넣은 것으로 의심했다. 이에 대해 중앙선관위 측은 "종이가 원상태로 회복하는 기능이 적용된 특수재질을 사용했다"고 해명한다. '형상기억투표용지'라는 이상한 용어가 등장한 것은 이때부터다. 원고 측이 감정인으로 신청하여 이 재판에 참석한 충북대 목재종이과학과 신수정 교수는 양측의 이런 공방을 보며 "신권처럼 복원되는 그런 종이는 세상에 없다"고 잘라 말한다. 제지업계 관계자도 그런 종이는 전 세계적으로 개발된 적이 없다고 말하자 급기야 국민들 사이에서는 "선관위가 세계 최초로 개발한 신기술이다. 과학상을 받아야 한다"는 조롱이 나온다. 대한민국 선관위가 전세계 과학자들도 못 한 형상기억종이를 개발한 것이 사실이라면 이는 경이로운 일이다. 과학상 감이 되기에 충분할 것이다. 그러나 부정선거 의혹을 모면하기 위해 선관위가 궁여지책으로 지어낸 말이라면 원고측이 제기한 부정선거 의혹이 사실이 될 가능성은 더 높아진다.

민경욱 전 의원의 이 선거무효소송에서 원고측 변론을 맡았던 석동현 변호사는 윤석열 대통령의 변호인단에 참가하여 2025년 1월 21일 열린 헌재의 탄핵심판 3차 변론에서 "이 세상에 형상기억종이는 없다"며 부정선거 의혹을 자신있게 제기한다. 대통령 측 변호인단은 이미 2차 변론에서 대통령이 비상계엄을 선포한 제1의 이유가 부정선거라고 분명히 밝히며 근거로 다음 10가지를 제시했다. 1. 해킹에 의한 투표 및 개표 조작 가능성의 존재 / 2. 사전 투표수 부풀리기 의혹 / 3. 통합 선거인명부

관리의 총체적 부실 / 4. 가짜 사전투표 용지의 존재 / 5. 사전투표 통신 장비에 미인가 PC 연결이 가능함 / 6. 개표시스템의 치명적 허점 / 7. 외부에서 선관위 내부망에 침투해 투개표 조작이 가능함 / 8. 선관위 전산 시스템의 비밀번호가 '12345'로 되어있어 조작 의도를 가진 세력의 접근이 매우 용이함 / 9. 대북송금 사건의 800만 불 전달책인 기업 쌍방울이 선관위 전산시스템을 제조함 / 10. 여러 선거구에서 부정투표지가 다량 발견된 사실 등이다. 채널A의 동정민 정치부장이 25년 1월 25일자 방송에서 세부내용까지 상세하게 설명해준 이상의 부정선거 내용만으로도 선관위가 주도한 부정선거를 확인하기에 충분하다. 어떤 과학자나 어떤 제지회사도 개발하지 못한 형상기억종이를 대한민국 선관위가 개발했다면 세계적인 권위의 과학상을 받아야 마땅하다. 그러나 형상기억종이의 존재가 거짓이라면 지금의 선관위는 반드시 해체하고 새로운 인원으로 새롭게 조직되어야 마땅하다.

비상계엄의 원흉

유명 한국사 강사인 전한길 씨는 비상계엄 당시 국회에는 280명의 계엄군이 투입된 반면 선관위에는 297명이 투입된 사실을 근거로 선관위에 의한 선거부정이 계엄의 제1의 사유라고 말했다. 총선 대선 등에서 광범위하게 있었던 것으로 의심되는 선거 부정은 80% 이상의 겁 많은 백면서생에다 게으르고 멍청하기까지 한 국민의힘 국회의원들의 외면으로 아직 국가적 의제가 되지 못하고 있지만 야당에서조차 인정하는 사람이 있을 정도로 확실한 것이다. 국회의장의 정치적 중립의무를 노골적으로 무시하며 더불어민주당을 일방적으로 편드는 운동권 출신의 우원식은 "선관위의 부정선거 의혹 해소 노력이 부족하다"고 했고 좌익 진영의 잠룡으로 이름이 오르내리는 김두관은 "전자 개표기에 문제가 많다"며 부정선거를 인정한다. 헌법재판관을 지낸 조대현 변호사도 "좌익세력이 부정선거로 국회 권력을 탈취했다"고 말했으며 대통령 측 배진한 변호사는 "대통령은 부정선거에 대한 제보를 워낙 많이 받았다. 국가 비상사태로 판단한 첫 번째 사유는 최대의 국정문란 사태 상황인 부정선거다"라고 말했다.(오마이뉴스, 2025.1.16)

　　문재인 정권에서 대법관을 지낸 우리법연구회 출신의 좌익 판사 노정희가 중앙선거위원장을 겸할 당시의 선관위는 정상적인 국가기관이 아니라 말 그대로 마귀가 들끓는 복마전이었다. 노정희의 선관위는 소쿠리 투표와 배춧잎 투표지 소동, 채용 비리 1200건 등 수많은 물의가 드러났음에도 감사원의 감사를 거부했다. 북한의 해킹 공격을 받은 사실이 드러나 국정원이 보안 컨설팅을 제안했으나 이것도 거부했다. 김대중 노무현 정권에서 불순한 의도로 기획되어 설립된 한국 주도의 세계 선거기관협의체 A-WEB 국가 중에서 루마니아, 볼리비아, 에콰도르, 엘살바도르, 콩고, 키르기스탄 등 최근 8년 사이에 부정선거가 일어난 6개국은 모두 한국이 투표지자동분류기 등의 선거개표 설비를 지원한 국가다. 선관위의 개표에 강력한 부정이 의심되는 대목이다. 투표장에 도착한 유권자가 "내가 이미 투표 했다고?"라며 탄식하는 일도 있었고 박주현 변호사는 경기도 파주에서 197세의 여성과 153세, 148세 노인이 선거인명부에 등록되어 있었다고 고발했다. 이외에도 가짜 투표지를 대량으로 찍어낸 인쇄소가 확인되고 인쇄 관계자의 양심선언이 나오는 등 부정 선거 의혹은 지금도 무수하게 제기되고 있다.

2023년 10월 국정원은 선관위에 대한 보안점검을 실시한 결과 보안 점수가 31.5점이라고 발표한다. 선관위는 국정원의 점검을 거부하고 자체 보안점검을 실시한 결과 '100점 만점이었다'고 국정원에 통보했으나 국정원이 선관위와 같은 기준으로 평가했더니 31.5점으로 나왔다는 것이다.(세계일보, 2023.10.10) 이것은 물론 F에 해당하는 낙제 점수다. 대다수가 외부인사인 선관위원을 제외하고도 상근 직원만 3000여 명에 1년 예산 4000억 원 이상을 쓰는 국가 기관의 보안이 이렇게 허술한 것은 특정한 목적과 역할이 의심되는 매우 중요한 근거다. 선거가 없는 해에도 조직이 유지되는 선관위는 시찰 연수 등의 명목으로 무더기로 해외로 나들이를 나간다. 그러나 선거가 있는 바쁜 시기에는 간부의 자녀나 친인척을 중심으로 휴가를 내고 집에서 쉬다 선거가 끝나고 나서 복귀하는 경우도 여럿 적발되었다. 이런 비정상적인 사례를 다 열거하자면 끝이 없다. 그래서 복마전이라고 하는 것이다.

좌익 정권의 부정선거에 협력하고 그 대가로 선관위 직원들은 꿀 빠는 시간을 보내는 공생관계와 공범관계를 오래 유지해온 선관위를 혁파하지 못한다면 앞으로도 총선에서는 늘 좌익정당이 다수당이 되고 좌익이 내세운 대선 후보가 쉽게 대통령이 될 것이다. 윤석열과 이재명이 경쟁한 20대 대선에서 8~10% 격차가 날 것이라는 모든 전문가들의 예측과 달리 겨우 0.73% 차로 당락이 갈린 것도 결국 선관위의 부정선거 결과일 것이다. 헌재의 변론 과정에서 정청래가 이끄는 국회 측은 "부정선거는 음모론으로서 계엄을 정당화 하기 위해 사후에 만든 논리"라고 몰아붙였다. 그러나 윤석열이 대통령으로서 이런 복마전 기관을 그냥 두었다면 중대한 직무유기로서 국민의 심판을 받아야 할 일이다. 계엄에 실패했다는 이유로 선관위를 계속 이대로 둔다면 대한민국의 자유민주주의는 곧 절단날 것이며 결국 우리는 좌익체제의 인민이 될 것이다. 꿀빠는 공무원들의 천국은 모든 공산국가의 공통점이다. 대통령이 계엄을 선포하고 국회보다 더 많은 숫자의 계엄군을 선관위에 보낸 이유다.

흔히 종북주사파라 불리는 민주당의 운동권 세력은 감옥행이 예정된 이재명을 위시한 수십 명에 이르는 범죄자들과 함께 이땅을 완전한 그들의 세상으로 만들려고 했다. 선거 승리를 통해 대한민국을 합법적으로 장악하려는 그들의 음모에 앞장선 것은 부정선거로 합법의 외투를 입혀줄 수 있는 선관위다. 대통령 윤석열이 선관위를 먼저 친 것은 간첩과 종북세력이 꾸민 부정선거를 척결하기 위한 것이었다. 윤석열은 그렇게 생각했고 그래서 선관위에 손을 댄 것이다. 간첩을 대거 적발해서 구속하고, 주사파의 소굴인 민노총을 길들이고, 종북세력의 앞잡이인 선관위를 잡는 일은 종북세력 그들의 입장에서는 '내란'으로 보였을 것이다. 내란은 권력을 가지지 못한 쪽에서 일으키는 정변이다. 좌익세력은 대한민국의 권력이 이미 그들의 손에 있고 이름은 대통령이지만 권력이 없는 윤석열이 그들의 권력에 도전하는 것으로 보았을 것이다. 윤석열의 비상계엄을 내란으로 규정한 이유다. 윤석열은 그들이 권력을 잡고 대통령과 정부를 허수아비로 만들고 있는 상황을 바로 잡으려 했다. 그가 내란죄를 뒤집어 쓴 것은 그래서였다.

110

2. 악당과 간첩단이 연합한 대한민국 멈추기

170석 이상을 가진 22대 국회의 다수당인 더불어민주당의 당대표는 이재명이다. 많은 국민은 그를 악당, 종합 잡범, 단군 이래 나랏돈을 가장 많이 훔친 거대 국가예산 절도혐의자 등으로 부른다. '악마의 형상화'로 부르는 사람도 있다. 그는 이미 확정된 4개의 전과에 더해 현재 혐의가 있는 모든 범죄가 확정된다면 최소 전과 10범으로 여생을 감옥에서 마쳐야 할 것이다. 그가 악마적 행동을 불사하는 이유는 바로 여기에 있다. 그가 감옥가지 않고 감옥 밖에서 남은 생을 보내는 유일한 방법은 윤석열을 끌어내리고 자신이 대통령이 되는 길이다.

결사적인 종합범죄인 이재명 만큼이나 결사적으로 덤비는 사람들은 또 있다. 종북 주사파라 불리는 좌익 혁명가들이다. 대한민국을 좌익의 체제로 변경하고 북한에 흡수시키는 형태의 통일을 필생의 목표로 삼는 그들은 모두 김일성의 초상화 앞에서 충성을 맹세하고 혈서로 자신의 충성의 깊이를 증명한 사람들이다. 그들을 이해하지 못하겠다면 우리가 부처님을, 예수님을, 성모마리아를, 알라신을 숭배하는 그 마음을 생각하면 바로 이해된다. 자신의 생이 다하기 전에 북한으로 합쳐지는 통일을 성취하고야 말겠다는 결심을 종교적 신념으로 승화시킨 반국가 세력 그들과 감옥을 가면 자신의 인생이 끝장난다고 생각하는 이재명이 만난 지붕 아래가 바로 더불어민주당이다. 무서운 곳이다. 좋은 대학을 나와 자신의 암기력 하나만 자랑하면서 국회의원 더 오래 해먹는 것이 목표인

기회주의자들이 대부분인 보수정당의 무반대 무제지 무저항 속에 악당과 반국가 세력 연합의 돌진은 무서웠다. 무서운 그들은 무슨 짓도 다 했다. 그들이 한 짓은 이렇다.

악당을 구하기 위해 정부를 마비시키는 예산 행패

2024년 11월 국회 운영위와 행안위는 헌정사상 처음 보는 행패를 저지른다. 예산 폭거다. 사회와 정부와 나라를 제대로 작동 유지하는 데 쓰라고 국민이 피땀 흘려 낸 세금을 악당 단 1명을 구하기 위한 목적으로 마구 칼질을 한 것이다. 몇 개의 군소정당이 들러리를 섰지만 108석을 가진 여당의 의사를 깡그리 무시했으니 사실상 더민주당 단독으로 처리한 것이다. 먼저 경찰은 특활비 31억6000만 원에다 방송 조명차와 안전 펜스 관련 예산 26억4000만 원까지 전액 삭감했다. 그 무렵 힘을 쏟고 있던 이재명 구명을 위한 서울 도심의 촛불집회에 시민을 모으고 폭력적이고 불법적인 시위를 해도 그냥 두라는 뜻의 경찰 길들이기 속셈이 뻔히 보였다. 마약 성범죄 등 기밀을 요하는 사회적 중대범죄 수사에 주로 쓰이며 형사들의 잠복근무와 야근 야식비로 쓰이는 경찰 특활비 '0'원은 결국 나라를 마약 천국, 성범죄 천국으로 만들 것이라는 우려가 컸다. 그러나 이재명 살리기 딱 하나만 생각하는 더민주당은 '그 따위' 정도는 생각하지 않았다.

이재명의 12가지에 이르는 범죄혐의를 수사하고 5가지는 이미 기소한 검찰에 대한 예산 폭력은 더 심각하다. 특정업무경비 506억9100만 원, 특수활동비 80억900만 원 합계 587억 원을 전액 삭감했다. 검찰의 특정비용과 특수비용의 삭감은 종합 잡범에다 거대 절도 혐의자인 자신을 수사하고 기소한 검찰에 대한 이재명의 복수였다. 여기다 감사원의 특정업무경비 45억 원과 특수활동비 15억 원도 삭감했는데 이는 문재인 정권에서 저지른 정부기관의 수많은 비행 비리 불법에 손을 대는 감사원에 대한 보복이었다. 범죄자 이재명과 문재인을 살리기 위해 대한민국을 범죄천국으로 만드는 짓이었다.

윤석열을 대통령직에서 중도 하차시키고 자신이 대통령이 되어 자신의 종합 범죄를 모조리 삭제하는 것이 첫 번째 순위의 살 궁리인 이재명이 윤석열 정부를 무너뜨리기 위해 한 일은 다양하다. 우선 대통령실과 국가안보실에 대한 특수활동비 82억5100만 원과 특정업무경비 1억5000만 원도 전액 삭감한다. 문재인의 청와대에서 123억 원을 쓴 특수활동비를 윤석열의 대통령실에서는 스스로 3분의 1을 절감한 것인데 이를 아예 제로로 만든 것이다. 문재인이 123억을 쓴 특활비를 윤석열은 33%를 줄여 신청했음에도 이를 '0'으로 만든 것은 이재명이 자신 하나 살기 위해 정부 기능을 마비시키겠다는 의도였다.

이재명은 윤석열을 중도에 하차시키기 위해 윤석열이 어떤 업적도 세워서는 안된다고 생각하는 듯했다. 2024년 6월 윤석열이 해외 전문가들이 말하는 140억 배럴의 매장 가능성을 근거로 제시하며 야심차게 추진한 동해 심해의 가스 석유 시추를 위한 대왕고래 프로젝트에 대한 예산도 거의 모두 삭감했다. 시추의 초기 작업에 소요되는 정부원안 예산은 505억 원이었으나 이재명의 민주당은 이 금액의 98.5%인 497억 원을 삭감하고 단 8억원만 배정했다. 이재명 자신이 감옥 가지 않기 위해 윤 정부는 아무런 업적을 쌓아서는 안된다는 뜻이었고 이것은 동시에 대한민국의 새로운 하나의 경제적 부강 가능성의 싹을 잘라놓는 것이다. 그는 자신 한 몸 살기 위해 어떤 일도 다 하는 악당이었다.

이재명이 검찰 경찰 감사원 대통령실의 특활비를 제로로 만든 것이 그들의 말처럼 국가 예산을 아껴쓰고 절감하기 위한 것이 아니라는 명백한 증거가 있다. 공수처와 대법원에 대해서는 대폭 인상해 준 점이다. 공수처 특활비는 정부 원안보다 4억5900만 원을 올려주었고 공수처는 이에 대해 보답이라도 하듯 수사권도 없는 대통령에 대한 내란죄를 수사한다며 체포에 열을 올리며 이재명과 더민주당에 대한 충성심을 증명했다. 이재명 자신의 명줄을 쥔 법원에 대한 선심은 다른 형사사법 기관과 비교하면 '그냥 퍼주었다'고 말하는 것이 옳을 것이다. 정부 원안보다 무려 242억 원을 증액했다. 이것이 국민인 우리가 낸 세금으로 자신의 판결을 잘 봐달라며 법관들에게 뇌물을 바치는 것과 무엇이 다른가. 이게 모두 국민이 낸 세금으로 초밥 사먹고, 기업에 특혜를 제공하는 대가로 자신의 변호사비를 대납하게 하고, 임대주택을 일반주택으로 변경하여 빼돌린 돈으로 정치인들을 매수하여 오래된 전통의 정당 하나를 자신의 로펌으로 만드는 이재명이라는 악당 단 하나를 살리기 위한 것이었다. 이재명이 구속된다 하더라도 이렇게 무너진 대한민국을 바로 세우는 일에 또 얼마나 더 긴 시간이 필요할지 걱정하는 국민이 많다. 그런데 대통령이 그냥 있으라고? 윤석열이 아무것도 하지 않고 그냥 있었다면 그것은 엄중한 직무유기다. 그가 비상계엄을 선포한 이유를 말하고 있다.

정부를 멈추는 국회의 입법 폭주

한 좌편향 인터넷신문은 2024년 8월 윤석열 정부가 거부권을 행사한 법안 목록 21개를 일일이 열거했다. 목록을 보면 문재인의 부인 김정숙에 비하면 아무것도 아닌 윤석열 부인의 결혼도 하기 전인 먼 과거의 문제를 한없이 부풀리고 조작에 가까운 해석을 덧붙여 특검을 하자는 법안처럼 대통령의 발목을 잡고 보수정당의 이미지에 먹칠을 하기 위한 법안이거나 대한민국을 사회주의 체제로 변경하기 위한 법안들이다. 이렇게 정부가 재의요구권을 행사한 법안은 이후에도 계속되어 대통령 윤석열이 직무가 정지되기까지 24건, 한덕수 대통령 권한대행이 1건, 최상목 권한대대행이 2건 해서 총 27차례다. 이 좌익 인터넷 신문은 윤석열 대통령이 거부권을 행사한 법안만 2024년 8월의 21건에서 2개월 후 3건이 늘어난 24건을 들며 "이런 대통령은 없었다"는 논평을 냈다.(오마이뉴스, 2024.10.2) 이 논평은 순 엉터리다. 악의가 가득하다.

이 신문은 거부권을 행사한 윤석열 정부를 일방적으로 비판하면서도 그러한 법안을 반복해서 내놓는 더불어민주당의 의회독재에 대해서는 말하지 않았다. 각 법안의 내용을 보면 "이런 대통령은 없었다"는 말은 좌익언론이 흔히 하는 선동질이다. "이런 야당은 없었다"고 말하는 것이 정확하다. "이런 야당 때문에 정부가 이렇게 했다"고 말하는 것이 더 정확하다. 인간 세상에 원인 없는 결과는 없다. 이 신문은 윤 대통령 집권 2년 5개월 만에 24건의 거부권을 행사한 것은 민주화 이후 행사한 모든 거부권의 수를 뛰어 넘는다고 말했다. 그러나 정부와 여당에 대한 정치적 공세와 발목잡기가 목적이 아니면 대한민국 체제를 좌익으로 변경하는 법안을 거듭 내놓는 야당에 대해서는 한 마디도 비판하지 않았다. 이러한 선동 목적의 편향성은 이 매체 뿐만 아니다. 더민주당과 대부분의 좌익 언론의 공통적이고 일관된 방향성이다.

우선 정부와 여당을 공격하기 위한 정치 공세적 법안을 보면 김건희 여사특검법 2회, 채상병특검법 3회, 이태원참사특별법 등이 있다. 정부가 재의요구권을 행사해도 거듭 상정하는 행위 자체 만으로 정치에 무관심한 국민의 눈에는 뭔가 대단한 의혹이 있는 것으로 보이기에 충분했다. 김여사특검법은 한덕수 대통령 권한대행이 12월 들어 다시 한번 거부하여 모두 3회가 되었으며 한 대행은 내란특검법까지 야당이 이름붙인 쌍특검법 모두를 거부했다. 이런 상황이면 대통령과 정부가 직무를 정상적으로 수행하는 것은 거의 불가능에 가깝다. 이것은 윤 대통령이 해외로 나가 원전 수주와 K-방산 수출에 주력하고 국내에서는 동해 심해의 유전과 가스전 개발을 위한 대왕고래 프로젝트, 수출 활성화 등 경제 살리기에만 힘을 쏟은 이유이기도 하다. 더불어민주당은 이마저 온갖 궤변을 동원하여 평가절하 하는 일에만 집중했다. 그들의 악의적인 의도대로 대통령과 정부는 많은 업적이 있었음에도 불구하고 국민의 지지율은 오르기는 커녕 갈수록 더 떨어졌다.

고질적인 한국병인 의료 연금 교육 노동 분야에 대한 개혁, 문재인이 법인세 상속세 등 모든 종목의 세율을 폭등 수준으로 올려놓아 사회주의 국가 이상으로 만들어 놓은 조세제도의 정상화, 문재인 정권이 반신불수로 만들어 놓은 검찰을 비롯한 국가의 범죄대응력을 회복하기 위

한 형사사법기구의 기능 정상화, 간첩잡는 역할을 폐지하여 나라를 간첩
천국으로 만들어 놓은 국정원법 개정, 이러한 시급한 국정과제는 제대로
시작조차 할 수 없었다. 매일 불면의 밤을 보내던 대통령 윤석열이 비상
계엄이라는 자신의 비상대권을 꺼낼 수 밖에 없었던 이유가 아직도 부족
한가. 국회의 입법독재로 인한 국정마비, 그의 계엄선포의 이유는 이것만
으로도 이미 충분하다. 그러나 이유는 또 있다.

정부를 확실하게 마비시키는 방법, 탄핵

2024년 12월 14일 대통령 윤석열에 대한 탄핵소추안이 가결되었다.
일주일 전인 7일 부결된 것을 일사부재의 원칙을 무시하고 다시 표결하
여 가결된 것이다. 이것이 몇 번째 탄핵인 줄 아시는가. 윤석열 정부에서
발의된 것 중 28번째이며 더민주당이 국회 본회의를 통과시키고 직무
를 정지시킨 것 중 12번째다. 2주 후 한덕수 대통령 대행이 탄핵됨으로
써 발의 29건에다 직무정지 실현 13번째를 기록했다. 자유민주주의 국가
에서는 아마 이 분야 세계 신기록일 것이다. 윤석열은 77년 헌정 사상 16
차례 있었던 탄핵을 통한 공무원의 직무정지가 자신의 정부 2년 반 동
안 그 자신의 탄핵에 앞서 이미 27번 발의되고 11건이 국회를 통과하여
14명의 직무가 정지된 상황을 국가 비상상태로 판단했다. 2024년 한 해
동안에만 9건이 있었으며 감사원장과 서울중앙지검장을 포함한 4명이
더 직무정지를 기다리고 있었으니 12월이 들어서자 윤석열은 다급했을
것이다. 내막을 들여다보면 그의 다급함은 이해가 되고도 남는다.

행안부 장관 이상민은 동일 장관 2번 탄핵 시도의 기록을 세운다.

이태원사건의 책임을 뒤집어 쓰고 야당의 제사정치 프레임에 악용된 1차 탄핵은 국회를 통과하여 167일간 직무가 정지되었으나 '중대한 직무상 위헌 위법'의 탄핵 요건이 성립되지 않아 헌재 9인 전원 일치로 기각된다. 대통령의 비상계엄을 내란으로 규정하고 국무회의에 참석한 그에게 내란방조 혐의로 다시 탄핵을 시도했으나 그 스스로 사퇴함으로써 2차 탄핵은 무산된다. 무안공항 참사에서 재난 컨트롤타워인 행안부 장관 자리는 공석이었고 그래서 사후수습의 과정에 유족들이 분통터지는 일은 월등히 더 많았다. 이것은 더불어민주당의 무차별적 탄핵이 국정을 마비시킨 작은 사례에 지나지 않는다.

MBC를 조선중앙방송 서울지국으로 계속 써먹기 위한 방통위원장 연속 4인 탄핵 시도는 이재명의 민주당이 탄핵을 어떤 용도로 악용하는지를 분명하게 보여준다. 이동관 위원장의 경우 구체적 법 위반 내용을 찾지못하자 검사 탄핵안을 복사해서 붙인 소추안을 제출했으며 그는 후임 김홍일 위원장과 같은 방법인 자진사퇴로써 야당이 계획한 방통위의 완전한 기능 정지를 막아냈다. 김홍일 사퇴후 그 자리를 대행한 이상인 위원장 직무대리까지 탄핵을 시도했으나 그도 자진사퇴함으로써 탄핵은 다시 무산된다. 이진숙 위원장은 취임 단 2일만에 탄핵되어 174일간 직무가 정지되었고 그결과 KBS와 MBC는 2025년 1월 1일부터 법적으로 무허가 불법방송의 지위에 놓이게 된다. 무차별적인 탄핵이 국정을 비정상적으로 만들고 마비시킨 중요한 사례다.

이재명의 민주당은 무려 9명의 검사에 대한 탄핵소추안을 발의했고 대통령이 계엄을 선포한 후 다시 4명이 추가되어 모두 13명이 되었다. 이 중 헌재가 재판관 전원일치로 기각한 이정섭 검사의 경우 '형식적 적법성을 갖추지 못했다'는 것이 기각의 사유였다. 마구잡이식 묻지마 탄핵이라는 뜻이다. 13명의 검사 중에는 더민주당 관계자의 범죄혐의를 수사하던 검사도 있었고, 윤석열에 대한 정치공세를 위해 끊임없이 부풀리던 김건희 여사 사건을 불기소 처분한 것이 이유가 된 검사도 포함되어 있으나 이를 제외하면 종합 범죄혐의자이자 거대 권력형 절도 혐의자인 이재명 대표를 수사하던 검사가 대부분이다. 강백신 이창수 등 검찰의 최고 엘리트 검사조차 사실상 이재명을 수사한다는 이유로 직무가 정지되었다. 이들 13명의 검사에 대한 탄핵소추안을 보면 확인되지 않은 소문, 특정인의 일방적인 주장, 이미 무혐의 결론이 난 사건 등으로 채워져 있다. 기재된 날짜와 이름 등 기본적 사실관계조차 엉터리로 작성한, 기본요건도 갖추지 못한 탄핵안이 헌재에 제출되었다. 그래서 29번의 탄핵안 중에 법적 요건에 맞는 것은 단 하나도 없었다는 것이 법조계의 평가다.(조선일보, 2024.12.28) 우원식 국회의장이 의원 192명의 찬성으로 가결을 선포한 한덕수 권한대행에 대한 탄핵은 정족수에서 위법이라는 것이 다수 의견이며, 대통령에 대한 탄핵의 경우 소추안에 들어있는 내란죄를 헌재 심리에서 제외한 것은 재의결 사항이라는 것 역시 다수 의견이다. 이재명의 민주당에서 밀어붙인 모든 탄핵은 법적 요건을 결여한 것이며 이런 위법성과 불법성은 윤석열 정부 절반의 기간 동안 치열했던 모든 정치적 분쟁을 이재명과 민주당의 반란으로 규정하는 명백한 근거가 된다.

이재명을 위한 나라

"헌법재판관을 임명하지 않으면 따박따박 탄핵하겠다" 더민주당 최고위원 김민석이 대통령권한 대대행 최상목을 겨냥해서 한 말이다. 심약한 범생이거나 혹은 대한민국에서 가장 높은 자리를 탐하는 종족인 서울법대 출신의 최상목은 며칠 후 국회의장 우원식을 친히 찾아 알현하고 2명의 헌법재판관을 임명했다. "현재 15명인 국무위원 중 5명을 추가로 탄핵하면 국무회의에서 의결 못한다" 더민주당 원내대변인 노종면은 12월 23일 이렇게 말했다. 더 많은 장관을 탄핵시켜 국무회의 의사정족수 11명에 미달하게 함으로써 그들이 일방적으로 통과시킨 법률에 거부권을 행사할 수 없게 만들어 그대로 시행되게 함으로써 그들의 독재적 세상을 마음껏 펼치겠다는 뜻이다. YTN에서 써준 것이나 읽던 아나운서 출신인 노종면의 무식하지만(그는 장관이 궐석이면 차관이 그 자리와 역할을 대행한다는 사실을 모르고 있다. 그래서 무식하다.) 무서운 계획이다. 김민석 노종면 우원식 이재명 그들의 공통된 목표는 윤석열 정부의 작동을 정지시키는 것이었고 그 첫 번째 수단은 탄핵이었다.

탄핵의 본래적 목적은 직무상 중대한 위헌 위법의 행위를 한 공무원에 대한 징벌이다. 그러나 이재명의 민주당이 노리는 것은 윤석열 정부의 기능을 마비시키고 작동을 멈추는 것이었다. 직무정지에까지 이른 13건의 탄핵 중 헌재가 이미 결정을 내린 4건은 모두 기각되었다. 인용된 것은 단 한 건도 없다. 그럼에도 다수 의석을 가진 그들은 탄핵의 칼을 마구 휘둘렀다. 기각될 것을 뻔히 알면서도 계속 그렇게 했다. 탄핵 대상자의 직무를 정지시키는 것 자체가 목적이었기 때문이다. 행정 각부의 장관과 장관급 기관장을 탄핵하고, 서울중앙지검장을 탄핵하고, 감사원장을 탄핵한 것은 모두 정부의 기능을 마비시키기 위한 목적이었다. 개개의 탄핵안에 대한 사유를 물으면 더민주당 의원들도 제대로 답변하지 못한다. 궁극적 목적은 간단하다. '이재명 감옥 안가기'를 위한 관련 공무원의 직무정지다. 탄핵이 추진된 13명의 검사 대부분이 이재명의 백화점식 범죄혐의를 수사하던 검사들이라는 사실이 이를 증명한다. 문재인 정권의 문제에 손을 대던 감사원장을 탄핵한 결들임도 있지만 주요 목적은 이재명이라는 범죄인 하나를 구하기 위한 정부의 기능의 마비다.

감사원장 탄핵이 결들임이 될 수는 결코 없다. 국가의 모든 공직의 본래의 기능 수행과 정상적 작동과 공무원들의 기강을 들여다보는 감사원의 수장이 탄핵되어 직무가 정지된다는 것은 국가 경영에 치명적인 일이다. 구치소에 수감된 자신을 면회 온 나경원 의원을 향해 "마지막에 감사원장까지 탄핵 발의하는 것을 보고 도저히 그대로 있을 수는 없었다. 감사원장 탄핵 발의 안 됐으면 계엄을 늦췄을 것이다"라고 토로했을 정도로 대통령 윤석열은 감사원장 탄핵을 엄중하게 인식했다. 그러나 감옥 담장에 매달린 절박한 이재명에게 문재인 세력을 위한 감사원장 탄핵은 결들임 정도였을 것이다.

윤석열 정부가 마비되고 붕괴로 이어지면 이재명 자신이 정권을 잡고 자신의 범죄를 셀프 사면하고 수사를 틀어막으면 그는 감옥 대신 대한민국 최고 통치자의 자리에 계속 있을 것이다. 이것이 29번 탄핵 발의의 본래의 목적이다. 이재명 자신 하나 살기 위해 29번의 탄핵의 칼을 휘두르며 대한민국을 멈추려했다는 뜻이다. 이재명 그가 대통령이 된 나라가 어떤 나라인지 윤석열은 상상했을 것이다. 그래서 비상계엄을 선포했을 것이다. 윤석열 자신보다는 국민인 우리와 우리의 후손과 대한민국의 미래를 위해 그렇게 했을 것이다. 자신의 자식은 물론 조카 한 명도 없다는 그는 자식이 있는 보통의 국민인 우리보다 더 대한민국의 미래를 걱정했다. 그는 이재명과 종북주사파가 통치하는 대한민국이 두려웠을 것이다. 그렇다면 이재명이 대통령인 나라는 어떤 나라일까. 김정은의 북한을 상상하는 것이 빠르고 정확할 것이다.

제3장

대한민국 대통령 윤석열의

반 혁 명

"국회에서 이재명 대표를 쳐다봤다는 것이 탄핵 사유에 들어있었다" 2024년 12월 12일 탄핵소추안이 가결되어 직무가 정지된 법무장관 박성재는 이렇게 말했다. 그는 12일 7일 국회에서 "다른 의원을 쳐다본 사실은 있지만 야당 대표를 쳐다봤다고 하더라도 그게 탄핵 사유냐"고 말했다. 웃고 넘어갈 일이 아니다. 종북 주사파가 최대 파벌인 더민주당 의원들은 수령존엄주의가 몸에 밴 사람들이고 그래서 이재명 대표 쪽을 쳐다보는 것은 "감히 우리 수령님을 째려봐?"로 받아들여질 정도로 심각한 일이었을 것이다. 이런 사람들이 대한민국 국회를 장악하고 그들과 같은 이념을 가진 사법부의 좌익 판사들과 손발을 맞추며 대통령과 정부의 정상적 기능 작동을 방해하고 결국 나라를 좌익의 체제로 변경하고 있는 일은 대한민국의 국운과 미래를 좌우하는 일이다. 윤석열을 탄핵하는 일은 그래서 엄중하다. 그를 탄핵한 사유를 살피면 그의 탄핵이 대한민국의 운명을 가르는 일이라는 사실을 알게 될 것이다.

1절

•

그들도 모르는
대통령 탄핵의 사유

대통령이 비상계엄을 선포한 것이 위헌 위법이며 내란이기 때문에 탄핵소추안을 가결시켰다는 말은 말이되지 않는 소리다. 대통령의 계엄선포권은 헌법에 명시된 대통령의 비상대권이며 권력을 보유하고 있는 대통령이 내란을 일으켰다는 것은 역사에서도 유례를 찾을 수 없는 일이다. 대통령 윤석열에 대한 탄핵은 대통령 박근혜에 대한 탄핵이 그러했던 것처럼 운명으로 미리 정해진 것이었다. 자유민주 진영 대통령의 운명이다. 탄핵소추안이 가결 되기 4개월 전부터 조국혁신당의 조국이 했던 일을 보면 알 수 있다. 곧 감옥에 가야할 조국은 2024년 8월 1일 조국혁신당 당내의 '국정농단 제보센터' 가동을 발표한다. 조국은 "(윤석열의 남은 임기인) 3년은 너무 길다. 당의 '탄핵추진특위'에서 국정농단 제보를 받는다. (제보 전화가) 탄핵을 해야하는 100개 사유, 1만 개 사유가 되어 검찰독재를 종식할 것"이라는 말을 덧붙였다. 그의 감옥행이 이미 정해져 있었던 것처럼 윤석열의 탄핵도 이미 정해진 것이었다.

예정된 탄핵

조국이 제보센터 가동을 발표하고 100여 일이 지난 11월 20일 그의 당은 기자회견을 열고 윤석열 탄핵안 초안을 공개한다. 윤 정부 2년 반 동안 쌓인 위헌 위법행위라며 15가지를 내놓았다. 김건희 여사 관련 3건을 비롯하여 이태원 참사, 일본 오염처리수 문제 등 더민주당과 좌익 세력 전체가 윤석열 정부를 흔들기 위해 줄기차게 공세를 펼쳤던 내용들이다. 이런 것이 모두 탄핵의 사유라면 대통령과 행정부는 아무런 일도 하지 않아야만 피할 수 있는 사유였다. 과장, 견강부회, 사실왜곡, 조작된 일이 대부분이다. 영부인의 파우치 사건처럼 좌익의 모략공작도 들어 있었고 양평고속도로 종점 변경처럼 좌익진영 지자체장이 한 일도 있었으며 마약수사 지시처럼 하지 않았다면 직무유기인 일도 있었다. 대통령을 중도에 하차시켜야 감옥행을 피하는 일말의 가능성이라도 기대할 수 있는 범죄 확정자 조국의 몸부림이었다.

조국혁신당은 115쪽에 이르는 긴 설명이 붙은 초안을 공개하며 "이에 윤석열을 파면하기 위해 탄핵을 소추하기에 이르렀다"고 말했다. 조국당은 소속 의원이 12명이다. 소추안 발의에 150석, 통과에 200석이 필요한 것을 감안하면 다수 의석을 가진 더민주당과 합의된 것이라는 사실은 쉽게 짐작할 수 있다. 당 대표의 감옥행이 정해져 있고 그래서 욕 먹는 일에 대한 부담이 적은 조국의 당이 탄핵정국의 신호탄을 먼저 쏘아 올린 것이다. 비상계엄 13일 전이었다. 비상계엄은 윤석열의 탄핵사유가 아니다. 대통령 윤석열의 탄핵은 이미 5년 전부터 북한에서 반복 하달된 지령과, 남한의 체제변경을 위해 투쟁하는 좌익혁명과, 조국 이재명 문재인 등 범죄혐의자들의 법치붕괴 혁명, 즉 범죄를 범하고도 처벌받지 않는 나라를 만드는 범죄혁명을 위해 이미 예정된 것이었다.

대한민국에 집단지성이 있기나 한지

2024년 12월 7일에 1차 표결에 붙여진 탄핵소추안에 적시된 탄핵 사유는 비상계엄이 위헌이며, 비상계엄 발령으로 정당제 침해와 계엄법 등을 위반했으며, 형법상의 내란에 해당된다는 것으로 세부적으로 7가지로 되어 있다. 부결된 안건은 같은 회기중에 다시 발의 또는 제출하지 못한다는 국회법 제92조 일사부재의 규정을 위반하고 일주일 후인 14일에 다시 표결에 부쳐진 소추사유는 첫째, 비상계엄 선포가 헌법과 법률을 위배했으며 둘째, 계엄군의 국회 진입 등 비상계엄권을 실행한 것은 형법상 내란죄로서 직권남용 금지규정을 위배했다는 두 가지로 크게 나뉜다. 일사부재의 규정을 위반한 위법의 2차 표결은 의석수를 무기로 위법 불법을 주저없이 저지르는 폭력적인 더민주당과 세금만 축내는 국민의힘의 기생충 같은 의원들의 불구경과 조경태 안철수 등의 철새들과 한동훈의 입김으로 국회의원이 된 김상욱 등 철없는 의원 몇몇의 배신으로 더민주당 측에 숫자를 보태며 속절없이 통과된다. 대한민국은 이미 무법천지였다. 윤석열 탄핵의 지옥문은 그렇게 열렸다. 8년 전인 2017년 12월 9일 박근혜 탄핵소추 가결 그날의 판박이였다. 이로써 자유민주주의를 신봉하는 국민의 지옥문과 자유민주주의 국가 대한민국의 지옥문은 동시에 열렸다. 좌익 그들에게는 천국의 문이었다.

2025년 1월 3일 헌법재판소에서 변론준비기일이 열렸다. 이 자리에서 국회 측과 헌재는 탄핵소추 사유를 5가지 쟁점으로 정리한다. 12.3 계엄선포 / 계엄사의 포고령 1호 발표 / 군경을 동원한 국회 봉쇄 및 활동 방해 / 영장 없이 군대를 동원한 중앙선관위 압수수색 / 무장병력에 의한 법조인 체포 지시, 5가지다. 정치적 지식이 있는 국민과 다수의 법학자들은 계엄선포는 헌법이 정하는 대통령의 합법적 권한이며, 포고령을 발포하고 군대를 동원하는 것은 비상계엄을 실행하기 위한 당연한 절차와 수단이며, 영장 없는 압수수색과 계엄군이 정치인 법조인 등을 체포하는 일은 비상계엄 하에서는 통상적인 것이라며 위법성과 불법성이 구성되지 않는다는 의견을 내놓았다. 그러나 더민주당의 위압과 협박과 거짓말과 조작을 불사하는 폭주와 언론의 일방적인 엄호로 이런 의견은 가볍게 묵살된다. 좌익 정당의 물을 만난 선동가들, 한쪽만 두들겨 패는 언론, 겁 먹고 입을 다문 지식인들, 바람의 방향만 살피는 기회주의자 정치인들의 모습은 8년 전의 박근혜 탄핵을 다시 보고있는 듯했다. 어쩌면 이렇게 단 8년 만에 어이없는 국가적 난동이 똑 같이 되풀이 되는지. 대한민국에 집단지성이라는 것이 있기나 한지.

넣었다 뺏다, 그들도 헷갈리는 탄핵사유

1월 3일의 헌재의 변론준비기일에서 국회 측은 윤 대통령의 '형법 위반' 주장을 철회했다. 이에 헌재 측은 "계엄과 관련한 일련의 행위가 내란죄, 특수공무집행 방해 등 형법을 위반한다는 주장을 철회하는 것이냐"고 질문했고 국회 측은 "사실상 철회한다"고 대답했다. 기가 막히는 일이다. 소추사유에서 '내란'이 빠진 것이다. 12월 3일 이후 한 달 동안 '윤석열의 내란' 온 대한민국을 휘감고 전 세계에 알려졌는데 내란을 뺀다고? 그렇다면 더민주당과 언론과 공수처 경찰 법원은 한 달 동안 국민을 속인 것이 아닌가. 탄핵소추안에는 분명히 '내란'이라는 사유가 핵심의 자리에 들어 있었는데 이건 어쩔건가. 박근혜 그때처럼 이번에도 사기

탄핵이 아닌가. 이미 가결된 탄핵소추안은 무효이며 그래서 다시 표결에 부쳐야 마땅하다. 그러나 기가 막혀서 겨우 나오는 이러한 반문의 목소리는 '탄핵을 반대하는 집회에 참석한 극우 시민의 목소리'로 치부되고 만다. 좌익세력은 물론 언론도 그렇게 말했다.

이 사태가 더민주당이 말하는 윤석열의 친위쿠데타 혹은 내란이 아니라 이재명의 더민주당이 일으킨 쿠데타이자 반란이라는 사실이 분명해진 것은 이때부터였다. 윤석열이 국헌을 문란시키기 위해 계엄령을 발동했다는 것이 한 달 내내 대한민국 전체를 휘감은 지배논리였음에도 이날 국회 측이 탄핵 사유에서 내란을 제외했다는 이 사실에 의해 더민주당의 국헌문란 혹은 반란 혹은 혁명을 막아내기 위해 대통령 윤석열이 비상계엄령을 발동했다는 사실은 바로 입증되었다. 대통령 측 변호인단이 말한 "계엄을 한 것이지 내란을 한 것이 아니다"는 주장은 참이고 더민주당 측의 "계엄은 친위 쿠데타이고 내란이다"는 프레임은 거짓이라는 것은 이로써 분명해 졌다. 또한 윤석열의 내란이 아니라 이재명 민주당의 반란이라는 사실도 분명해졌다.

대통령의 '비상계엄령 선포는 내란'이고 '윤석열은 내란의 수괴'라는 이 엄청난 거짓은 국회의 탄핵소추안은 물론 공수처의 수사와 영장 청구, 경찰과 검찰의 조사와 수사, 법원의 영장 발부, 헌재의 1차변론기일에 이르기까지 일관되게 팩트로 행세한다. 그러나 헌재의 2차변론기일에서 '내란'이 빠진 이후에도 공수처 검찰 경찰 법원의 모든 절차에서는 빠지지 않고 여전히 핵심적인 범죄혐의로 다루어졌다. 특히 방송 신문 등 모든 언론의 보도는 '윤석열의 내란'이라는 견고한 틀에서 한 치도 벗어나지 않았다. 국민은 헷갈렸다. 국민이 헷갈려 했다는 뜻은 이 탄핵이 국민을 눈속임한 사기탄핵이라는 의미다. 국민을 속여서 헷갈리게 한 일은 내란이라는 거짓 프레임 외에도 더 있다.

"소위 가치외교라는 미명 하에 북한과 중국, 러시아를 적대시하고 일본 중심의 기이한 외교정책을 고집한다" 24년 12월 7일 표결에 부쳐진 1차 탄핵소추안에는 소추의 사유로 이렇게 '북 중 러 적대시'와 '일본 중심 외교'가 포함되어 있었다. 외교 분야에 있어서의 전형전인 종북주사파의 견해다. 이를 두고 법학자인 이인호 교수는 "정책에 대한 판단은 탄핵소추 사유가 될 수 없다"고 했고 서정욱 변호사는 "문재인 대통령이 친중 외교를 했다고 해서 탄핵할 수 없는 것과 똑 같은 이치"라고 말했다. 이를 근거로 이재명은 미국에 입국이 거부될 것이며 특히 800만 불 대북송금의 주범으로서 미국의 직접적인 제재 대상이 될 것이라는 견해가 자유민주 진영 국민과 일부 언론 사이에서 대두되었고 이는 실현 가능성이 매우 크다고 받아들여졌다. 25년 1월 13일 이재명의 측근인 더민주당의 강선우 의원은 국회 본회의에 보고된 탄핵소추안에 '북중러 적대시' 내용은 삭제되었으며 이재명이 이 내용의 삭제를 지시했다고 밝혔다. 국민 사이에서는 다시 탄성이 나왔다. "또 빠졌어? 대체 탄핵의 진짜 사유는 뭐냐. 더민주당 의원 당신들은 탄핵 사유를 제대로 알기나 하는가" 그렇다면 더불어민주당 의원들도 헷갈려 제대로 대답을 못하는 대통령 윤석열에 대한 탄핵의 진짜 이유는 어디에 있을까.

2절

•

대통령의 직무수행은 모두
반혁명이었다

대통령 박근혜가 헌법에 명시된 탄핵 사유인 '직무상 중대한 위헌 위법'의 범죄를 범한 것은 아무것도 없었다. 국회의 조사를 통해서도, 검찰과 특검의 수사를 통해서도, 헌재의 재판에서도, 법원이 내린 22년 형의 범죄혐의에도 탄핵되어야 할 직무상의 중대한 위헌 위법은 없었다. 그래서 박근혜 탄핵은 법적으로는 무효다. 법적 사유를 갖추지 못한 탄핵은 정치적 반란이거나 쿠데타이거나 혁명이다. 기존의 법질서를 준수한 것이라면 개혁 혹은 정권 교체로 불러야 한다. 그러나 법질서를 위반한 불법적인 것이라면 반란이고 혁명이다. 박근혜를 탄핵시키고 대통령이 된 문재인은 자신의 정권 탈취를 '촛불혁명'이라고 불렀다. 헌법 규정에 명시된 사유를 입증하지 못한 박근혜 탄핵은 그래서 사기탄핵이다. 박근혜가 탄핵된 진짜 이유는 따로 있다. 앞에서 고찰한 바와같이 전교조를 불법화하고, 대한민국의 국가 정체성을 바로 세우려하고, 김정은의 남침을 막기 위한 군사적 대비를 했다는 것이 그가 탄핵당한 진짜 이유다. 그렇다면 윤석열이 탄핵당한 이유는 무엇일까. 놀랍게도 박근혜가 탄핵당한 이유와 같다. 좌익 세력의 혁명에 맞서는 반혁명이다.

1. 감히 민노총에 손을 댄 죄

"1월 3일까지 윤 대통령이 체포 안 되면 직접 관저 문을 열겠다" 수사권도 없는 공수처가 불법적으로 신청한 체포영장을 관할을 무시한 채 이념에 오염된 판사들이 점령한 서울서부지법에 신청하여 발부받은 불법적인 영장으로 윤석열을 체포하겠다고 벼르고, 이런 폭력적인 영장집행을 막겠다는 국민이 모여 대통령 관저 앞을 지키고 있는 상황에서 직접 관저 문을 열겠다고 한 사람이 있다. 경찰이 아니다. 계엄군도 아니다. 테러리스트다. 노동자의 권익 향상을 목적으로 설립된 단체의 수장이 이런 일을 하겠다고 말하는 것은 이 단체의 설립 목적과는 전혀 무관한 것이다. 더구나 합법적인 물리력의 행사는 정부의 지휘를 받은 경찰과 군대 외에는 할 수 없으므로 경찰도 군대도 아닌 어떤 조직의 장이 이렇게 말한다는 것은 테러리스트가 분명하다. 민노총 이야기다. 더민주당을 비롯한 모든 좌익세력의 보호와 지원을 받으며 반복되는 민노총의 불법적인 물리력 행사와 폭력적 행태에 모든 국민이 이미 익숙해져서 마치 하나의 오래된 관행처럼 여기며 지나치고, 여기다 대통령을 지키겠다고 관저 앞에 모인 국민을 '극우 국민'이라고 부르는 외눈박이 언론에 의해 가볍게 묻혀졌지만 이석기의 손바닥 위에서 움직이는 것으로 추측되는 주사파 출신의 민노총 위원장 양경수가 시한을 정하며 '관저 문을 열겠다'고 말을 한 것은 테러리스트의 사전 협박이다. 아! 대통령 윤석열은 이래서 비상계엄을 선포했구나.

종북혁명의 주력 대오 민노총

역대 모든 공산당은 노동자 계급의 나라를 천명하고 노동조합의 거대 조직화에 주력했다. 북한의 조선로동당이 노동조합을 '혁명의 주력 대오'라고 부르는 이유다. 그러나 이것은 혁명의 단계에서 인민을 동원하기 위한 하나의 조직된 집단으로서의 노동자일 뿐이다. 혁명이 성공한 후에는 공산당이 모든 권력을 독점하고 노동조합은 껍데기만 남는다. 공산당이 국가를 통치하는 유일한 권력인 중국에서의 노동조합보다 아직 공산화 혁명이 완성되지 못한 한국의 민노총의 힘이 더 강력한 이유다. 남한이 완전한 공산화에 성공한다면 민노총 간부들은 모두 공산당 지배계급으로 편입되고 노동조합은 허울만 남을 것이다. 혁명에 성공한 모든 공산국가의 전형적인 패턴이다. 일하지 않고도 1억 이상의 고연봉을 받고, 폭력적이고 불법적인 시위를 벌이고도 처벌받지 않는 등 수많은 특권을 누리며, 방송사 사장, 국회의원, 시장, 도지사가 되는 민노총 간부들을 보면 대한민국도 이미 공산국가가 된 듯도 싶다. 그러나 민노총의 힘이 커질수록 기업들은 해외에다 공장을 지었고 이로 인해 절대적 다수를 점하는 보통의 노동자들의 양질의 일자리는 계속 줄어들었다. 노무현과 문재인 정권에서 일상적으로 경험한 그대로다.

민노총은 노동자의 권익을 위해 활동하는 노동조합이 아니다. 더민주당, 전교조와 함께 대한민국을 움직이는 3대 거대 좌익 정치집단이다. 세 집단 모두 주사파가 지도부를 장악하고 있다는 점에서 공통적이다. 2021년부터 민노총 위원장으로 있는 양경수와 핵심 지도부는 모두 그 유명한 학생 주사파 조직인 경기동부연합 출신들이다. 강철서신의 김영환이 전향한 후 대한민국 행동주사파 1인자의 자리에 오른 이석기가 배후로 지목된다. 금속노조 건설노조 등 폭력적인 대규모 집회를 반복하는 산업 분야별 노조는 모두 민노총의 조종을 받는다. 언론노조 전교조 등 사상개조를 담당하는 노조 역시 민노총의 지휘를 받는다. 민노총은 정부 밖의 최대 권력집단이다. 어쩌면 정부보다 더 큰 권력집단일 것이다. 적어도 우익 정부에서는 그렇다. 이석기가 의도한대로 대한민국이 북한정권의 지배하에 들어가게 된다면 민노총의 핵심 간부들은 모두 조선로동당에서 높은 서열을 부여받을 것이다. 틀림 없다.

1995년 설립되어 2년 간 불법단체의 지위에 있던 민노총이 합법이라는 외투를 입은 것은 1997년 11월 23일이다. 홍콩의 중국 반환을 앞두고 미국과 중국이 경제적 패권을 두고 다툼을 벌이는 고래싸움 속에서 대한민국은 동남아로부터 시작된 국제적 경제위기의 상황을 마주쳤으나 김대중 세력의 공개적 반대와 음험한 모략으로 어떤 조치도 취할 수 없었고 그래서 열흘 후인 12월 3일에 IMF 구제금융을 신청할 운명에 놓인 김영삼 정부가 정신을 못차리는 틈을 타서 벼락처럼 합법적인 단체가 된 것이다. 민노총은 이후 민주당 계열의 좌익정당의 장외투쟁을 대행하는 역할로 힘을 키우더니 주사파가 지도부를 장악한 이후부터는 노동자의 권익은 뒷전으로 하고 주한미군 철수, 국보법 폐지, 연방제에 의한 통일 등 김일성이 내린 혁명과업인 남한점령을 위해 투쟁하는 종북주의 정치집단이 된다. 이런 민노총의 실체와 정체성과 조직의 강력한 힘이 제대로 드러난 것은 2016~7년 간의 박근혜 탄핵 정국에서다.

막강한 자금력과 거대 조직력을 가진 민노총은 촛불시위에 일반 시민을 대거 광장으로 모으고, 6개월에 걸쳐 집회를 지속하며 종북주의자들과 기회주의자들이 모인 국회에 힘을 보태고, 여론의 눈치만 살피는 특검에 압력을 가하고, 헌재의 법률가들을 겁박했다. 박근혜를 청와대에서 끌어내고 종북주의자들의 정권을 출범시킨 촛불혁명의 1등 공신인 민노총은 새로운 정권의 최대 지주였고 대통령 문재인은 비정규직의 정규직 전환, 주52시간제 확대, 최저임금의 급격한 인상, 노동조합의 경영 참여권 확대, 기업주의 노동자 해고요건 강화 등 민노총이 쏟아내는 모든 요구를 다 들어주었다. 문재인의 시대에 주사파로 채워진 청와대가 정부의 심장이었다면 정부 밖에서는 민노총이 청와대와 긴밀히 연계하며 하나의 권력집단으로서 물리적 폭력을 마구 휘두르며 군림한다. 문재인 정권은 청와대와 더민주당과 민노총에 각각 포진한 종북주사파가 권력을 공유하는 하나의 거대 간첩단 정권이었다. MBC KBS YTN JTBC 등 민노총이 완전하게 장악한 언론이 제대로 보도하지 않아 국민인 우리가 제대로 인식하지 못하는 대한민국의 현주소다. 이런 막강한 조직을 감히 손보겠다고 나선 사람이 있었다. 대한민국 제20대 대통령 윤석열이다. 탄핵이라는 그의 고난은 여기서 시작된다.

윤석열 칼을 대다

대통령에 취임하고 6개월이 지난 2022년 12월 19일에 있었던 국무회의에서 윤석열은 총리와 관련 부처 장관들에게 "노조의 회계 투명화 제고방안을 마련하라"는 지시를 내린다. 이를 두고 언론에서는 윤석열 대통령이 이미 특권층이 된 민노총의 불법행위와의 전쟁에 나선 것이라고 평했다. 이것은 민노총과 더민주당을 위시한 좌익세력의 눈치를 보는 소극적 평가다. 윤석열이 '반국가 세력'과 '척결'을 공식화하며 불을 붙인 것은 약 반 년 후인 2023년 6월이지만 그가 이를 인식하고 척결을 마음 먹은 것은 대통령이 되어 이전에 알지 못했던 더 심각하고 방대한 정보를 접하게 된 취임 초기부터였을 것이다. 노조의 회계 투명화는 반국가 세력의 척결을 위한 출발이었다. 반국가 세력의 선봉에 서서 폭력적이고 불법적인 혼란을 조장하는 집단이 바로 민노총이었으며 이런 민노총을 정상화하는 첫 조치가 회계의 투명화 숙제였기 때문이다. 대선 후보 윤석열의 3대 개혁 공약은 노동개혁, 교육개혁, 연금개혁이었다. 이 가운데 노동개혁의 4대 원칙으로 제시한 것은 노동제도의 유연성, 노사 간의 공정한 협상력, 직장 내 안전, 노사법치주의다. 기업의 고용계약과 고용해지를 유연하게 하여 기업의 경영활동에 탄력성을 높임으로써 기업과 경제 모두를 살리고 일자리를 더 많이 만들겠다는 정책은 기업의 경영사정에 영향받지 않는 철밥통을 더 늘리겠다는 민노총의 철학과는 정면으로 배치되는 것이며, 노사의 공정한 협상과 노사법치주의의 원칙은 현장에서 오랜 기간 폭력적이고 불법적인 방법으로 기업주 길들이기에 성공한 민노총의 성취를 무너뜨리는 발상이다. 대통령 윤석열과 민노총의 싸움은 애초부터 피할 수 없는 것이었다.

"회계 공개를 거부하면 정부의 혜택은 없다" 포문을 연 것은 국토부장관 원희룡이었다. 그는 23년 1월 건설 현장을 온갖 비리와 폭력으로 거의 치외법권의 지경으로 만든 민노총 산하 건설노조를 겨냥하여 이렇게 경고했다. 이후 그는 "건설노조는 경제에 기생하는 독이다"라며 전면 대응을 선언하고 건설 현장에서의 불법과 폭력을 겨냥한 특별단속에 나섰다. 이를 지지하는 국민은 즉각 그를 차기 대권주자의 반열에 올려놓았다. 23년 2월에는 민노총과 한노총이 5년간 혈세 1520억 원을 지원받고도 회계공개는 거부하고 있다는 비판이 제기되었다. 2월 1일 정부가 양대 노조에 조합원 명부와 회계 관련 자료를 공개하라는 공문을 보냈으나 노조는 이를 거부하고 있었고 그래서 광역자치단체에서 1343억 원, 노동부에서 177억 원을 지원받은 양대 노조가 장부를 공개하지 않는 일을 언론에서도 비판하기 시작했다. 특히 문재인 정권의 절대적 지원을 받으며 많은 조합원을 확보하여 역대 처음으로 한국노총을 뛰어넘어 1위 노조가 된 민노총이 조합원이 납부한 회비와 정부에서 지원받은 세금으로 매년 1700억 원의 예산을 사용하면서도 사용내역을 공개하지 않는 일을 두고 비판이 거세게 일었다. 세금을 지원받는 모든 기관과 단체는 사용내역을 공개할 의무가 있다. 그럼에도 지출내역을 공개하지 않는 것은 세금약탈이라는 비판이 대세였다.

직접 관저를 열겠다

정부의 공문을 받고 23년 3월 13일에 이르기까지 대상 노조 319곳 가운데 자료제출을 이행하지 않은 노조는 86곳이었다. 특히 민노총 산하의 노조는 37.1%가 자료 제출을 거부했다. 대신 '노조 탄압' 프레임의 대외적 선전에 집중했다. 전공노전국공무원노조는 한 언론과의 인터뷰에서 "(속지는 내지 않고) 표지만 제출했다. 민노총에서 공개하지 말라는 식으로 방침이 내려왔다. 앞으로도 요구할 경우 소송으로 대응할 계획이다."라고 말했다."(세계일보, 2023.3.14) 23년 4월에는 고용부 직원이 민노총 사무실로 현장조사를 나갔으나 민노총은 이를 막으며 조사를 방해하는 일도 있었다. 이때부터 정부는 자료제출을 거부하는 노조에는 규정에 따라 과태료를 부과하겠다고 경고했고 어떤 정부 관계자는 정부 예산 지원금의 삭감이나 폐지를 시사했다. 결국 23년 10월 23일 한노총에 이어 24일에는 민노총까지 회계의 외부 공시를 결정한다. 회계공시를 한 노조에게만 연말 세제공제 혜택을 주기로 한 방침이 먹혀든 것이다.

양대 노총이 회계장부 공개를 결정한 것은 정부의 방침에 협조하기 위한 것이 아니다. 납부한 회비의 15%를 돌려받아야 한다는 조합원의 압력 때문이었다. 이로써 한노총은 설립 62년만에, 민노총은 설립 36년만에 처음으로 회계장부를 공개하게 된다. 그렇게 큰 금액의 세금을 지원하고도 사용 내역을 관리하지 않았던 역대 정부에 놀라웠고 그렇게 오래 묵은 적폐에 손을 대고 결국 그것을 성취한 대통령 윤석열의 굳은 의지와 뚝심이 놀라웠다. 그러나 이것이 화근이 되어 1년 후 윤석열 자신이 내란죄를 뒤집어 쓸 것이라고는 그 자신도 예상하지 못했을 것이다. 생각해보면 그다지 놀라운 일도 아니다. 8년 전 대통령 박근혜는 민노총과 같은 주사파 단체인 전교조를 불법화하고 한반도의 정통성이 대한민국에 있다고 서술하는 역사교과서를 펴낸 일이 도화산이 되어 탄핵되었던 일이 재현되었을 뿐이다. 간첩, 반국가 세력, 국보법 전과자, 사회주의자 등 온통 좌익세력이 장악한 대한민국 땅에서 자유민주주의를 지키고 회복하겠다고 나서는 우익의 대통령에게는 이미 정해진 운명이었다. 숙명과 같은 말이다.

24년 8월 민노총 서울본부는 21년 동안 공짜로 사용해온 서울시복지관으로부터 퇴거한다. 오세훈이 시장이 된 서울시는 23년 7월부터 여러 차례 공문을 보내 퇴거를 요청했다. 그러나 민노총은 불응했고 이에 서울시가 소송을 걸어 법원의 강제조정으로 결국 퇴거한 것이다. 대부분의 국민은 매년 1700억 원의 돈을 쓰는 민노총이 21년 간 공짜로 서울시의 사무실을 사용했다는 사실을 이때 알게 되었다. 오세훈의 서울시와 윤석열 정부는 모두 우익 지자체에다 우익 정부다. 회계장부 공개와 함께 21년간 공짜로 쓰던 사무실의 퇴거는 민노총이 쿠데타 혹은 반란을 모의하는 동기가 되기에 충분했을 것이다. 충분한 동기를 축적한 민노총은 반란의 기회를 엿보고 있었다.

민노총 소속 노조의 회계공시는 2023년 94.2%였다. 연말 세액공제의 혜택 철회를 비롯한 정부의 강력한 조치 때문이다. 그러나 24년 10월에 마감된 다음해의 공시율은 83.9%로 10% 이상 떨어진다. 산하에 현대자동차노조, 기아자동차노조 등 강성 노조를 거느리며 가장 불법적이고 폭력적인 노조로 손꼽히는 금속노조는 소속 43개 지부와 지회가 2024년도 회계공개를 거부했다.(이투데이, 2024.11.1) 문제되는 수입 지출과 불법적인 자금집행이 많아 공개할 수 없었다는 뜻이다. 36년간 이어진 민노총의 깜깜이 회계는 법률이 규정하는 노조의 활동 범위를 벗어나는 국내 정치 개입, 북한과의 내통과 협력, 북한에 대한 은밀한 경제적 지원 등 그들의 불법과 반역 활동이 모두 공개되는 것을 막기 위한 것이 분명하다. 이것은 반국가 세력의 척결에 의지를 굳힌 윤석열의 통치방향과는 정면으로 배치되는 것이다. 윤석열은 민노총을 반국가 행위를 자행하는 집단 혹은 세력으로 보았을 것이다. 반면 민노총은 종북좌익 세력이 이미 주도권을 장악한 기존의 대한민국 판도를 바꾸려고 하는 윤석열에 대해 적개심을 키웠을 것이다. 민노총 위원장 양경수가 "윤석열이 (25년) 1월 3일까지 체포되지 않으면 직접 관저를 열겠다"고 말한 것은 그래서였다. 대통령 윤석열에 대한 탄핵소추가 가결된 이유는 문재인 정권의 출범에서 이미 경험했던 것처럼 더민주당과 함께 좌익정권을 출범시키고 대한민국을 공동으로 운영하는 민노총에 손을 댄 것이 첫 번째 이유였다. 민노총 양경수 위원이 "관저 문을 열겠다"고 벼른 이유도 같다.

2. 간첩을 잡는 윤석열의 반혁명

좌익이 정권을 잡으면 간첩을 잡지 않았다. 예외는 없다. 김대중 정권 한 해 전인 1997년 국보법 위반으로 검거된 공안사범은 877명이었다. 그러나 노무현 정권 마지막 해인 2007년에는 단 39명이다. 10년 만에 95%가 줄어든 것이다. 이명박 정부가 들어서고 바로 적발된 여간첩 원정화 사건에서 군에 침투한 간첩 용의자 50여 명을 포함 총 170여명이 연루되었던 사실에서 좌익정권 10년 간 간첩과 간첩단은 국내 각 분야에 침투하여 광범위하게 활동했다는 사실은 바로 입증된다. 문재인 정권은 더 노골적이었다. 대검 통계에 의하면 박근혜 정부 마지막 해인 2016년 국보법 위반 사건은 167건이 접수되어 35건이 기소되었다. 기소율 21%다. 그러나 문 정권 3년 차인 2019년에는 305건 접수에 15건이 기소되어 기소율 5%였다. 박근혜 정부에 비해 국보법 위반은 80%가 늘었으나 기소율은 오히려 4분의 1 이하로 떨어진 것이다. 김대중 노무현 문재인 세 좌익 정권에서 간첩이 없었던 것이 아니라 간첩을 잡지 않고 처벌하지 않았으며 그래서 간첩들의 천국이었다는 사실은 이런 통계로 입증된다.

간첩을 잡지 않는 간첩단 정권

이명박 박근혜 정부 하의 2011~17년까지 7년 간 적발된 간첩사건은 26건이었다. 그러나 문재인의 5년 간 적발된 것은 단 3건이다. 이 3건도 우익정부에서 이미 혐의가 입증되고 많은 자료와 증거가 축적되어 더 이상 뭉갤 수가 없어서 공개한 것이다. 그들이 집권하는 동안 털어버리려는 의도가 강했다. 새로이 수사에 착수한 간첩사건은 없었다. 국정원장 서훈이 직접 실무진의 간첩수사를 막았으며(국민의힘 성일종 의원의 발언) 문 정권에서 감옥살이를 했던 기무사의 어떤 방첩국장은 "문재인 정부가 간첩에 대한 국가적 대응을 무력화시켰다"고 증언했다. 황윤덕 전 국정원 대공수사단장은 "문재인 정권 동안 국정원에선 수사요원들이 간첩 수사 착수 보고서를 올리면 간부가 휴가를 가는 방법으로 결재를 안 해줬다. 또 혐의가 명백한 간첩수사 보고서를 올리면 가장 중요한 부분인 '북한 공작원과 만나 회합한 부분은 다 빼라'고 했다"고 밝혔다.(중앙일보, 2023.4.12) 문재인 정권이 간첩을 잡지 않았다는 사실은 통계와 함께 이러한 증언으로도 확인된다. 문재인은 간첩을 잡지 않는 부작위에 그치지 않았다. 간첩을 적극적으로 보호하는 작위가 압도적이다.

대한민국에서 활동하는 간첩을 잡는 기관은 국정원, 기무사령부, 검찰 공안부, 경찰청 안보수사대다. 세 번에 걸친 좌익정권은 이런 대공 기관의 예산과 부서와 인력을 일관되게 축소 하거나 폐지했으며 특히 문재인 정권에서는 거의 궤멸의 수준으로 만들어 놓았다. "세상에 간첩을 잡지 않는 나라가 어디 있느냐" "세계를 통틀어 간첩을 잡기는 커녕 보호하는 나라가 한국 말고 또 있느냐" "이러고도 대한민국이 존속할 수 있을까" 하는 개탄이 우리 국민은 물론 우방국에서까지 터져나온 이유다. 문재인이 가장 먼저 궤멸시킨 간첩잡는 조직은 검찰 공안부다.

검찰 공안부는 학원가 노동계 문화계 등 사회 일반에서 일어나는 안보위해 사건과 대테러 사건 등을 다룬다. 문재인 정권은 출범 초기 적폐청산이라는 이름으로 자유민주 진영의 핵심 인사들을 숙청하는데 검찰의 공안검사들을 앞세웠다. 검찰의 간첩잡는 역할을 방해하는 동시에 자유민주 진영의 인사를 모두 숙청하는 두 마리의 토끼를 다 잡는 공작이었다. 결국 간첩 잡는 일을 해야 할 공안부 검사들은 간첩 대신 대통령, 4명의 전직 국정원장 등 수 백 명의 인사를 수사하고 기소했다. 문재인이 대한민국을 수호하는 자유민주 진영의 인사를 잡아넣는데 방첩 기관을 동원했다는 사실은 간첩의 신분이 뒤바뀌었다는 뜻이다. 대한민국을 전복하고 파괴하려는 간첩과 간첩단이 대한민국의 주인이 되고 대한민국을 지키려는 세력이 간첩이 된 것이다. 저자가 고영주 변호사와 공동 집필한 [대통령이 된 간첩]의 핵심 요지다.

기무사령부는 군대 내부에 침투한 간첩을 잡는다. 연방제 실시를 통한 무혈의 대한민국 점령과 함께 전쟁을 통한 무력 점령은 북한정권이 70년 이상 고수해온 대남혁명의 첫번째 전략이다. 북한은 무력에 의한 유혈의 통일을 위해 우리 군부 내에 상시적으로 간첩을 침투시켰다. 정권을 잡은 문재인은 곧 기무사를 해체한다. 그리고 4200여 명이던 인력을 2900여 명으로 대폭 축소한 후 명칭을 군사안보지원사령부로 변경한다. 기무사 개편의 핵심은 군 내부의 대공수사 업무를 담당하는 방첩처의 축소와 기능 약화였다. 이를 위해 기무사의 방첩요원들은 대부분 일반부서로 보내졌고 기무사의 방첩부문은 그렇게 초토화 된다. 이 과정에서 군인들의 군인 김관진과 함께 참군인으로 꼽히던 이재수 사령관은 스스로 극단적 선택을 하여 자신과 군대의 명예를 지켰다. 김정은이 쳐내려 오면 군 내부의 정보를 총괄하며 가장 먼저 나설 준비를 하고 있던 이재수는 이렇게 제거된다. 문재인이 한 일이다. 결국 문재인의 5년 동안 개편 전의 기무사를 포함해서 안보사가 적발해낸 간첩은 '0'이다. 김영삼 정부 90명, 김대중 정권 22명, 노무현 9명, 이명박 33명, 박근혜 14명이었던 것이 문재인 정권에서는 단 한 명도 없었다.(중앙일보, 2021.3.15) 문재인의 시대에 군부 내에 침투한 남파간첩은 모두 북한으로 돌아가고 고정간첩은 모두 전향한 것일까. 그럴리가. 문재인이 간첩을 잡지 않고, 잡지 못하게 하고, 보호했기 때문이다. 문재인의 5년은 간첩들의 천국이었다.

간첩을 쳐다만 봐야하는 국정원

문재인 정권은 주사파 정권과 동의어다. 주사파에서 전향한 김문수 고용노동부 장관이 "주사파가 어디 있냐고요? 청와대에 꽉 찼습니다"라고 했을 정도이니 '문재인 정권은 곧 간첩단 정권'이라 규정해도 비약은 아니다. 문재인 정권의 핵심 권력자였던 청와대의 조국 임종석 백원우 윤건영, 국회의 이해찬 우원식 송갑석 이학영 등 이름을 다 나열하기 어려울 정도의 주사파 출신들은 모두 중앙정보부, 안기부에서 이름이 바뀐 국정원의 수사관들로부터 국보법 위반 혐의가 적발되어 수사를 받고 수년씩 감옥살이를 했던 사람들이다. 권력을 잡은 이들은 국정원을 궤멸시킨다. 그들의 동지인 간첩을 잡지 못하게 하기 위해서다. 그들의 칼질은 무자비했다. 자신들을 감옥에 보내고 전과자로 만든 기관에 대해 보복을 하기로 마음 먹은 듯 보였다. 이명박 박근혜 두 자유민주 정부에서 국정원장을 지낸 원세훈 남재준 이병기 이병호 4명의 원장과 100여 명에 이르는 고위 간부들을 기소하거나 구속시켰다. 대한민국을 붕괴시키기 위해 반국가 행위와 이적행위를 하는 간첩을 잡아내는 직무에 충실했던 공직자들에 대한 대규모 숙청이었다. 그들은 국정원 조직을 대대적으로 물갈이했다. 두 우익 정부에서 핵심적인 역할을 했던 인사는 모두 옷을 벗기거나 한직으로 보내는 대신 그 자리는 과거 좌익활동을 했던 사람들로 채웠다. 이런 사람들의 출신 지역은 호남이 압도적이었다. 모태 종북주의자로 불린 박지원을 국정원장에 앉히고 조선로동당에서는 문재인보다 서열이 더 높다는 박선원을 국정원 2인자의 자리인 기획조정실장에 앉힌 후부터는 조직의 물갈이 수준에서 그치지 않는다. 국정원의 제1의 핵심 기능인 간첩 수사권을 박탈해버린다.

문재인 정권의 더민주당은 보수 야당의 반대를 묵살하고 국정원법 개정을 밀어붙였고 이로써 대한민국에서 활동하는 간첩을 조사 수사 체포하는 국정원의 핵심 역할은 원천봉쇄된다. 국정원법개정안이 국회 본회를 통과한 2020년 12월 13일의 일이다. 국정원의 대공수사권을 3년 유예한 후 경찰에 이관한다는 조건을 달았으나 문재인 정권에서 새로이 착수한 간첩 사건은 전무했으니 이 조건은 눈가리고 아웅이다. 더구나 제대로 된 간첩 수사를 위해 10년 이상의 경력이 필수적임에도 경찰에는 그런 베테랑 수사관은 거의 없었고 안보경찰의 70%가 대공수사 무경험자였으며 그래서 경찰 내부에서는 '국보법 법령만 3개월째 들여다보고 있는 중'이라는 말이 나왔다. 그나마 국정원의 방첩기능을 이관한다면서도 경찰의 안보수사부 조직을 확대하기는 커녕 오히려 축소했다.(월간조선, 2024년 7월호) 개정된 국정원법은 개정 전 수사대상이었던 내란 외환죄를 정보관련 업무로 한정한 후 수사권은 삭제하고 국정원의 직무범위에서 '국내 보안정보, 대공 대정부 전복'을 삭제한 것이 주요 내용이다. 국정원의 고유업무였던 간첩 잡는 역할을 남파간첩, 고정간첩을 불문하고 모두 금지한 것이다. 이로써 대한민국은 간첩들의 공격으로부터 스스로를 지켜내는 방어벽이 사라지게 되었고 모든 간첩과 간첩단은 대한민국을 공격하고, 전복을 시도하고, 북한과 외국의 이익을 위한 이적행위와 반국가행위를 범하고도 안전할 수 있는 나라가 되었다. 간첩과 간첩단과 종북 주사파 그들의 천국은 이렇게 만들어졌다.

간첩을 잡는 내란죄를 범한 윤석열

"나라에 간첩이 이렇게나 많나" 문재인으로부터 정권을 넘겨받은 대통령 윤석열이 놀라서 한 말이다. 문재인이 간첩을 방치하거나 눈감아주고, 간첩을 잡는 자리에 간첩을 앉히고, 간첩잡는 정부조직을 축소하거나 폐지하고, 간첩질을 하고도 잡히지 않고 처벌받지 않도록 하기 위해 법을 바꾼 결과 대한민국은 간첩들의 천국이 되었다. 정권을 인수한 대통령은 그래서 놀란 것이다. 간첩과 간첩단 사건이 봇물처럼 터져나온 것은 2023년 1월부터다. 윤석열은 정권 초기부터 간첩을 척결하겠다고 나섰고 그의 정권 출범 8개월이 지나면서 문재인 정권이 눌러놓았던 간첩사건을 모두 공개한 것이다. 종북세력은 간첩을 잡는 윤석열을 향해 거센 공세를 펼쳤다. 이때부터 윤석열은 좌익세력으로부터 국정을 제대로 수행할 수 없을 정도의 거센 공격에 시달렸고 마침내 비상계엄을 선포해야 하는 지경에 이른다. 간첩단 사건을 공개하고 거의 2년이 지난 2024년 12월이 되어 결국 그는 내란죄를 거꾸로 뒤집어쓰고 탄핵 소추를 당한다. 간첩을 잡은 일이 그가 탄핵당하는 원인의 하나가 될 것이라는 사실은 그도 몰랐을 것이다.

문재인 정권은 만기를 약 9개월 앞둔 2021년 8월 청주간첩단 사건을 공개한다. 이는 간첩단을 적발하고 처벌하기 위한 목적이 아니라 이 뿌리 깊고 엄청난 간첩단 사건이 다음 정부에서 제대로 밝혀지는 것을 막기 위한 선제적 조치라는 사실은 이후의 재판과정에서 여실히 드러났다. 김명수가 이끄는 사법부가 이들에 대한 영장을 통째로 기각하고, 법원의 묵인으로 재판이 지연에 지연을 거듭하고, 지연된 시간에 수사보안이 대부분 누설되어 피의자들은 여유있게 증거를 인멸했으며, 구속을 면한 총책 손 모가 언론에 영장 내용을 직접 공개하는 방법으로 북한 당국과 동지 간첩들에게 영장에 나온 간첩혐의가 입증되는 데 사용될 수 있는 증거를 인멸하라는 메시지를 보내고, 심지어 자신과 접촉한 북한 공작원의 실명까지 공개하며 도피하라는 신호를 보내는 대담함을 보였다. 정권과 결탁이 있어야 가능한 일이었다.

청주간첩단은 김정은이 가장 두려워한다는 스텔스기인 F-35A기를 운용하는 공군 비행단이 있는 청주에 기반을 두고 민노총과 송영길 등 더민주당 관계자들과 수시로 접촉하며 간첩활동을 전개했다. 문재인 정권이 2021년의 국방예산에서 스텔스기 도입을 위한 예산 920억 원을 삭감한 것도 청주간첩단이 북한의 지령을 수행한 것으로 판단되는 등 청주간첩단은 더민주당, 민노총 등의 종북단체들과 긴밀하게 연계되어 있었다. 북한의 지령을 수령하고 이를 실행한 이 간첩단의 주요 인물 4인은 대통령 후보 문재인의 캠프에 소속되어 직접적으로 활동했다는 사실은 문재인과 그의 정권의 종북 정체성을 확인할 수 있는 대목이다. 21년 8월 25일 청주간첩단은 보도자료를 낸다. 적발되면 더 깊숙히 숨어 조직의 실체를 감추는 여느 간첩단과는 달리 문재인이라는 힘있는 뒷배를 가진 그들은 "국정원은 20년 간의 불법사찰 내역을 공개하라"고 요구했다. 간첩단이 아니라 마치 나라를 구하는 구국 단체인양 당당했다. 그러나 국민의 반응은 덤덤했다. 간첩들과 유사한 말을 하고 간첩들과 비슷한 행동을 하는 문재인 정권에 이미 익숙해졌기 때문인 듯 보였다.

봇물처럼 터지는 간첩단

창원간첩단, 제주간첩단, 전북지하조직망, 민노총간첩단. 2023년 새해 벽두부터 봇물처럼 터져나온 대형 간첩단 사건이다. 문재인이 꽁꽁 감추고 보호해준 간첩단에 윤석열이 칼을 댄 결과다. 창원간첩단은 방위산업체가 밀집한 경남 창원과 진주를 거점으로 방위산업체의 임원 포섭을 시도하고 방산업체가 생산한 무기체계의 정보를 수집했다. 제주간첩단의 공식 명칭은 'ㅎㄱㅎ(한길회 추정)'으로 총책은 여성인 강 모다. 적발된 직후 민노총 제주본부에서 이를 왜곡 보도라며 법적 대응을 예고한 점으로 미루어 민노총 산하 간첩단의 하나로 추정된다. 제주간첩단은 2017년 캄보디아 등지의 동남아에서 북한 공작원과 접촉하여 자금을 받고 지령을 수행하며 활동한 것으로 밝혀졌다. 전북지하조직망은 전북 전주를 거점으로 민노총, 전농, 국내 여러 대학과 CJ 롯데 우체국 등의 대기업 택배노조에 침투하여 지하조직망을 구축했다.

2023년 1월 아직은 간첩 잡는 권한 박탈의 유예기간 3년이 경과되지 않아 간첩을 조사 수사할 수 있었던 국정원을 비롯한 공안당국은 "민노총간첩단이 하부 지하조직망을 만드는 등 방대한 조직망을 구성했으며 그 규모를 가늠하기 어려운 정도"라고 발표했다. 민노총 집행부 전체를 간첩단으로 규정하는 북한 전문가도 많은 상황에서 정부의 발표는 이런 시각을 뒷받침하고 있었다. 특히 총책인 석권호는 20년 이상 민노총의 여러 요직을 거치며 조직국장까지 지냈다는 점은 '민노총집행부는 곧 간첩단'이라는 주장에 설득력을 더했다. 양경수 위원장을 필두로 민노총 핵심 지도부 대부분이 경기동부연합 출신이라는 점에서 더욱 그렇다. 석권호는 청와대를 포함한 국가 핵심시설에 근무하는 민노총 노조원 출신들을 통해 국가 주요시설의 송전망, 해군2함대사령부, 오산공군기지, 평택 화력발전소와 LNG 저장탱크 배치도 등의 기밀을 수집하여 유사시에 국가 기간망의 마비를 도모했다는 것이 당국의 설명이다. 내란을 기도하고 실제로 준비했던 이석기의 구체적 범죄행위를 계승한 것이다.

이 무렵 창원갑첩단과 함께 더민주당 윤미향 의원 보좌관의 국가보안법 위반, 즉 간첩혐의도 발각된다. 윤미향의 남편과 시누이는 1994년 적발된 남매간첩단사건의 바로 그 남매다. 이해찬이 국회에 심었다고 알려진 윤미향은 가족에 이어 보좌관까지 간첩행위로 처벌을 받았거나 수사를 받고 있다는 사실과 함께 대한민국을 '남조선 역적 괴뢰'로 지칭하는 조총련 행사에 참석한 점에서 윤미향 자체를 이석기처럼 '종북세력이 국회에 심은 간첩'으로 의심하는 국민도 적지 않았다. 같은 해 7월에는 더민주당 설훈 의원 보좌관의 간첩혐의가 드러났다. 국회 국방위 소속인 설훈의 보좌관인 그는 국방위의 자료를 북한에 넘긴 혐의를 받았는데 그가 수집한 700여 건의 군사기밀 중 일부가 유출된 것으로 밝혀졌다. 그 중에는 대 북한 억지력의 핵심인 3축체계 관련내용, 우리 군의 각종 무기체계의 보유 수량, 김정은 참수작전 관련 내용 등 전쟁이 발발할 경우 국군에게 치명적으로 작용할 수 있는 정보가 들어있었다. 이 정도 상황임에도 대통령 윤석열이 간첩과 간첩단에 손을 대지 않고 방치했다면 그도 문재인처럼 간첩으로 규정되어야 할 것이며 최소한 대한민국의 영토와 국민과 자유민주주의 체제를 수호해야 하는 대통령으로서의 책무를 유기했다는 혐의는 피할 수 없을 것이다.

지금이 어떤 세상인데 간첩을 잡나

2023년 6월 자유민주연구원 유동열 원장은 한 세미나를 통해 창원간첩단이 2021~22년 사이에 북한에 보낸 보고문과 지령을 접수한 지령문을 분석한 결과 이 간첩단이 구축한 지역조직과 단체가 민노총 민노당 등의 대규모 단체에 침투한 것을 제외하고도 총 68개이며 이 중 절반은 조직이 이미 구축되었다고 발표했다. 그는 전국 각 지역에 구축된 간첩조직의 분포를 나타내는 자신이 직접 그린 간첩 포치布置 지도를 제시하며 "창원간첩단 조직만으로도 대한민국은 뻘겋게 표시된다"고 했다. 또한 그는 "자통자유통일민중전위 즉 창원간첩단은 전국 22개 대학에 하부망을 이미 구축했거나 앞으로 구축하겠다고 북한에 보고했다. 자통은 '전국민중행동'과 '6.15청년학생운동본부' 등을 하부망으로 가지고 있다. 심지어 '대우조선돌봄노조'에도 진출해 돌봄교사들을 포섭하고 어린아이들을 관리하는 지경이다"라고 덧붙였다. 또한 윤봉한 전 국정원 수사처장은 같은 세미나에서 "북한과 연계된 조직들이 전국적으로 활동하고 있다. 이들 조직은 지역의 진보 정당과 진보 단체들을 활용하며 하층과 중층의 통일전선을 구축하려는 시도를 했다. 이번에 적발된 간첩조직은 빙산의 일각에 불과하다. 민노총 진보당 전농 등의 진보단체를 통해 정치 사회 종교 학원 등 다양한 계층에 조직적으로 침투하여 활동하고 있다"고 말했다.(문화일보, 2023.6.8) 전문가들은 대한민국이 이렇게 간첩 조직의 손바닥 위에 있다는 사실을 알리고 있다. 대한민국에서 가장 많은 정보를 접하는 대통령 윤석열이 이 사실을 몰랐을 리는 만무하다.

2024년 1월 29일 제주지방법원에서 제주간첩단 사건의 1심 첫 공판이 열렸다. 좌익세력이 대한민국의 주류가 된 이후 늘 그러하듯 이 간첩단 사건도 검찰 기소에서 1심 첫 공판이 열리기까지 무려 9개월이 걸렸다. 피고인 측에서 국민참여재판을 신청하여 시간을 끌었기 때문이다. 그나마 간첩혐의 피고인 3명과 변호인단은 공판절차에 이의를 제기하며 재판 시작 25분이 조금 지나 단체로 임의 퇴정하며 파행을 빚는다. 재판 지연에다 재판 방해다. 그들은 재판장이 마스크를 쓰고 있는 피고인에게 신원 확인을 위해 필요하니 마스크를 벗어달라고 하자 "마스크를 벗어야 한다는 근거가 있느냐"며 거부하고 "판사님이 확인하러 내려오세요"라고 말했다. 이에 재판장은 자리에서 일어서서 달라고 하며 "피고인 신분 확인을 위한 절차다. 얼굴 실물과 신체 체격 등을 다 봐야 한다"고 말하자 변호인은 "일어서지 않아서 확인이 안 되는 건가. 제가 판사님 신분 확인을 해도 되느냐. 세 분 판사 이름이 무엇인가"라고 되받아쳤다. 간첩이 판사의 신분을 확인하고 큰소리 치는 세상이 되었다. 문재인이 만든 간첩들의 세상이다.

검찰에 따르면 해외에서 북한의 대남 공작부서 소속의 공작원 3명과 접선하고 제주 지역에서 이적단체 'ㅎㄱㅎ'을 조직한 혐의를 받는 이들은 북한의 지령을 받고 전국민중대회, 윤석열 정권 심판, 한미국방장관 회담 규탄 회견 등을 통해 반정부 활동을 선동하고 북한 대남공작전략에 이익이 되는 각종 대북 보고서를 작성해 보내는 등 친북활동을 한 것으로 드러났다.(KBS, 2024.1.29) 간첩행위로 재판을 받고있는 그들은 대한민국 사법부를 우습게 보고 있었다. 그들은 조직으로부터 받은 교육과 경험 전수를 통해 재판을 지연시키고 파행시키는 기술을 축적하고 있었으며 유죄를 받는다 해도 문재인 정권과 같이 간첩단에 버금가는 세력이 다시 권력을 잡으면 모두 사면 복권되고 민주화 유공자로 지정되어 보상금에 연금까지 받을 수 있을 것이다.

또한 그들의 투쟁 업적에 따라 정청래처럼 국회의원이 되고 임종석처럼 대통령 측근에서 막강한 권력자가 되고 우원식과 이학영처럼 국회의장과 부의장 자리에까지 오를 수 있다는 사실을 그들은 알고 있을 것이다. 그들은 대한민국이 완전한 공산국가가 된다면 공화국 영웅 칭호를 받고 1번동지라 불리는 북한의 특권계급에 편입되어 대를 이어 부귀영화를 누리게 될 것이다. 그들은 이것을 알고 있었고 그래서 겁내지 않고 재판장을 겁박한 것이다. 이것을 알고도 그냥 두라고? 윤석열은 결국 그들을 그냥 두지 않기로 결심하고 칼을 댔을 것이다. 그들 세력이 총연합하여 자신의 정부를 마비시키자 그는 계엄을 선포했고 그것이 실패하자 내란죄를 뒤집어 쓰고 탄핵되었다. 2024년과 2025년의 반란과 계엄과 탄핵의 진실이다.

3. 북한과 김정은에 덤빈 대역죄

2025년 1월 9일 더민주당이 재발의한 내란특검법에는 외환유치죄가 들어있었다. 윤석열 정부의 대북 확성기 가동, 평양 무인기 침투, 오물풍선 원점타격 논의, 해외 분쟁지역 파병 계획, 대북전단 살포 확대, NLL에서 북한의 공격 유도 메모 등이 전쟁 또는 북한과의 무력 충돌을 유도한 외환죄라는 것이다. 구속된 전 정보사령관 노상원의 수첩에 'NLL에서 북의 공격을 유도한다'는 메모가 있었다는 것을 근거로 북한과의 무력충돌을 유도했다는 것은 검찰조차 이 메모가 개인의 생각일 뿐 군과 정부에 실제 공유되지 않았다고 판단했다. 오물풍선 원점타격설도 맥락은 같다. 그러나 더민주당은 실현되지도 않았고 개인 차원의 구상이나 주장 정도에 머물렀던 이런 이유까지 나열하며 외환유치죄로 엮어 나갔다. 대북전단 살포는 탈북민단체 등 민간에서 한 것이며 정부가 법으로 이것을 금지하는 것은 표현의 자유를 침해하는 위헌이라는 헌재의 판단이 이미 내려진 것이다. NLL에서의 공격 유도, 오물풍선 원점타격설, 대북전단 살포처럼 윤석열 탄핵의 구실을 찾기 위해 억지로 가져다 붙인 구실을 제외하면 나머지 사유들은 모두 '윤석열이 감히 절대존엄 김정은과 북한에 덤벼들다니' 라는 종북집단의 정서를 그대로 반영하는 것이다.

대북 확성기를 다시 튼 죄

2024년 6월 9일 합참은 대북 확성기 방송 '자유의 소리'를 재개한다. 2018년 문재인 정권에서 중단된 이후 6년만에 다시 튼 것이다. 합참은 5

월 28일부터 북한이 내려보내기 시작한 오물과 쓰레기를 담은 풍선에 대한 우리 군의 대칭적 조치라고 설명했다. 이후 우리 측은 방송을 중단하며 맞대응을 자제하는 동시에 오물풍선의 중단을 촉구했고 6월 27일에는 오물풍선을 계속 보내면 방송을 재개하겠다고 다시 경고한다. 그러나 북한은 풍선 보내기를 중단하지 않았고 이에 합참은 중단 39일만인 7월 19일부터 방송을 다시 시작하는 동시에 전방 전지역으로 방송을 확대하겠다고 경고한다. 이것이 윤석열 정부가 대북 확성기를 가동한 경위다. 더민주당은 이것을 죄라고했다. 무려 외환유치죄다.

우리 군의 대북 확성기 방송은 북한 정권이 가장 두려워하는 심리전 전력이다. 인민의 귀와 눈을 가려놓고 '북한은 인민의 천국'이라고 선전하는 김 씨 정권에게 북한의 비참한 실상을 전달하고 자유민주주의 체제의 우월성을 알리는 확성기 방송은 북한 정권이 코로나 바이러스보다 더 두려워하는 우리의 경쟁력 있는 전력이다. 종북적 대북정책을 펼친 노무현 정권과 문재인 정권에서 방송을 중지했고 자유민주 정부인 이명박과 박근혜 집권 때는 방송을 재개했다. 방송을 중단 시킨 이유는 북한측은 단 한 번도 준수할 의사가 없었던 '남북 합의'였고 방송을 재개한 이유는 천안함 폭침과 핵실험 등 북한의 선제적 도발과 합의 위반이었다. 박근혜 정부에서는 2015년 8.25합의에 따라 방송을 중단했으나 다음해 1월 북한의 4차 핵실험으로 불과 4개월만에 재개하기도 했다. 2018년 문재인의 평양 방문을 계기로 방송은 다시 중단된다. 그러나 남북 양측의 적대적 군사행위 전면 중지 내용을 포함한 9.19선언에도 불구하고 북한은 이후 이 합의를 수시로 위반했고 그럼에도 간첩단 정권이라 불리던 문재인 정권은 대북 방송을 재개하지 않았다.

윤석열 정부는 달랐다. 오물풍선까지 내려보내는 북한에 대한 대응조치로 합참이 대북방송을 재개한 것이다. 북한이 오물풍선을 여러 차례에 걸쳐 대량으로 내려보내자 합참은 "명백한 정전협정 위반"이라며 중단을 강력히 촉구했고 이에 대한 우리의 대응책으로 대북 확성기 방송의 재개를 수 차례 경고했다. 그럼에도 북한은 오물풍선 보내기를 멈추지 않았고 결국 확성기를 다시 튼 것이다. 확성기 재가동에 반대하고 있던 더민주당은 계엄 선포를 내란으로 뒤집는 반란에 성공한 후 여기다 외환유치죄라는 이름을 붙이며 윤석열을 탄핵시키기 위한 구실의 하나로 삼는다. 대북 확성기를 다시 튼 윤석열이 외환을 유치한 것인가, 아니면 대북 확성기 가동을 재개한 윤석열을 처벌하기로 나선 더민주당의 반란인가. 한쪽은 애국이고 한 쪽은 반란이 분명하다. 대체 어느 쪽이 애국이고 어느 쪽이 반란인가. 대한민국의 운명을 가를 엄중한 질문이다.

북한이 보낸 무인기는 무죄 우리가 보낸 것은 유죄라는 사람들

북한이 우리에게 무인기를 날려보낸 것은 2014년이 처음이다. 우리 영토에 추락한 것이 발견되어 처음 알게 되었으니 발견되지 않고 북으로 돌아간 것이 있다면 북한 무인기의 남한 침투는 그 이전부터일 것이다. 이후에도 수시로 발견되었으며 심지어 평화의 노래가 넘실거렸던 문재인 정권에서도 북한 무인기가 성주 사드기지를 촬영하고 돌아간 일이 후에 밝혀졌다. 윤석열 정부가 들어서고 반 년이 지난 2022년 12월부터 북한은 무인기를 다시 수 차례 내려보낸다. 우리 측에서도 북한으로 무인기를 보냈다는 주장은 2024년 10월 12일 김여정이 "(남한이 보낸) 무인기 (평양)침투는 국가 주권에 대한 노골적 침해이자 국제법에 대한 난폭한 위반"이라는 담화에서 시작되었다. 이에 덧붙여 '가정된 상황'을 전제하며 "서울에 정체불명의 무인기가 출현한 것은… 우리가 날린 사실은 없으며 확인해 줄 수 없고 대꾸할 가치도 없다"고 말했다. 북한이 우리 측으로 무인기를 침투시킨 사실은 김여정의 확인이나 대꾸가 필요하지 않다. 신문을 찾아보면 바로 확인된다. 북한이 보낸 무인기는 2022년 12월 26일부터 28일까지 3일간 경기도 서북부, 서울, 인천 강화도 영공을 휘젓고 다녔다. 국방부는 "북한의 무인기가 대통령실이 있는 용산 방공망까지 뚫었다"며 공식적으로 밝혔다.

우리측의 평양 무인기 침투는 확인된 것이 없다. 이것이 사실이라고 해도 북한이 상시적으로 우리 영토에 침투시키고 서울 시내와 대통령실 근처까지 휘젓고 돌아간 무인기에 대응하는 대칭적 군사활동이다. 그래서 외환유치죄가 될 수는 없다. 문제를 삼겠다면 북한이 우리를 향해 빈번하게 내려 보내는 무인기를 비판하는 것이 먼저다. 북한이 먼저 보내고 우리가 보낸 것은 대칭적 군사활동이다. 북한이 먼저 멈추고 우리가 멈추는 것 역시 대칭적 순서다. 우리 군이 평양에 무인기를 보냈다는 북한의 주장을 사실로 확정하고 이것이 전쟁을 유발한 것이라고 주장하는 논리는 북한정권과 간첩들의 논리다. 이를 외환유치죄로 규정하는 더불어민주당이 간첩단과 무엇이 다른가.

더민주당의 김병주 의원은 2024년 12월 10일 국회 국방위에 불려온 김용대 드론작전사령관을 향해 "평양 무인기 누가 지시했나"고 물었다. 김 사령관은 "확인해 줄 수 없다"고 대답했다. 이것을 공개적으로 말한다면 군사정보 누출이다. 국민 사이에서 '대한민국 국방을 구멍내기 위해 국회의원이 된 예비역 4성장군'이라고 불리는 김병주의 이적행위다. 더민주당 소속 의원 모두가 '평양 무인기 침투사건'이라고 일관되게 부르는 목적은 우리 군 내부에서 확인되지도 않았고 우리의 안보를 위해서는 확인해 줘서도 안되는 것을 하나의 사실로 확정하기 위해서다. 근거는 2024년 10월 12일 김여정이 우리가 평양에 무인기를 침투시켰다고 주장한 내용 뿐이다. 더민주당 측에 붙은 어느 생계형 군인이 이름을 감추고 '두 세 번 보냈을 것'이라는 말을 했을 뿐 우리 당국을 통해 확인된 적은 단 한 번도 없다.

국방위가 열린 이날 군 고위관계자는 "(12월) 10일 현재까지 우리 군 어디에서도 무인기를 보낸 사실은 확인하지 못했다"고 말했다.(동아일보, 2024.12.10) 그럼에도 더불어민주당에서는 이를 사실인양 확정하고 윤석열의 외환죄로 엮어갔다. 윤석열 탄핵의 사유를 긁어모으려는 목적인 동시에 윤석열이 평양에 무인기를 침투시켰으니 응징하라는 김여정의 하명을 받드는 것이다. 적어도 결과는 분명히 그렇다. 윤석열이 북한과 김씨 정권에 대해 불경죄를 범한 것이다. 대통령 윤석열이 반국가 세력이라고 부르는 그들은 북한이 우리에게 내려보낸 명백한 증거가 있는 사실에는 입도 뻥긋하지 않는 반면 김여정이 말한 것이라면 증거도 확인도 필요없이 사실로 확정하고 윤석열 탄핵의 구실로 써먹고 있는 것이다. 국민인 우리가 판단해야 한다. 윤석열의 내란인가, 이재명과 더불어민주당 반국가 세력의 반란인가. 어느 쪽인가.

우리 군의 해외 파견이 외환유치라는 반란

지금도 러시아-우크라이나 전쟁에 국군 참관단이 파견된 것으로 알고 있는 국민은 많은 반면 이 계획이 백지화되어 파견이 무산된 것을 아는 국민은 많지 않다. 반면 군의 이 계획이 대통령 윤석열의 외환유치죄의 근거로 적시되어 있다는 사실은 대부분의 국민이 알고 있다. 윤석열은 국방부가 검토한 계획만으로 외환유치의 죄목을 뒤집어 썼다. 그에게 붙인 내란의 죄목은 물론 외환의 죄목까지도 모두 엉터리라는 뜻이다. 국정원이 러시아-우크라이나 전쟁에 참전하는 북한군의 병력 이동을 확인해준 것은 2024년 10월 중순이다. 이때부터 국방부 장관 김용현은 참관단 파견의 필요성을 역설한다. 10월 30일 워싱턴에서 열린 한미안보협의회 참석 후 그는 기자단을 향해 이렇게 말한다. "우크라전의 경우 북한군이 참전하기 때문에 북한군의 전투동향 등을 잘 분석해서 향후 우리 군에 유용한 정보로 활용할 수 있다. 참관단이나 전황분석단을 보내는 것은 군의 당연한 임무이며 파견하지 않는다면 직무유기가 될 것이다" 그러나 이를 반대하기 위해 참관단 파견을 파병으로 규정하고 국회의 동의를 받아야 한다고 주장하는 더민주당을 의식한 그는 "참관단 파견은 파병에는 해당하지 않는다. 국군 파병은 전혀 고려하지 않고 있다"고 덧붙인다. 그럼에도 이재명의 민주당은 심지어 모니터링 인력의 파견조차 파병이라고 말하는 선전전에 주력하며 반대 고집을 꺾지 않았다.

우리 군의 참관단은 이라크전을 비롯 대부분의 전쟁에 보내졌다. 신

무기의 존재와 성능 확인, 각종 군사정보의 수집 등 유형의 측면과 함께 우리 군 지휘관이 전쟁 현장을 직접 목도하며 느끼고 배우도록 하는 등 무형의 측면에서도 전력 강화에 크게 유익하다. 그래서 우방국이 허락하는 범위 내에서 항상 참관단을 파견해 왔다. 특히 우크라전의 경우 북한군이 직접 참전하기 때문에 북한군의 전투동향을 잘 수집 분석해서 향후 우리 군에 유용한 정보로 활용해야 한다는 필요성이 컸다. 전체 군대는 물론 군인 개개인의 실전경험이 전력에서 차지하는 중요성은 매우 크다. 실전을 경험한 병사와 경험하지 못한 병사는 심리적 공포의 극복에서부터 다르다. 적을 발견했을 때 총을 격발하는 속도에서도 다르다. 북한군이 우크라전에서 실전 경험을 쌓는다는 것은 월남전 이후 실전 경험이 전혀 없는 우리 국군에게 불리하게 작용하는 것은 자명하다. 우리 군은 참관단 파견만 계획하고 있을 뿐 일정한 지휘체계를 갖춘 전투병력은 물론 공병부대 간호부대 등 비전투 병력의 파병도 검토하지 않는다고 거듭 밝히면서 참관단 파견은 국방장관의 권한 범위 내에 있는 정책결정 사항이라는 점을 수 차례 강조했다. 그럼에도 더불어민주당 국회의원들은 이것을 '파병'이라며 결사적으로 반대한다.

국회의 동의없이 국방장관의 결정으로 우리 군의 참관단을 외국의 전쟁에 파견한 일은 전례도 많다. 대한민국 법률체계에 따라 행정 및 국방 관련 법령이 정하고 있는 범위 내의 일이다. 그럼에도 참관단 파견을 '파병'이라고 우기며 반대하고 나서는 것은 국군의 전력강화를 방해하는 자해행위다. 그러나 국회 국방위 소속의 김병주 박선원 의원 등은 이를 결사적으로 방해하는 자해적 이적행위를 멈추지 않는다. 우크라전 참관단 파견 계획은 그들의 이적과 자해의 의도에 의해 결국 무산된다. 국군의 고의적이고 계획적인 전력약화는 이미 문재인 정권에서 대규모적이고 전면적으로 실현된 일로써 모든 주사파 반국가세력 종북단체들이 한 치의 흐트러짐도 없이 추진하는 일이다. 이번에도 그들의 뜻대로 된 것이다. 여기서 그치지 않는다. 그들은 윤석열 정부를 무너뜨리는 일에 이것을 써먹는다. 참관단 파견을 계획한 것이 외환유치죄라는 것이다.

세계 모든 국가의 역사책은 외국의 전쟁에 자국의 군대를 파병한 일을 기록한다. 참관단을 파견하는 정도의 군사행위는 기록에서 빠지는 경우가 대부분이다. 이런 가벼운 군사적 행동을 외환을 유치한 것으로 규정하고 그것을 결정한 국가 지도자에게 외환유치죄를 적용한다면 모든 전쟁사는 다시 작성해야 한다. 6.25전쟁에 1,789,000명의 미군 파병을 결정한 루즈벨트와 트루만에게 외환유치죄를 적용했다면 지금의 우리는 주사파 등 반국가세력 그들의 바램대로 김정은의 인민으로 살고 있을 것이다. 우크라전 참관단 파견 계획에, 더구나 그들의 반대로 실현되지도 못한 이 계획에 외환유치라는 어이없는 죄목을 씌운 그들은 간첩이며 그 정당은 합법의 외피를 입은 간첩단으로 규정해야 마땅하다.

박선원의 존재는 망국을 재촉할 것이다

테러리스트 출신의 정청래와 '낄낄웃음'이 트레이드 마크가 된 최민희가 법사위와 과방위 위원장 자리에 앉아 국회를 좌익의 선전투쟁의 장으로 철저히 이용하는 좌익 그들은 윤석열 탄핵 정국에서 각자의 솜씨와 재능을 마음껏 발휘한다. 2024년 12월 13일 '종북세력의 선전선동 대통령' '가짜방송의 수괴' '거짓 뉴스 제조공장의 공장장'이라는 별칭을 가진 김어준이 최민희가 판을 간 국회 과방위에 수염털을 날리며 등장했다. 그리고 오물과 같은 많은 말을 배설한다. "제보자의 신원은 밝힐 수 없다"는 밑자락을 간 그는 계엄이 선포된 후 동원된 계엄군은 '체포조가 아닌 암살조'가 가동되어 "한동훈을 사살한다 / 조국 양정철 김어준이 체포되어 호송되는 부대를 습격하여 구출하는 시늉을 하다 도주한다 / 특정 장소에 북한 군복을 매립하고 일정 시점 후에 군복을 발견하고 북한의 소행으로 발표한다 / 미군 몇 명을 사살하여 미국으로 하여금 북한 폭격을 유도한다 / 출처를 일부 밝히자면 국내에 대사관이 있는 우방국이다 / 김건희 씨는 계엄 후 개헌을 통해 통일 대통령이 될 것으로 믿고 있다"

김어준의 이러한 발언은 즉시 새빨간 거짓말로 밝혀진다. 그의 말은 허위제보의 정도가 아니다. 혁명기에 좌익 혁명가들이 생산해서 유포하는 모략의 전형이다. 그런데 김어준에게 이런 내용을 알려주고 국회에서 발언하도록 밀어준 사람이 있다. 박선원이다. 문재인이 국정원 제2인자의 자리에 심은 사람이다. 12월 19일 박선원은 김어준에게 사과한다. 김어준에게 알려준 내용의 상당수가 허구라며 "미안하다"고 했다. 그러면서도 그 내용에 대해 '가능성을 배제할 수 없음'이라는 딱지를 붙였다. 대한민국 최고의 가짜뉴스 제작자와 대한민국 최고 정보기관의 2인자 출신의 협업이다. 윤석열은 그들의 올가미를 벗어날 수 있을까. 이러고도 대한민국이 무사할 수 있을까.

더불어민주당 국회의원 박선원은 윤석열 정부의 모든 대북한 정책과 통치행위를 '북한에 덤빈 대역죄'로 여기고 이를 윤석열 탄핵과 자유민주주의 정부를 붕괴시키는 이유로 엮는 공작의 선봉에 선 사람으로 보인다. 그는 주사파 운동권 출신 중에서 국가보안법 전과자로 국회의장이 된 우원식이나 적군파식 무력행동에 필요한 자금을 마련하기 위해 대기업 총수의 자택에 침입한 혁명적 절도범 출신의 국회부의장 이학영은 명함도 내밀지 못할 정도의 인물이다. 박선원은 자신이 좌익 혁명가인지 출세만 쫓는 기회주의자인지 스스로도 모를 것 같은 4성 장군 출신의 김병주와 함께 외환유치죄라는 새로운 이름의 그들만의 북풍몰이를 주도했다. 일반 국민에게는 낯선 박선원 이 사람의 실체를 알게 된다면 그의 존재 자체만으로 깜짝 놀랄 일이다. 이런 사람이 감옥이 아닌 국회에 있다는 사실은 더욱 놀랄 일이다. 누가 이 사람을 국정원 2인자의 자리에 심었으며 누가 이 사람을 국회에 입성시켰는지 그 사실만 알게되어도 대한민국이 어느 방향으로 가고 있는지, 대한민국의 가까운 미래가 어떻게 될 지는 쉽게 알 수 있다. 그에 대해서는 제5장에서 더 다루기로 하고 우선 결론부터 말하자면 이렇다. 조선로동당 서열에서 문재인보다 높다는 박선원 그의 존재는 대한민국의 망국을 재촉할 것이다. 분명하다.

4. 사회주의 법안을 모두 거부하는 반동죄

대통령이 된 윤석열은 '자유민주주의'와 '반국가 세력'을 자주 말했다. 20세기 후반에 이미 종언을 고했던 공산주의가 중국의 경제적 성공에 힘입어 부활하고 좌익이념이 남미 독재자들이 의탁하는 이론으로 쓰이면서 좌우의 이념 대립이 21세기인 지금도 세계질서를 가르는 기준이 되고 있다는 사실을 대통령 윤석열은 인식하고 있었을 것이다. 더구나 북한정권과 연결된 종북세력이 대한민국의 주류로 행세하고 있는 사실은 그가 대통령이 되어 더욱 분명하게 알게 되었을 것이다. 그가 "국회와 언론이 대통령보다 초강력하다"고 말했던 이유는 여기에 있을 것이다. 좌익이 완전하게 장악한 국회와 언론과 사법부는 그의 비상계엄과 탄핵과 체포 구속의 과정에서 선명하게 확인된 사실이다. 그는 대한민국의 좌익 국가화, 나아가 대한민국의 북한화를 걱정하고 있었다. 그의 생각이 틀리지 않았다는 것은 그가 비상계엄을 선포하고 나서 바로 증명되었다.

이런 법안을 내는 것이 내란이다

대통령 윤석열이 24차례 거부권을 행사한 법안 중에는 자신의 정부를 흔들어 정권을 찬탈하기 위한 목적으로 설계된 정치공세적 법안과 함께 사회주의적 법안이 많았다. 각각 2차례씩 거부한 방송법개정안, 방송문화진흥법개정안, 한국교육방송공사법개정안, 노란봉투법에다 1차례 거부한 양곡관리법개정안, 전세사기특별법, 민주유공자예우법, 간호법제정안, 농어업회의소법안, 한우산업지원법, 방송통신위원회법개정안, 지역화

폐법, 전국민25만원지원법 등은 모두 자유민주주의와 시장자본주의에 반하는, 대한민국을 사회주의 체제로 변경하기 위한 법안이었다. 대통령 윤석열이 재의요구권을 행사했던 이유다. 이러한 법안에 대해 그가 거부권을 행사해야 했던 이유는 탄핵소추안의 가결로 그의 대통령 직무가 정지된 후 더 분명해졌다.

2024년 12월 19일 한덕수 대통령 권한대행은 모두 6개 법안에 대한 거부권을 행사한다. 국무회의의 거부권 행사 시한이 15일이므로 12월 3일 비상계엄이 선포된 이후에 국회가 정부로 이송했다는 뜻이다. 농업4법과 국회 관련 2개 법안이다. 양곡관리법을 포함한 농업4법은 과도한 정부의 개입으로 시장의 수요 공급의 원리를 왜곡시킴으로써 자원의 효율적 배분을 해치는 전형적인 사회주의적 법안이다. 국회 관련 2법은 다수당의 의회독재를 제도화하기 위한 비민주적 내용을 담고 있었다. 거듭 거부권을 행사하는 대통령 윤석열의 직무가 정지된 상태에서 권한대행 한덕수를 만만하게 본 야당은 이의 통과를 기대했으나 사심없는 노 행정가 한덕수 대통령 권한대행이 국가를 위해 이를 거부하는 용기있는 결정을 한 것이다. 이재명의 민주당은 그들의 말을 듣지 않는 한덕수를 권한대행직 수행 단 2주만에 탄핵으로 직무를 정지시킨다.

뒤를 이어 권한대대행이 된 최상목 부총리는 2025년 1월 14일 고교 무상교육 관련 법안을 거부한데 이어 1주 후인 21일 방통법개정안, 초중등교육법개정안, 반인권적 국가범죄 시효에 관한 법안 등 3개 법안에 대해서도 거부권을 행사한다. 문재인 정권에서 본 것처럼 KBS를 좌익정권의 선전매체로 조종하기 위해 수신료를 다시 한전의 전기비 징수에 포함시키는 내용, 디지털 기반 교육혁신의 세계적 추세에 반한다는 비판을 받으면서도 이념교육에 부적합하고 북한과의 격차를 더 벌이게 될 AI 디지털 교과서 도입을 방지하는 법안, 공권력을 집행한 공무원과 그 가족에게까지 무기한으로 민형사 소송에 노출되도록 함으로써 체제 변혁 후 우익 국민과 공무원에 대한 대숙청의 법적 근거를 마련하기 위한 내용 등 모두 사회주의적 법안이었다. 확고한 자유민주주의자인 대통령 윤석열의 직무가 정지된 틈을 타 이러한 사회주의적 법안의 입법을 시도한 것이다. 이재명의 민주당이 윤석열을 탄핵한 이유다.

체제 변경을 거부하는 반동죄

25년 2월 7일 이재명은 자신의 팬카페에서 "반민주, 극단세력의 반동은 마지막 순간까지 지속될 것"이라며 개딸들이 다음날 열릴 광화문집회에 참석할 것을 독려했다. 그는 1월 28일에도 자신의 페이스북을 통해 "독재, 반민주, 극단주의 세력의 반동"을 말했다. 대한민국 정치 지도자들은 '반동'이라는 말을 쓰지 않는다. 정치적 부담이 적은 논객들의 논쟁에서나 간간이 사용될 뿐 정치인들에게는 철저한 금기어다. 6.25전쟁 당시 인민군이 대한민국을 점령하고 있던 약 2~3개월 동안 남한지역 곳곳에서는 혁명재판이라고 불리는 인민재판이 열렸고 완장을 찬 혁명군 재판관이 내리는 가장 엄중한 죄목은 '반동'이었다. 반동분자의 낙인 찍히는 순간부터 숙청이 집행되고 피를 뿌렸다. 인민재판을 통해 지주 지식인 공무원 경찰 등 많은 국민이 희생된 이 일을 감추기 위해 종북좌익 진영에서조차 반동이라는 단어는 결코 입에 올리지 않는다. 그런데 대통령 윤석열을 무너뜨리는 반란의 수장인 이재명의 입에서 이 말이 등장한 것이다. 좌익세력과 좌익이념을 자신의 이기심과 탐욕에 이용할 뿐 정치적 철학이나 이념을 갖추지 못한듯 보이는 이재명이 스스로 선택한 단어는 아닐 것이다. 감옥행이 예정된 다급한 이재명의 입을 빌려 '반동'을 정치의 무대에 다시 올린 것은 여전히 더민주당의 최대파벌인 주사파일 것이다. 그들이 지목하는 반동의 수괴, 반동의 우두머리는 대통령 윤석열이 분명하다. 대한민국의 체제를 좌익으로 변경하는 그들의 혁명에 제동을 거는 대통령 윤석열은 그들에게 반동일 수 밖에 없지 않는가.

윤석열은 자신의 직무가 정지되고 뒤따라 전개되는 어지러운 정국 속에서 국민의 관심이 덜한 틈을 타 단 40일만에 이상의 여러 사회주의 법안이 국회를 통과하고 국무회의에 다시 올려지는 것을 보며 대한민국은 이미 좌익의 손아귀에 있으며 그들이 완전한 체제 변경을 위해 일관되고 치밀하고 집요하게 움직이고 있다는 사실을 알았을 것이다. 그리고 자신의 비상계엄이 좀 더 일찍 선포되어야 했다는 사실도 깨달았을 것이다. 지금의 이 대한민국 땅에 좌익국가화를 막는 일보다 더 엄중하고 긴급한 일이 또 있을까. 그의 비상계엄은 늦었지만 꼭 필요한 것이었고 그래서 정당하다. 그가 자신의 자리로 돌아 온다면 강력한 대통령십을 발휘하여 대한민국의 좌익국가화를 꼭 막아주기 바란다. 대통령인 그와 국민인 우리가 사는 길이고 자유민주주의 국가 대한민국을 지키는 길이다.

제4장

윤석열을 무너뜨리는
그들의 기술

한 말씀 드리겠습니다

"제가 한 말씀 드리겠습니다. 제가 취임하기 전부터도 민주당과 야권에서는 선제 탄핵을 주장하면서 제가 이 계엄을 선포하기 전까지 무려 178회를 퇴진과 탄핵을 요구했고요, 제가 대통령으로서 야당이 아무리 저를 공격하더라도 왜 대화와 타협을 안 하겠습니까. 100석 조금 넘는 의석을 가지고 어떻게든 야당을 설득해서 뭐를 해보려고 한 건데 문명국가에서 볼 수 없는 이런 줄탄핵이라고 하는 것은 대단히 악의적인 것이고 대화와 타협을 하겠다는 것이 아니라 그냥 이 정권을 파괴시키는 것이 목표라고 하는 것을 명확히 보여주는 것입니다" 헌재 재판정에 나온 대통령 윤석열은 재판관을 향해 이렇게 말했다. 그의 말에서 틀린 곳이 단 한마디라도 있는가.

줄탄핵 언급에 대해 국회 측 대표로 법정에 나온 더민주당의 정청래는 "줄탄핵은 국회의 권한"이라고 했다. 이에 대통령은 "계엄 선포도 엄연히 대통령의 권한"이라고 응수한다. 대통령의 계엄 선포를 내란이라고 생각하는 국민은 정청래의 주장이 맞다고 여기면서 계엄 선포가 대통령의 권한이라는 윤석열의 말에는 귀기울이지 않는다. 반면 계엄 선포가 대통령의 정당한 권한 행사라고 생각하는 국민은 줄탄핵이 국회의 권한이라는 정청래의 말은 법률적으로는 맞는 말이지만 줄탄핵이 국정을 마비시켰으며 그래서 대통령이 계엄을 선포했다고 생각한다. 계엄 선포로부터 30일이 지나고 60일이 지나고 그 이상이 지나면서 정청래의 말을 지지하는 국민은 줄어들고 대통령 윤석열의 말을 믿는 국민은 점점 더 늘어났다. 80여일이 지난 지금은 양쪽 지지자 비율이 오차범위 내다. 윤석열의 말은 선명하게 맞는 말이다. 정청래의 말은 맞기는 하지만 그래서는 절대 안된다. 나라를 망치고 국민에게 고통을 주는 일이다. 그럼에도 지지율이 오차범위 안에 있는 데는 정청래가 그들의 조직에서 테러 행동가의 역할을 맡았던 종북좌익 세력의 오래된 투쟁의 힘이다. 이 투쟁에는 많은 전략과 전술과 기술과 솜씨가 구사되었고 그것이 경험으로 축적되면서 효율성은 배가되었다. 대통령 윤석열을 무너뜨리는 일에도 그들의 오래된 혁명기술이 모두 등장한다.

1절

●

좌익 혁명가들의
아주 오래된 기술

대통령에게는 두 가지의 비상적 권한이 있다. 비상계엄권과 긴급명령권이다. 대통령 중심제 국가에서 대통령의 매우 중요한 권한인 국회해산권은 1987년의 헌법에서 삭제된다. 민주화라는 이름의 좌경화 분위기 속에 국회에 혁명진지를 구축하려는 세력의 의도에 국민과 자유민주 진영이 말려든 결과다. 이는 지금의 상황처럼 국회가 다른 권력의 견제를 받지 않는 무소불위의 권력기관이 되는 법적 기반이며 부정선거에 유혹되는 구조다. 윤석열이 비상계엄령을 선포한 것은 국회해산권이 없는 그가 국회를 견제할 수 있는 대통령의 유일한 권한을 행사한 것이다. 월례 행사가 된 주요 국가 공직자에 대한 탄핵과 특검법의 무차별적 발의, 수많은 수사를 받고 재판을 받는 이재명 한 명을 구하려는 목적의 예산 배정의 행패와 그를 수사하는 검사에 대한 무차별적 탄핵은 대통령이 자신의 비상 대권을 발동하지 않을 수 없는 상황이었다. 그러나 더민주당은 여기에 '내란'이라는 이름을 붙이고 대통령을 내란수괴로 불렀다. 헌법이 보장하는 대통령의 합법적인 권한 행사를 내란으로 몰아가는 일은 그 자체로 반국가적 행위이고 반란이다. 이 반란에는 그들의 다양한 기술이 동원된다. 모두 오래된 그들의 혁명기술이다.

1. 거짓의 향연

8년 전에 있었던 박근혜 탄핵은 흔히 사기탄핵이라고 불린다. 국회의 소추사유, 헌재의 인용사유, 대법원에서 확정된 유죄의 혐의가 단 하나도 일치하지 않기 때문이다. 북한의 지령대로 박근혜의 정권을 빼앗고 대남 혁명 과업을 실행하여 좌익혁명을 완성하려는 이미 정해진 그들의 목적을 위해 온갖 이유와 죄목을 가져다 붙였으나 후에 그것이 모두 거짓으로 밝혀졌으니 사기탄핵으로 불리는 것은 당연하다. 이 사기에 핵심 증거로 쓰인 '최순실의 태블릿PC'는 본인에게 돌려주라고 법원이 판결했음에도 이제 와서 그것이 최서원 씨의 것이 아닐 수도 있다는 이유로 돌려주지 않고 있다. '최순실이 국정농단을 위해 사용한 것'이라며 jtbc 손석희의 입에서부터 시작하여 국회 특검 헌재 법원에서까지 박근혜를 탄핵시키고 최서원 씨에게 21년형을 내리고 구속시키는 핵심적 증거로 쓰인 것을 이제와서 아닐 수도 있다고 하니 이것은 거대 사기행위가 분명하다. 그것을 돌려주고 거짓이 공식적으로 확정되는 순간 박근혜 탄핵도 무효이고 문재인 정권 5년도 모두 무효가 된다. 거짓이 낳은 이 거대한 결과를 감당할 수 없기 때문에 돌려주지 않는 것이다.

좌익의 외출 휴대품 거짓말

박근혜를 탄핵시키기 위한 거짓과 조작의 사례를 다 나열하자면 길다. 촛불집회 당시 방송에 나온 장면과 시위 현장의 장면을 비교하면 간단하면서도 분명하게 알 수 있다. 현장에 가본 적 없이 방송으로만 시위

장면을 접한 절대 다수의 국민은 유모차를 끌고 나온 젊은 엄마, 고운 두 손으로 촛불을 들고 있는 어린 소녀 등의 평화스럽고 간절한 이미지만 기억하고 있다. 그러나 시위 현장은 180도 달랐다. 민노총을 필두로 이땅에 존재하는 200여 개 이상의 모든 종북단체들이 더불어민주당의 지휘를 받으며 막대한 돈을 들여 전국 각지에서 대형버스로 인원을 동원하며 사람을 모았고, 모인 그들은 목이 반쯤 잘려 피가 흐르는 박근혜의 대형 모형을 끌고 여러 대기업 회장들이 속에 들어간 대형 투명비닐로 된 공을 발로 차며 "사회주의가 답이다" "북한이 우리의 미래이며 희망이며 삶이다" "정권 교체가 아닌 체제 교체" "중고생이 앞장서서 혁명정권을 세우자 -중고생혁명지도부" 이런 류의 구호를 외치고 팻말을 들었다. 국회와 검찰과 헌재와 법원 등 국가기관이 말한 탄핵의 사유와 시위 현장의 구호는 이렇게 달랐다. 그렇다면 8년 후의 대통령 윤석열에 대한 탄핵 시도에서는 어떨까. 다르지 않다.

24년의 마지막 날 서울서부지법은 공수처가 청구한 대통령에 대한 체포영장을 발부했고 이때부터 시민들은 한남동 대통령 관저 앞에 모인다. 민노총 같은 거대 조직이 주도한 것도 아니고 연출한 유모차도 없었다. 모든 세대와 성별의 시민들, 지방에서도 열차를 타고왔다는 시민들이 대통령의 체포를 막겠다며 자발적으로 모인 것이다. 이전의 보수 집회와는 달리 2030 청년들이 많이 모인 이 집회에서 연단에 오른 어느 직장인은 "대한민국에서 태어난 것 자체가 금수저다. 자유민주주의를 꼭 지켜야 한다. 그래서 윤석열 대통령을 지켜야 한다"고 말했다. 그러나 이재명의 민주당이 장악한 국회, 좌익 법률가들이 장악한 공수처와 서부지법,

좌익에 부역하는 검찰과 경찰과 언론은 달랐다. 종합범죄자 이재명이 대한민국의 형사사법 질서를 붕괴시키고 파괴하여 자신의 감옥행을 피하고, 국가 체제를 좌익으로 변경하기 위해 오래 투쟁해온 종북주사파 국회의원들이 이에 연합한 반란에 대응하는 대통령의 비상계엄을 그들은 '내란'이라고 말하고 또 말했다. 특히 탄핵 정국이 되면 습관적으로 좌익의 편에 서는 모든 언론은 박근혜 탄핵 때 그랬던 것처럼 이번에도 더민주당의 거짓 선전을 생으로 국민에게 전했다. 방송 등의 언론이 전하는 것으로 이 사태를 보는 것과 현장에서 직접 보는 것은 이번에도 완전하게 달랐다. 어김이 없었다. 좌익 세력과 언론이 8년 전의 그때처럼 또 다시 벌인 거짓의 축제였다. 한남동과 광화문에는 진실이 있었고 언론에는 거짓이 있었다.

그들이 거짓말을 해야 하는 이유

무가불립無假不立, 거짓 없이는 존재할 수 없다는 말이다. 무신불립無信不立의 거꾸로 버전이다. 거짓과 조작은 좌익이념의 비현실성과 그것을 현실에 적용한 후 나타나는 참혹한 결과를 감추기 위한 핵심 수단이며 거짓말은 공산주의자들이 집 밖을 나갈때면 꼭 휴대해야 하는 필수품이다. 민중에게 유토피아를 약속하며 지지를 받고 권력을 잡았으나 그들이 펼치는 세상은 곧 지옥이 된다. 좌익이념의 허구성 때문이다. 좌익 이론가들이 약속한 '같이 일하고 평등하게 나누자'고 말하는 아름다운 세상은 꾀를 피우며 적게 일하는 8과 제대로 일하는 2, 그리고 곧 2마저 제대로 일하지 않게 되면서 결국 나눌 것이 적거나 없는 상황이 된다. 모든 공산국가의 실패는 그렇게 시작되었다. 공산당은 이 실패를 극복하기 위해 실패가 증명된 이론을 수정하거나 폐기하는 방법을 선택하는 대신 거짓과 조작과 위장 은폐, 음모와 모략, 그리고 선전 선동에 주력하는 방법을 선택한다. 사례를 들기 위해 소련이나 북한을 말할 것도 없다. 문재인 정권 5년의 모든 통치가 그 축소판이다.

더불어민주당은 감옥의 바깥 벽 끝에 매달린 이재명이 당대표가 되어 '윤석열을 탄핵하라'는 북한의 지령을 충실히 받드는 수십 명의 종북 주사파 국회의원을 이끌어가는 정당이다. 그들은 준비가 허술했던 대통령 윤석열의 비상계엄 선포를 '내란'으로 되치기함으로써 곧 감옥 가야할 이재명이 살아나고 김정은이 내린 지령과 함께 오래 전 김일성이 하달한 남조선 혁명과업을 완수하는 기회로 만들기 위해 발빠르게 나선다. 여기에는 온갖 거짓과 조작과 음모와 선전 선동의 기술이 동원된다. 그런 솜씨와 기술을 오래 익혀온 그들에게는 어려운 일도 아니었다. 그들이 유일하게 잘하는 일이기도 했다. 자신의 말을 뒤집는 행동을 가볍게 해내고 행동과 다른 말을 완벽하게 해내는 천재적이거나 혹은 사이코패스적인 이재명의 존재로 인해 그들의 거짓에는 아무런 한계가 없는 듯 보였다. 좌익 혁명가와 범죄자가 연합한 그들의 힘은 무서웠다.

아주 성공한 혁명기술, 프레임
우리법연구회 민변 등의 좌익 법률인 모임 출신을 제외한 대부분의 법조인들은 '현직 대통령의 내란'은 말 자체부터 성립되지 않는다고 입을 모은다. 현존하는 최고 권위의 헌법학자 허영 교수가 현직 대통령의 내란은 전 세계적으로 그런 사례가 없다고 말하는 등 권력이 없는 세력이 하는 내란죄를 권력을 쥐고 있는 대통령에게 적용하는 것은 그것이 바로 내란이고 그것이 쿠데타라는 하는 것이 다수 학자의 견해다. 그럼에도 이재명의 민주당은 비상계엄을 내란이라고 우기고 또 우겼다. 그들은 이 어거지에 국민의 동의를 얻기 위해 많은 거짓말을 해야 했고 앞의 거짓말을 합리화하기 위해 더 많은 뒤의 거짓말이 필요했다. 비상계엄은 헌법이 보장하는 대통령의 권한이고 계엄의 사유와 필요성과 선포 시점에 대한 판단은 대통령 고유 권한의 영역이다. 그럼에도 이재명의 민주당은 대통령의 계엄선포를 위헌이고 위법이며 내란이라고 주장했다. 명백한 거짓이다. 국민에게 이 거짓을 참이라고 속이기 위해 그들은 더 많은 거짓과 조작과 선전 선동을 무차별적으로 동원한다. 박근혜의 그때처럼 거짓의 향연은 또 한번 그렇게 펼쳐진다.

2021년 제주 4.3사건 추념식에 참석한 대통령 문재인은 이 사건을 '통일운동'이라고 말했다. 북한의 지시를 받은 남조선로동당 간부들이 지휘하여 폭동을 일으키는 과정에서 방패막이로 이용된 수만 명의 민간인을 희생시키고, 본인은 다시 월북했다 6.25남침 때 다시 내려온 총책 김달삼이 주도한 이 사건을 문재인은 "분단을 반대한 이유로 무자비한 탄압을 당한"일로 규정했다. 남한을 무력으로 공산화하기 위해 국토 최남단에 진지를 구축하려는 목적으로 일으킨 제주4.3폭동을 문재인은 통일운동이라 불렀다. 거짓을 참으로 바꾸는 전형적인 좌익의 프레임 전술이다. 좌익이념으로의 적화통일은 대한민국이 추구하는 통일이 결코 아니다. 문재인은 '제주 4.3사건은 통일운동'이라는 프레임을 확정적인 것으로 만들기 위해 대통령 재임 중 3번, 퇴임 후 1번을 제주도로 가서 행사에 참석하고 긴 연설을 했다. 그가 적화통일을 획책했다는 증거다.

　좌익이 공산당의 폭동을 통일운동이라고 부르는 이러한 부류의 프레임은 많다. 전문가들은 이를 '용어혼란전술'로 부른다. "대중을 선동하기 위해서는 먼저 용어를 혼란시켜라"고 가르친 스탈린의 교시다. 주사파들의 반국가 행위를 '민주화 운동'이라 부르고 자신들은 '민주화 세력'이라고 스스로 칭하는 것은 대표적인 용어혼란 전술이다. 용어의 의미를 혼란시키는 프레임 전술이다. 그들이 갖가지 보상금에다 각종 연금까지 받는 것은 이 전술이 완벽하게 성공했기 때문이며 국회의장 우원식을 비롯해 국가보안법 위반으로 감옥을 살았던 그들은 '민주유공자'법 통과를 위해 아직도 열심히 국회 본회의장을 두드리고 있다. 자신들을 '진보'라고 부르는 것도 이 프레임 전략이 성공한 대표적인 사례다. 미국 보수정당에서 상대적으로 빠른 변화를 추구하는 세력을 지칭하기 위해 쓰기 시작한 용어인 '진보progressive'를 공산주의 사회주의 북한주의를 쫓는 자신들에게 붙인 이 프레임 역시 완벽하게 성공하여 이제는 좌익이라는 말 대신 진보라는 이름이 통용되고 있다. 국민을 속이는 프레임이다.

　자유민주주의와 자본주의를 국시로 삼는 우익의 나라가 전체주의와 사회주의, 나아가 김일성주의를 쫓는 좌익이 주도권을 쥐고 있는 대한민국의 이러한 어이없는 상황을 바로잡기 위해서는 용어를 원래의 의미 그대로 쓰는 일부터 시작해야 한다. 그들은 민주화 세력이 아니다. 종북좌익 세력이다. 진보세력이 아니다. 반국가 세력이다. 미래에는 관심도 없고 말하지도 않으며 오직 70여년 전 해방정국에서의 일만 들먹이는 그들은 말뜻 그대로라면 결코 진보세력이 될 수 없다. 퇴보 세력이다. 해방정국에서 남한까지 공산국가로 만들려고 했던 김일성의 오래된 목표를 실현하려는 그들은 그냥 종북좌익 세력일 뿐이다. 박근혜 탄핵 정국에서 '국정농단'이라는 프레임 전술, 즉 용어의 의미를 혼란시키는 프레임 전술로 목적을 완벽하게 달성했던 그들은 대통령 윤석열을 탄핵시키기 위해 새로운 프레임을 등장시킨다. 바로 '내란'이다.

내란이라는 새로운 거짓 프레임의 등장

대통령 윤석열은 계엄을 선포하고 6시간 후 해제했다. 부족한 준비와 과도한 의도 정도로 보였던 이 해프닝은 즉시 '내란'으로 둔갑한다. 말 만들기만 연구하는 듯 보이는 더민주당의 잔머리 전술가형 정치인들의 입에서 내란이라는 용어가 나온 것은 계엄 바로 다음날인 12월 4일부터다. 늘 그렇듯 이번에도 언론은 더민주당의 이 용어를 처음에는 쭈뼛쭈뼛 전하는 듯 하더니 갈수록 자연스럽게 그리고 더 빈번하게 쓴다. 그러다 12일 대통령이 비상계엄을 선포한 이유와 목적을 담은 담화를 발표하자 박근혜 수사에 앞장 선 과거 이력에다 이제는 윤석열에 대한 공격에까지 나서며 마치 보수를 궤멸시키기 위해 태어난 사람처럼 보이는 서울법대를 나온 책똑똑이 한동훈이 "내란을 자백했다"며 거든다. 이때부터 이재명의 민주당은 확신에 차서 내란을 말하고 또 말했다.

더민주당의 170여 명의 국회위원 중 선거법 위반 혐의로 뱃지를 곧 떼야 할 신세여서 입을 다문 몇몇을 제외하고는 모두 내란을 말하기 시작했다. 방송에 나온 좌파 패널들이 자신의 생각이 아닌 당 지도부 마이크에서 나온 내용을 전하는 스피커 역할에 충실하자 방송사 앵커들과 신문사의 먹물들도 모두 그렇게 불렀다. 윤석열의 비상계엄은 그렇게 내란이 되었다. 전원책 변호사처럼 "박근혜의 국정농단 허구를 또 만들려고 하는 짓이냐"며 죽비를 내리는 어른도 있었으나 역부족이었다. 테러를 저지른 죄로 감옥을 살았던 일을 자랑스럽게 말하는 법사위원장 정청래가 "윤석열은 사형 선고를 받을 것"이라며 공개적으로 말하고, 턱도 없는 자질과 능력에도 문재인의 수하 역할을 충실히 한 공으로 서울중앙지검장 씩이나 했던 이성윤이 공수처장에게 "총을 맞더라도 체포영장을 집행하라"고 말하는 등 '사형, 총' 같은 언어가 등장하자 내란의 분위기는 더욱 자연스러운 것이 되었다. '내란' 프레임은 그렇게 만들어졌다.

내란 프레임의 효용은 바로 나타난다. 우선 최초의 여론조사에서 응답자의 73.6%가 탄핵에 찬성(리얼미터, 2024.12.5) 하는 것으로 나타나고 여의도 국회의사당 앞에 많은 시위자가 몰리는 등 국민 여론이 일방적으로 흐른다. 이런 분위기는 대통령 자신과 측근은 물론 각 행정 기관장과 여당 의원들을 위축되게 만들었고 그래서 초기의 적절한 대응이 거의 불가능했다. 무엇보다 새로운 권력에 붙어 높은 자리를 노리는 기회주의적 공직자들이 대거 등장하여 박범계 박선원 김병주가 꾸미는 음모에 가담하고 처벌을 두려워 하는 군인이 카메라 앞에서 질질짜는 모습까지 연출한다. 거대한 거짓의 향연은 그렇게 시작되었다.

2. 탄핵에 나선 사람들의 솜씨, 거짓말과 모략

대한민국은 어쩌다 좌익의 나라가 되었을까. 내 나라가 어쩌다 공산주의자 사회주의자 김일성주의자 그리고 이들에 부역하는 기회주의자들과 특정 지역인으로 구성된 좌익이 주류인 나라가 되었을까. 보통의 국민인 우리가 그들의 빈번한 거짓말을 '좌파형 인간들의 상습적 행위' 정도로 넘기며 속고 또 속는 결과다. 윤석열을 탄핵시키기 위해 갖가지 거짓말과 조작과 음모가 어김없이 횡행한 것은 거짓말을 그들의 습성 정도로 생각하고 넘기는 일반 국민인 우리의 나쁜 습관에도 원인이 있다. 좌익은 박근혜에게 했던 8년 전 그때처럼 이번에도 그들이 제조하고 조작해낸 많은 거짓을 배설했다. 박근혜 때는 안민석 박범계 손석희 고영태 등이 그러더니 이번엔 박선원 박범계 김병주 이성윤 등의 더민주당 의원들과 홍장원 곽종근이라는 기회주의적인 공직자가 역사에 남을 걸출한 거짓의 업적을 남긴다.

저절로 밝혀진 내란의 거짓

'내란'이 더민주당이 만들어낸 거짓 프레임이라는 사실은 곧 그들 스스로에 의해 밝혀졌다. 24년 12월 14일 대통령에 대한 탄핵소추안의 핵심 내용으로 들어있던 '내란죄'를 25년 1월 3일에 열린 헌재의 2차 변론에서 제외하기로 한 것이다. 30일 동안 온 국민의 눈과 귀를 점령했던 '내란, 내란죄, 내란 수괴, 내란 우두머리'를 이제와서 삭제하는 것은 헌재의 탄핵 결정을 빨리 이끌어 내려는 의도로 해석되었다. 그러나 근본적인 이유는 대통령의 비상계엄을 내란으로 몰아간 일 자체가 온통 거 짓이었고 그래서 진실이 곧 밝혀질 일이었기 때문이다. 박선원 김병주 홍 장원 곽종근의 말에 의지한 내란 주장이 모두 거짓으로 밝혀지는데 많 은 시간이 필요하지 않았다. 거짓을 참으로 바꾸기 위한 그들의 거짓말 은 앞의 거짓말은 뒤의 거짓말에 의해, 뒤의 거짓말은 앞의 거짓말에 의 해 모두 거짓임이 저절로 밝혀졌다. 어이없는 일이다.

"HID(육상특수)요원들에게 이재명 한동훈 선관위 직원들을 납치해 벙 커에 구금하라는 임무가 내려졌다(김병주), 국회의원을 끌어내라는 지시 를 받았다(곽종근), 윤 대통령이 국회의원 14명 체포를 지시했다(홍장원)" '똥별 4개'로 불린 4성장군 출신의 김병주 의원은 동료 의원 박선원과 계 엄 3일 후인 12월 6일 과거 자신의 부하였던 특수전사령관 곽종근을 찾 아가 "요원 끌어내라"는 그의 말을 "의원 끌어내라"로 비틀었고 이를 대 대적으로 선전했다. 김병주는 후에 이재명 한동훈 등의 정치인 구금 내 용은 사실이 아니라고 인정했지만 이를 귀담아 듣는 국민은 적었다. 이 어 국정원 1차장 선후배 사이인 박선원은 후배 홍장원을 찾아 대통령의 국회의원 14명 체포 지시 언급을 받아낸다. 국정원 예산의 횡령을 비롯 한 수많은 개인적 비리혐의가 국정원 내부 직원의 입에서 나왔다며 널리 알려지고 있던 홍장원의 말은 문재인 정권에서 국정원 서열 1, 2위인 박 지원과 박선원 등이 꾸며낸 일이라는 사실은 약 2개월 후에야 밝혀졌다. 그러나 60일 동안 진실로 행세한 이 거짓 주장에 의지하여 '윤석열의 내 란'은 국민에게 사실로 받아들여졌고 이는 대통령을 체포 구속하는 죄목 으로 엄청난 힘을 발휘한다. '최순실의 태블릿PC에 의한 박근혜의 국정농단' 공세와 판박이였다. 거짓은 진실인 양 온 나라를 휘감고 있었고 이 와중에 잘난 그러나 비겁한 우익의 정치인들은 모두 입을 다물고 눈치만 보고 있는 모습 역시 8년 전과 판박이였다.

현직 대통령을 탄핵시키기 위해 꾸며진 모략을 실현해 내려는 창작 수준의 많은 거짓말이 더민주당 사람들의 입과 입에서 난사되는 분위에서 한 좌익 유튜브는 1월 3일 대통령 관저에서 차량 한 대가 관저 밖으로 나가는 영상을 공개하며 대통령의 도주 가능성을 제기한다. 거짓 선동에 환장을 하는 민주당이 이를 그냥 넘길 리가 없다. 1월 7일 국회 법사위에 나온 공수처장을 향해 김용민에 이어 박범계 의원이 "(대통령이) 숨거나 도주했을 가능성도 있다고 보는 것이냐"고 재차 묻자 우리법연구회 출신의 오동운은 "네, 맞다"라고 대답한다. 이어 다음날 경찰은 위치를 파악하는 중이라고 했고 안규백 의원은 "이미 용산을 빠져나와 제3의 장소에 도피해 있다고 들었다"고 말했다. 대통령은 줄곧 용산에 머무른 것이 곧 밝혀졌지만 입만 열면 국민과 진실과 정의를 말하는 김용민 박범계 안규백 누구도 사과하지 않았다. 거짓말의 잔치판에 김어준이 빠질 리가 없다. 무성한 안면 털을 휘날리며 그가 국회에 등장한다.

거짓말 대통령 보유국

'문재인 보유국'은 2021년 서울시장 후보로 출마한 더민주당 박영선이 문재인 추종자인 문빠들의 지지를 얻기 위해 내놓은 아첨의 말이다. 정확히 말하자면 '간첩 대통령 보유국'이다. 간첩 대통령을 보유한 나라에는 거짓말 대통령도 있다. 앞은 문재인이고 뒤는 김어준이다. 12월 13

일 국회 과방위에 참고인으로 나온 김어준은 '낄낄 웃는 위원장' 최민희가 깔아준 판 위에서 그의 거짓말 솜씨를 마음껏 펼친다. 이 거짓의 페스티벌에서 김병주와 함께 가장 치명적인 거짓말을 가장 많이 내놓은 주사파 출신의 박선원으로부터 제보를 받았다는 내용은 앞에서 언급했다. 김어준이 국회에서 공개적으로 내놓은 거짓말을 음모라고 해야할지 또는 모략이라고 해야 하는지 적당한 단어를 찾을 수가 없다. 내용 모두가 김어준의 망상인 것은 분명하다. 6일 후인 12월 19일 박선원 의원은 거짓말에서는 대한민국 대통령인 김어준을 찾아가 사과한다며 쇼를 한다. 잘못된 보고서를 줘서 김어준이 거짓말을 한 것처럼 되어서 미안하다고 했다. 이 거짓말쟁이와 모략꾼은 국민인 우리를 농락하고 있다.

김어준의 말은 며칠 후 거짓임이 밝혀졌다. 그러나 그가 국회에서 풀어놓은 거짓말은 바로 다음날인 14일 국회에서 진행된 대통령 윤석열에 대한 탄핵소추안이 가결되는 데는 훌륭한 분위기 메이커로 작용한다. 탄핵소추안이 가결되는 것을 보며 충격을 받거나 이재명과 우원식과 더민주당에 분노하는 국민이 적게 나오도록 미리 분위기를 잡아놓은 것이다. 적어도 결과는 그렇게 되었다. 좌익이 거짓말과 조작과 모략을 그들의 제1의 혁명 기술로 써먹는 방법이다. 하루 전의 그들의 거짓말 예방주사 덕에 다음날 탄핵소추가 가결되는 것을 보며 충격을 덜 받은 일에 박선원과 김어준에게 고마워해야 할까. 대한민국은 이렇게 무너지는가.

대통령을 기소하는 검찰의 공소장에는 대통령이 곽종근 사령관에게 "도끼로 문을 부수고라도 들어가서 의원을 빼내라"는 지시를 받았다고 되어 있었다. 그러나 곽종근은 "도끼라는 말은 들은 적도 없다"고 말했다. 헌재와 국회에서 진실 공방이 벌어지며 그들이 입을 맞춘 거짓말이 속속 드러나고 위증의 처벌이 두려웠기 때문일 것이다. 공소장에는 또 대통령이 이진우 수방사령관에게 네 번 전화하여 "본회의장에 들어가서 계엄군 4명이 군인 1명을 들고 나오라, 계엄은 두 번, 세 번 발동해도 되니 안심하고 하라"고 말했다는 내용도 있었다. 그러나 이 사령관은 후에 이 사실을 알고 "공소장 내용 대부분은 내가 한 말이 아니다"라고 부인했다. 이에 더민주당 측은 "곽종근 이진우 사령관 수행장교가 듣고 검찰에 말했다"고 해명한다. 더민주당과 군 내부와 검찰까지 합작한 거짓말이라는 뜻이다. 헌재의 5, 6차 변론기일에서 이 사실이 밝혀졌다. 그렇다면 헌재는 이들을 직접 증인으로 불러 반대신문을 해야 마땅하다. 그러나 헌재는 단 1명의 증인만 허용했다. 형사소송법이 보장하는 권리로서 일반 국민에게도 보장되는 피고인의 직접 신문권을 대통령에게는 불허하는 등 재판을 일방적으로 진행하고 있던 헌재는 좌익세력이 만들어 낸 거짓을 바로 잡으려 하기는 커녕 이렇게 동조하고 방조했다. 이 거대한 거짓의 축제에 헌재가 주연으로 가담했다는 뜻이다.

이런 혁명 기술도

25년 2월 5일 국내의 많은 언론사는 "트럼프는 윤석열의 구명에 관심이 없다. 트럼프에게 더 나은 외교동맹은 윤석열이 아니라 이재명일 수 있다"는 내용의 외국 언론 기사를 싣는다. 미국의 영향력 있는 대외정책 간행물FP FOREIGN POLICY에 올라온 이 글을 두고 더민주당은 바로 홍보전을 펼친다. 채현일 의원은 "내란 세력이 성조기를 흔들며 트럼프의 도움을 기대하며 몸부림치고 있지만 정작 트럼프는 관심이 전혀 없다는 것이 외신의 분석"이라 말했고 '호남민의 기생충' 혹은 '호남인 납치범'이라 불리는 박지원 의원은 친절하게 "트럼프 대통령이 JM이재명을 인정하고 있다"는 설명을 붙였으며 조선중앙방송 서울지국처럼 보이는 MBC는 〈트럼프가 尹 구원? 꿈 깨라, 美 외교지 "그는 관심 없어"〉라는 제목의 2분짜리 리포트를 제작해 보도했다. 그러나 이 글은 FP 편집진이 아닌 '서울에 있는 미국 변호사'라고 자신을 소개한 '미셸 김'이라는 사람의 기고문이었다. 탄핵정국 두 달 동안 세 차례나 이 매체에 기고문을 올린 이재명 지지자인 그의 글을 마치 FP의 자체적 의견이나 평가인 것처럼 왜곡하여 선전한 것이다. 이재명이 대통령이 된다면 이 사람은 한자리 꿰어찰 것이다. 그들이 대한민국을 말아먹는 방법이다. 그들의 이런 짓은 처음이 아니다.

"미국 대사가 '최태민이 박근혜의 심신을 지배했다'고 말했다." 박근혜를 탄핵시키기 위해 광란의 장을 열었던 2016년 당시 촛불시위 주도세력 측에서 퍼드린 내용이다. 미국 신문기사가 근거라고 했다. 16년 10월 29일자 워싱턴포스트지가 촛불 시위대에서 난무하던 소문과 괴담을 경계와 비판의 논조로 보도한 기사를 그들은 거꾸로 그것을 사실로 확정하는 근거로 악용했다. 최서원의 부친 최태민을 러시아 황제를 조종한 요승 라스푸틴에 비유하며 라스푸틴의 이야기를 최서원과 박근혜에게까지 연결시키려는 조작질로서 '한국의 라스푸틴에 의한 국정농단'으로 만들어가는 악의적인 이미지 전술이다. 문빠나 대깨문을 거느렸던 문재인이나 개국본을 거느린 조국, 추종자 개딸을 거느린 이재명 정도는 되어야 '한국의 라스푸틴'이라는 이름을 붙일 수 있을 것이다. (문재인에게 속았습니다, 북저암, 2024, 276쪽) 그러나 그때는 이런 거짓이 먹혀들어 결국 박근혜의 탄핵 인용에 일정한 영향을 미치는데 성공한다. 또 거짓이 이긴 것이다. 이런 치졸한 기술은 윤석열에게도 구사된다.

좌익의 이런 수법은 자주 쓰였다. 대선 직전이던 22년 2월 이재명은 운석열 후보의 대북 선제타격 발언을 비판하며 미국의 의회 전문 매체인 더힐The Hill을 들먹였다. 그는 "제2 총풍을 시도하는 윤 후보가 한반도 전쟁 발발 가능성을 키우는 4대 요인의 하나라는 게 해외 군사전문가의 분석"이라고 했다. 이 기사는 이미 윤석열 후보를 반대하고 이재명 후보를 지지하는 입장을 낸 적이 있었던 한국계 미국인 교수의 기고문이었다. 더힐이 "기고자 개인의 의견이지 더힐의 시각은 아니다"라는 문구를 붙였음에도 이재명은 이 기고문의 내용을 "해외 군사전문가의 분석"이라고 했다. (조선일보, 2025.2.6) 자신의 지지자가 쓴 글을 '해외 군사전문가의 분석'이라고 한 이재명의 말이 거짓이라는 뜻이다. 이런 사례를 다 나열하자면 끝이 없다. 좌익 자신들의 주장을 전해주는 외신의 기사를 외국 언론의 견해로 둔갑시키고 좌익 지지자의 기고문을 외신의 입장이라고 거짓말하는 그들의 습관적 행위는 박근혜 탄핵을 위해, 이재명의 대통령 당선을 위해, 그리고 이번에는 윤석열 당선을 위해 또 써먹은 것이다. 이 수법은 향후에도 계속 등장할 것이다. 윤석열 이후에 또 나올지도 모르는 우익 정부를 무너뜨리기 위해, 대한민국을 기어이 좌익의 나라로 만들기 위해 포기하지 않는 좌익의 혁명 기술 가운데 하나다.

그들 거짓말의 무궁무진함

대한민국의 좌익 국가화와 북한화를 널리 알리기 위해 글을 쓰는 저자는 하루 평균 30여건의 뉴스를 스크린샷으로 모은다. 6년째가 되니 7만 건 이상의 기사가 모였다. 특정 주제의 인용에 적합한 이 기사를 찾기 위해 기사를 빠르게 훑어볼 때마다 놀라운 사실을 알게 된다. 좌익세력과 관련된 기사는 어림잡아 80% 이상이 거짓말, 말바꿈, 새빨간 거짓말, 사기, 조작, 위장, 은폐, 왜곡, 모략, 선전, 선동 등 '거짓의 범주'에 들어가는 내용이라는 점이다. 놀라운 일이다. 그래서 거짓은 좌익세력이 대한민국을 접수하기 위해 상용하는 제1의 전술이라는 사실을 알게 되었다. 그들은 '거짓' 위에서만 설 수 있고 '참' 위에서는 결코 설 수 없다. 무가불립無假不立이다. 그들의 말이 많고 변명이 긴 이유다. 이 원고를 쓰고 있는 지금 신문에 이런 기사가 떠 있다. "민주당, 주 52시간 예외를 퇴짜 놓으며 삼성전자 6개 키우겠다고 해"

지금의 40~70대가 박정희 전두환 노태우 김영삼, 김대중 노무현의 시대까지 밤잠 줄이며 일하고 연구하여 키운 회사가 지금의 삼성전자다. 미국의 테슬라와 실리콘밸리의 스타트업 회사들은 물론 대만의 TSMC와 중국의 화웨이까지 필요하면 밤을 새워 일하고 몇날 밤을 잠자지 않고 연구를 한다. 그런데 우리는 주52시간제에 묶여 어림도 없다. 기업계가 이것을 부분적인 예외라도 허용해 달라고 간청을 하고 또 해도 요지부동이다. 남북간의 경제적 격차를 줄여 통일을 용이하게 만들겠다는 통일지상주의자 문재인과 그의 주사파 수하들이 대한민국 경제의 후퇴를 목적으로 만든 법 중의 하나가 바로 주52시간제다. 급여가 줄어든 근로자가 퇴근 후 투잡 쓰리잡을 뛰어 부족한 생활비를 메우는 현실에서 근로자 스스로도 연장근무를 반대하지 않는다. 오히려 희망하는 근로자도 많다. 그래서 더민주당이 내세우는 명분인 노동자 보호는 허울 좋은 핑계다. 이 법의 시행에 더해 삼성의 총수를 감옥에 가두고 해외 출장에 지장이 있을 정도로 검찰과 법정에 수시로 불려다니게 만든 결과 박근혜 시절까지는 반도체 생산 분야에서 세계 1,2위를 두고 근소한 차로 각축을 다투며 급속히 성장했던 라이벌 TSMC에 이제는 크게 밀리고 있다. 이런 현실에서도 국회를 장악한 이재명의 민주당은 주52시간제의 완화를 외면한다. 제한된 특정 시간 내에 특정 프로젝트나 연구를 집중해야 하는 반도체 분야의 특성을 외면하는 것이다. 그렇다면 말이나 말지, 이재명은 "삼성전자 6개를 키우겠다"고 뻔뻔하게 말한다. 좌익 그들의 거짓말은 공부하지 않고 생각하지 않으면 속는다. 주 52시간제를 퇴짜 놓으며 삼성전자 6개를 키우겠다고 약속하는 것은 거짓말이다. 그들이 정권을 잡기 위한 국민 기만이며 당대표 이재명의 감옥살이를 면하기 위해 국민을 속이는 새빨간 거짓말이다. 명백한 사기다. 거짓말은 이재명의 생존기술이고 좌익의 혁명기술이다.

3. 이런 혁명기술, 이미지에 먹칠하기

서부지법의 좌익 판사가 발부한 체포영장을 받아든 공수처장 오동운은 1차 체포 시도에서 공수처 인원 50여 명의 대부분을 동원한다. 이어 2차 체포시도에서는 불법성을 감수하고 경찰 수천 명의 지원을 받으며 대통령 체포 저지를 위해 한남동에 모인 많은 국민의 저항을 무시한 채 국내 언론은 물론 세계 언론의 주목 속에서 대통령의 체포에 집착했다. 일부 언론에서는 이러한 상황을 '이재명에게는 윤석열이 체포되어 강제로 끌려나오는 사진 한 장이 필요하기 때문'으로 해석했다. 이미 더민주당과 공수처장 오동운의 밀월관계가 드러났기 때문에 국민은 이런 해석을 의심하지 않았다. 대통령이 체포되는 사진 한 장을 갈망한 것은 더민주당의 최대 파벌인 주사파 혁명가들의 주요 혁명기술인 '이미지 똥칠' 전술이다. 과거 운동권 전술가들이 이름 붙인 '이미지 먹칠' 전술이 지금은 '똥칠'로 진화한 것은 이 전술로 그들이 큰 재미를 보았다는 뜻이며 그들의 혁명에 결코 빠질 수 없는 매우 중요한 전술이라는 뜻이다.

고주망태와 요괴

대통령 윤석열은 애주가다. 술을 먹고 실수를 하면 주변인의 도덕적 비판을 받고 운전을 하면 음주운전으로 처벌을 받는다. 그러나 술을 좋아한다는 그 자체는 개인적 기호의 영역이다. 대통령 윤석열이 술 때문에 국정 수행에 문제가 생긴 일은 없다. 그러나 더민주당 의원들은 사석도 공석도 아닌 애매한 기회에 윤석열이 매일 술을 마시고, 말술을 마시고, 밤늦게 혼술을 하는 사람으로 말하여 그것이 언론에 나오도록 한다. 윤석열이 대통령 후보이던 시절부터 시작된 이런 이미지 먹칠 전술은 비상계엄 선포를 두고서도 어김없이 등장한다. 유시민은 계엄 선포 다음날 바로 "술 먹고 한 건가"라는 말로 재잘거렸다. 이때부터 좌익 진영에서는 "술 먹고 질렀냐"라는 말이 널리 퍼졌다. 인간 윤석열의 고주망태 이미지는 그렇게 만들어졌다. 그러나 이것은 그의 부인에 대한 이미지 똥칠 전술에 비교하면 아무것도 아니다. 이재명의 민주당은 50이 넘어 늦장가를 간 윤석열의 약한 고리인 부인을 집중적으로 공격했다.

'도이치모터스 주가조작 사건'은 윤석열과 결혼도 하기 전에 있었던 일을 문재인 정권에서 윤석열을 주저앉히기 위해 만든 문재인 정권의 조작사건이다. 2년 동안 파고 또 파도 아무것도 없었던 일이니 조작사건이 맞다. 그러나 이재명과 그의 추종자들이 장악한 민주당은 이를 다시 수사하겠다며 특검법안만 무려 3번이나 국회본회의를 통과시킨다. 3차 특검법은 윤석열 탄핵소추안 1차표결 당일인 12월 7일에 같이 표결에 붙여 윤석열 탄핵의 분위기를 배가시켰다. 이어 이 사건을 무혐의로 마무리 한 중앙지검장 이창수 등 검사 3명을 탄핵하고 직무를 정지시킨 것은 '도둑 김건희' 이미지 만들기의 완성이다. 이것이 죄가 되지 않는다는 사실은 그들도 알고 있다. 그러나 김 여사와 같은 형태의 투자자 모두가 무혐의 처리된 이 사건에 '주가조작'이라는 명찰을 붙여 3번이나 특검 추진에 나서고, 이를 수사하고 마무리 지은 검사를 탄핵한 것은 국민에게 '대통령 부인 김건희는 도둑이다'라는 이미지를 고정시키고 '그런 도둑 아내와 사는 남편도 도둑'이라는 이미지로 확대하기 위해서다. 경제공동체라는 기발한 용어를 만들어 박근혜와 최서원을 경제적 공범으로 몰아갔던 8년 전 일의 데칼코마니다. 결국 "김건희에게 무언가 죄가 있으니 저렇게 하겠지"라고 말하는 국민이 이미 적지 않게 되었으니 그들의 이 전술은 성공한 것이 분명하다. 늦장가를 든 대통령 윤석열의 부인에 대한 이미지 똥칠 전술은 이게 다가 아니다.

'술집여자 줄리'는 대권 주자 윤석열과 함께 등장한 미모의 젊은 영부인의 이미지에 똥칠을 하기 위해 일찍부터 만들어낸 거짓이다. 저자의 아내를 앞세워 주변의 동네 부인 여러명을 모니터링 한 결과 3명 중 2명은 아직도 영부인을 술집여자 출신으로 인식하고 있다. 비열한 이 수법이 대성공을 거두었다는 뜻이다. 독신의 여성 대통령 박근혜에게 이미 써먹었던 인간의 관음증을 자극하는 비열한 수법에 재미를 본 그들이 또 꺼낸 이미지 똥칠 기술이다. 이런 거짓은 그 시작이 창대하다. 인간의 성적 호기심을 건드리기 때문이다. 그러나 그것이 거짓이라는 사실이 밝혀져도 거짓이 만든 원래 이미지의 8할은 그대로 남는다. 우리 인간의 비이성적인 이런 속성을 십분 악용하는 것이 좌익이다. "이 술집여자 줄리가 사실상의 대한민국 대통령이다" "통일 대통령이 되기 위해 남편을 부추겨 계엄을 선포했다" 좌익의 온라인 세상에 들어가 보시라. 대통령이 된 이 술집여자는 이제 대통령을 조종하는 '요괴'가 되어 있다. 최순실에게 씌워졌던 '마녀' 이미지의 뉴 버전이다.

대한민국 5선 국회의원이 하는 일
더민주당의 5선의원 정동영은 계엄 직후 "윤석열은 내란 그림을 그릴

머리가 못된다. V0 김건희, V1 윤석열이다"라며 '계엄 김건희 작품설'을 퍼뜨린다. 이어 '죽을 때까지 국회의원 해먹을 사람' 박지원은 대통령이 구속된 후 "영부인 걱정일랑 하지 말라. 머잖아 그곳으로 금세 갈 것"이라고 말했다. 박지원은 이전에 "국민은 김건희 대통령, 윤석열 영부남이라고 한다"(2024년 9월)는 말을 퍼뜨린 적도 있다. 평소에는 대한민국을 위해 아무일도 하지 않는 듯 보이는 그들은 윤석열과 그의 부인을 함께 무너뜨리기 위해 이런 비열한 이미지 전술을 구사하고 있다. 공천만 받으면 90% 이상의 득표률로 국회의원이 되는 호남 지역구의 5선의원 정동영 박지원 두 사람이 대한민국 정치판에서의 맡고 있는 어이없는 역할이다.

국회의원 1명에 드는 돈은 1년에 약 10억이니 20년 동안 국회의원을 하고 있는 박지원과 정동영은 각자 200억, 둘이 합해 400억을 썼다. 수천억 원씩을 들이고도 별 쓸모가 없는 김대중컨벤션센터와 광주아시아문화전당, 전북 부안 세계잼버리대회와 새만금공항, 흑산도공항, 5.18유공자 대거 증원 등에 그들이 영향력을 행사하고 낭비한 예산까지 더한다면 금액은 천문학이 된다. 이런 돈을 쓰는 호남 5선 의원 2명이 대한민국 정치판에서 맡은 역할이 한심하다. 그들이 국회에 있는 한 대한민국의 정치발전은 불가능할 것이다. 노쇠하여 하는 일은 아무것도 없지만 8년 전에 써먹은 모략의 기술을 생생하게 기억하고 있는 그들은 박근혜 탄핵에서 사용했던 "최순실은 박근혜의 오장육부" "박근혜는 최순실의 아바타" 프레임 전술을 다시 꺼내들었다. 윤석열 박근혜 두 자유민주주의자 대통령의 얼굴에 똥칠을 하기 위해 만들어낸 프레임이다. 지금으로서는 불가능해 보이는 일이지만 다음에 다시 우익 대통령이 나온다면 일

찌감치 각오하고 대비하고 나와야 할 일이다. 박지원과 정동영이 사라진 후에는 괜찮을 거라고 하시는가. 지면의 제약으로 둘만 거명했을 뿐이다. 이런 기술자는 더민주당에 수두룩하다. 이제 막 40세가 넘은 장경태만 해도 이미 박지원을 능가하는 실력이다. 박범계와 박선원도 있다.

수령주의와 먹칠 전술

좌익은 그들이 정권을 잡으면 우상화에 가까운 대통령 이미지 강화부터 시작한다. 김일성을 우상으로 받드는 그들은 서열 1위의 지도자를 숭배하는 일이 자연스럽다. 소위 수령주의다. 김대중 노무현 문재인도 그랬다. 소탈한 성격의 노무현은 스스로 자신의 이미지를 실추시키는 일도 많았다. 그러나 좌익진영은 그가 죽고난 후 신격화에 가까운 이미지를 만들어 주었다. 노무현을 위해서가 아니라 진영 전체를 위해서였다. 오랫동안 호남의 태양이었던 김대중은 그를 비판하는 일 자체가 불경으로 여겨졌고 그래서 그의 우상에 가까운 이미지는 쉽게 지켜졌다. 지금도 호남 지역을 가면 김대중은 신에 가장 가까운 사람이다. 문재인의 경우는 부족한 자질과 본인부터 온 가족이 잔돈을 탐하는 구차한 행위가 많았음에도 그가 청와대에 긁어 모아놓은 주사파들이 결사옹위의 자세로 그를 지켜주었기 때문에 그는 독재적 권력을 행사하고 많은 위법과 불법과 국고횡령 혐의가 있음에도 퇴임 3년이 지난 지금까지 검찰의 조사 한 번 받지 않고 무사하다. 그들은 자신들의 대통령은 견고히 지키는 한편 자유민주 진영의 대통령에 대해서는 추악하고 잔인한 이미지 파괴 전략을 끊임없이 전개한다. 운동권 내부에서 처음에는 '이미지 흙칠' 혹은 '이미지 먹칠'로 부르다 이제는 '이미지 똥칠'로 부르는 것은 이 전술이 매우 성공적이었다는 뜻이다. 그들의 령도에 대한 수령주의와 경쟁세력의 지도자 얼굴에 똥칠하기, 이 쌍둥이 전술은 좌익에게 매우 중요한 혁명전술이다. 대통령 윤석열과 그의 부인에게 씌워지고 굳어진 억울한 이미지를 깨기 위해서는 우익 진영의 정치인과 국민이 좀 더 부지런하고 사나워져야 한다.

대한민국 대통령은 국가원수, 행정수반, 국군통수권자의 자격을 함께 부여받는다. 이것은 직위다. 자연인 윤석열과는 별개다. 자연인 누구든 대통령이 되면 그런 직위를 부여받는다. 자연인 윤석열이 그러한 직위를 수행할 경우에만 대통령, 국가원수, 행정수반, 국군통수권자다. 직무수행과 무관한 시간에 그가 하는 일은 일개 자연인의 행위일 뿐이다. 그가 퇴근후 친구와 술을 마시는 일은 자연인 운석열이 술을 마시는 것일 뿐 대통령이 술을 마시는 것은 아니다. 그의 부인 역시 윤석열의 직위와는 무관한 자연인이다. 대통령 부인으로 공식적으로 움직일 때만 영부인이다. 우익 대통령 윤석열의 이미지를 무너뜨리기 위해 좌익이 구사하는 기본 전술은 자연인 윤석열과 그가 국민의 투표에 의해 부여받은 대통령 직위를 완벽하게 일치시키는 일에서 출발한다.

좌익은 자연인 윤석열이 퇴근 후 술을 마시는 것을 대통령이 술을 마시는 것으로 반복해서 말했고 이로써 결국 고주망태 윤석열의 이미지를 만들어낸다. 술집여자 줄리와 수천만 원짜리 목걸이를 건 여자에서 출발한 영부인의 이미지는 결국 영부인이 아니라 '대통령을 움직이는 사실상의 대통령'이 되고 남편의 판단을 흐리게 하는 '요괴'가 된다. 윤석열의 부인 김건희의 주식 투자와 관련된 일은 대통령과 결혼도 하기 전의 일로서 영부인이라는 자리와는 어떤 관계도 없다. 문재인의 김정숙처럼 국고로 옷과 장신구를 구입한 혐의를 받은 적도 없고 나랏돈으로 개인적 해외여행을 즐긴 적도 없으며 혼자 대통령 전용기를 타고 해외여행을 나간 적은 더욱 없다. 국고를 횡령하고 대통령을 사칭한 그런 중대한 범죄 혐의가 있는 김정숙은 무탈한 반면 온갖 거짓으로 요괴의 이미지를 뒤집어 쓴 김건희는 남편의 체포를 보며 몸을 가누지 못하는 신세가 되었다.

"세상에서 가장 극한 직업은 대한민국 대통령"이라는 해외의 시선은 우익 대통령에게만 해당하는 것이다. 이미지 파괴 전술과 뒤이은 탄핵과 감옥살이 때문이다. 범죄자와 나쁜놈을 잡아내고 처벌하여 국가와 사회의 질서를 지켜내는 일을 오랫동안 해온 검사 출신의 윤석열은 자신을 향한 온갖 추잡한 공세를 견디기 어려웠을 것이다. 50까지 홀아비로 있던 자신의 신세를 면하게 해준 부인에 대한 온갖 공세를 지켜보며 이성을 유지하기는 더욱 어려웠을 것이다. 그가 준비도 부족한 상황에서 다소 성급하게 비상계엄을 선포한 데는 자연인 윤석열의 이런 고충과 분노가 있었을 것이다. 그러나 분명한 것은 좌익의 이러한 이미지 뭉칠 전술이 성공했다는 점이며 이러한 대한민국 정치판이 한심하다. 우리의 자식 세대가 이런 나라에서 살아야 하는 일이 걱정이다.

2절

●

좌익의 스피커
대한민국 언론

기존의 질서를 바꾸겠다는 사람들은 소수에서 시작한다. 그들이 다수가 되기 위해서는 주위 사람을 설득시켜야 한다. 공산주의는 자본주의에 대항하기 위해 고안된 소수의 이론에서 시작했다. 그들은 다수의 민중을 향한 선전과 선동에 전력을 다해 결국 20세기 한 때 세계 인구의 3분의 2가 공산체제에서 살게 되었을 정도로 대성공을 거둔다. 그들이 선전원과 선동원을 두고 문화예술인을 앞세워 열심히 민중을 끌어모으고 설득한 성취다. 좌익이 선전 선동에 많은 힘을 쏟는 이유는 또 있다. 이론의 허구성과 결과의 실패 때문이다. 마르크스와 엥겔스가 쓴 책의 내용과 레닌이 웅변으로 역설한 내용을 현실에 적용한 결과 그 이론들이 모두 허구적인 것이며 그래서 아무런 쓸모가 없다는 사실을 깨닫게 된다. 더구나 평등한 부의 분배가 아닌 평등한 빈곤이라는 예외없는 결과가 나오게 되자 공산주의자들은 인민에게 더 많은 거짓말을 해야 했다.

거짓말로는 부족했다. 결과가 갈수록 더 나빠졌기 때문이다. '평등하게 일하고 평등하게 나눈다'는 이 아름다운 구호는 '이기심'이라는 가장 강력한 인간의 본성을 완벽하게 거스르는 것이었고 공산주의 이론은 이에 대한 고려가 전혀 없었기 때문이다. 선전도 선동도 비참한 결과를 다 변명할 수 없게 되자 마침내 표현의 자유를 박탈하여 민중의 입을 틀어막고 사상교육을 통한 인민의 세뇌에 나선다.

윤석열 대통령 탄핵 추진의 폭풍 속에서 더민주당의 젊은 정치인 전용기 의원이 카톡을 검열하겠다고 나서고, 선관위가 나서서 부정선거 의혹을 제기하면 처벌하겠다는 내용의 입법을 추진하고, 정치판의 가짜뉴스 80% 이상의 압도적인 비율을 유포하는 더민주당이 그들의 주장에 동의하지 않는 반대의견을 가짜뉴스로 규정하고 처벌하겠다는 법안을 준비하고, 일반 국민에게까지 내란선동죄로 엮어 고발하겠다고 어름장을 놓고, 좌익의 거짓 프레임을 반박하는 우익 유튜버나 논객을 고발하는 것은 모두 전통적인 공산당의 혁명기술이다. 좌익 언론인 모임인 민언련 출신의 더민주당 최민희가 여당 국회의원의 입을 막기 위해 "마이크 꺼세요"를 남발하고 그의 트레이드 마크가 된 낄낄웃음으로 언쟁의 상대를 조롱하고, 반대의견을 가진 당원을 향해 "내가 죽일 겁니다"라고 말하는 장면은 공산당 선전 선동원의 전형이며 인민재판장 재판관의 모습이다. 대통령 윤석열을 탄핵시키기 위해 많은 선전과 선동의 기술이 등장했다는 사실을 말하려 한다. 정확히 말하자면 거짓 선전과 선동이다.

1. 영원한 붉은 깃발 선전과 선동

'개인 또는 집단을 부추겨 특정 단체가 원하는 어떤 일이나 행동에 나서도록 함' 선동의 사전적 의미다. 왕정, 자유민주주의, 자본주의 등 19세기 당시 현존하던 질서를 뒤엎고 새로운 질서를 만들기 위해 고안된 사회주의와 공산주의는 민중의 지지를 얻어내기 위해 유토피아적 신세계의 비전을 제시한다. 그리고 그들의 혁명에 민중의 힘을 동원하기 위해 선전과 선동에 주력한다. 선전 선동은 좌익 혁명의 핵심 전술이다. 선전 활동으로 거짓을 진실로 만들 수 있다는 사실을 그들은 알고 있다. 선동으로 부추겨진 민중의 머릿수의 힘도 그들은 잘 알고 있다. 철벽 같은 왕조적 공산주의 체제를 이룩한 북한에 아직도 선전원과 선동원이 존재하고 대통령 탄핵과 구속의 와중에 민노총이 실력있는 선동가를 양성하기 위해 선동 방법을 가르치는 선동학교를 개설하고 학생을 모집한다는 공고를 낸 것도 그들이 선동의 힘을 알고 있기 때문이다.

진실과 사실과 지혜를 알리고 가르치는 것을 교육이라고 한다. 선동은 그 반대다. 특정 생각을 유도하고 특정 목적을 달성하기 위해 거짓을 주입하는 것이 선동이다. 그래서 선전과 선동은 좌익혁명의 부러지지 않는 깃발이고 꺼지지 않는 횃불이다. 윤석열을 무너뜨리는 탄핵 정국에서 선전과 선동의 전술이 빠질 리가 없다. 윤석열 탄핵은 77년 묵은 이땅의 좌익혁명의 궤도 위에 있는 하나의 사건이기 때문이다.

이명박도 박근혜도 당한 일

단 한 명의 환자도 나오지 않은 광우병이 반 년 동안 대한민국을 마비시켜 놓았던 2008년의 사태는 좌익세력의 선전 선동의 본색을 고스란히 담은 사례인 동시에 대한민국 사회의 허약한 집단 지성의 축소판이다. 이 사태가 좌익 혁명가들이 의도한대로 비이성의 난장판이 된 데는 좌익혁명에서 빠지지 않는 문화예술인, 요즘 언어로 연예인들의 역할이 컸다. 배우 김규리(후에 김민선으로 개명)가 "차라리 청산가리를 입에 넣겠다"고 말하고 방송인 김구라는 "100일 된 애(출범 100일 무렵이던 이명박 정부를 의미)가 당뇨병에 걸린 꼴이다. 국교를 힌두교로 바꾸자"고 했다. 후에 엄선한 미국산 소고기를 사용한다는 광고를 내며 식당을 차린 코미디언 김미화는 여러 방송국에 나와 미국산 소고기가 위험하다고 말했다. 연예인들의 이러한 집단 비이성과 선동의 영향은 컸다. 촛불집회의 연단에 올라온 한 여고생은 "나는 동반신기 팬이다. 동방신기가 아픈 거, 기력 잃는 거 보고싶지 않다"며 울먹였고 시민들은 박수를 치며 환호했다. 시민의 이런 광기에 연예인들의 영향이 절대적이었다는 뜻이다. 이런 현상은 반복된다. 선동은 좌익의 혁명에서 매우 중요한 전술이기 때문이다.

박근혜 탄핵정국에서는 연예인은 물론 연예인과 방송인 그 중간쯤 되는 사람들까지 더해져 이번에는 더 다양하고 힘있는 인물들이 등장한다. 김어준이 세월호 고의 침몰 의혹을 담은 영화 '그날, 바다'를 내놓자 이를 본 유가족들은 재수사를 요구했고 무려 720억 원이 들어간 특검과 조사가 다시 시작된다. 김어준의 거짓말에 그것이 거짓말임을 다시 한번 확인하는데 이 거액의 국가예산이 들어간 것이다.(문재인게 속았습니다.

2024. 북저암. 187~189쪽) 김어준의 말은 거짓임이 확인되었다. 720억 원의 국가예산을 들여서 확인한 것이다. 처음부터 예상된 결과였지만 김어준 자신과 그의 진영이 의도한 그대로 이는 박근혜 정부를 무너뜨리는 일에 중요한 불쏘시개로 작용한다.

문화예술인의 거짓 선동을 말하면서 주진우와 김제동을 빼놓을 수 없다. 박근혜 탄핵의 광란의 마당에서 펼친 이들의 활약은 걸출하다. 물 건너 일본까지 간 그들은 와세다대학 강단에 서서 "비아그라 나오고, 마약성분 나오고, 섹스 테이프가 나오고, 개발사업 비리가 나오고, 대규모 국방비리가 나올겁니다"(대안언론 뉴스프로, 2016.11.27) 라고 말했다. 이 발언은 인터넷을 통해 급속히 퍼졌고 수많은 언론이 기사화 했다. 이 발언 후에 나온 것은 물론 아무것도 없다. 탄핵으로 박근혜를 태우는 불덩이에 기름을 더 붓자는 것이 목적이었으니 진실이냐 거짓이냐는 그들의 관심사가 아니었다. 그들의 발언은 독신 여성에 대한 관음병적 관심을 끌었고 세월호 7시간 동안의 정윤회 밀회설과 연결되고 최순실과의 경제 공동체 주장을 그럴싸하게 보이게 하는데 쓰여졌다. 거짓말과 조작된 내용을 내놓으며 민중을 선동하는 그들의 공산당식 전술은 결국 성공한다. 다음해 3월 10일 헌재가 박근혜 탄핵을 인용했으니 대성공이었다.

아, 빠뜨릴 수 없는 것이 있다. 2016년 11월 20일 영화배우 정우성은 한 영화행사에 참석해서 외쳤다. "박근혜, 앞으로 나와" 그의 외침대로 박근혜는 청와대를 나왔고 감옥으로 들어갔다. 연예인의 힘은 이렇게 세다. 힘없는 민중을 총알받이로 앞세우고 연예인은 선동의 스피커로 앞세우는 일은 좌익의 혁명에서 빠질 수 없는 전술이다. 윤석열 정부를 붕괴 시키기 위한 광란에 이 전술이 빠질 리가 없다. 이명박도 박근혜도 당했 던 이 전술에 윤석열도 당한다. 이 또한 우익 대통령의 숙명이다.

아이유 알러브유

대통령 탄핵을 지지하는 집회가 뜨겁던 24년 12월 중순 가수 아이유 소속사는 집회 장소인 여의도 일대 5곳 매장에 빵, 떡, 음료, 국밥 등을 선결제했으니 이용하라는 공지를 올렸다. 소녀시대 멤버인 유리, 뉴진스 는 김밥과 만둣국을 제공한다고 했다. 영화배우 이동욱, 가수 박효신, 배 우 이원종과 허성태, 영화감독 박찬욱 등도 이 열기에 이름을 올렸다. 좌 익세력이 정권을 잡으면 문화예술계는 블랙리스트 정도가 아닌 물갈이 수준으로 판을 바꾸고 막대한 예산 선물을 퍼부어준다. 세 번의 좌익 정 권이 실행한 빠짐없는 문화예술계 물갈이 공작은 성공하여 이 분야에서 는 이제 9대1의 비율로 좌익이 완전하게 장악하고 있다. 저자가 책을 내 며 직접 체험하고 있는 출판인쇄 업계도 마찬가지다. 20세기 공산당사를 읽으면 그들은 새로운 이념을 민중에게 전파하기 위해 문화예술인과 얄 팍한 먹물들을 스피커로 이용한다. 물론 마이크는 공산당이 잡고 있다.

좌익 문화예술인 중에 정치학 공부를 제대로 하고 좌익의 편에 선 사 람은 거의 없다. 그들은 사실의 과장과 미화로 엮어진 '변호인'이나 왜곡 투성이인 '서울의 봄' 같은 영화로 역사를 배우고 정치를 이해한다. 자신 의 부친부터 좌익이었던 영화감독 이장호가 철 들고나서 우익이 되었다 고 고백한 것은 극히 예외적인 일이다. 가수 아이유부터 영화감독 박찬

욱까지 모두 이 탄핵의 정치판에 나서서 좌익의 스피커를 자처했다. 그들을 좌익으로 규정하는 이유는 그들 자신에게서 간단히 확인된다. 아이유는 종합범죄자 이재명이 자신의 재판을 질질 끌고 있어도 이에 대해 걱정을 말한 적이 없다. 많은 간첩단이 한꺼번에 우르르 쏟아졌을 때 박찬욱이 나라 걱정의 말을 내놓은 적이 없다. 그러니 그들은 좌익이 맞다. 그들은 탄핵 찬성의 광란을 지지했다. 생계에 쫓기느라 뉴스를 꼼꼼히 들으며 잠시라도 생각할 시간조차 부족한 대부분의 국민은 아이유가 빵과 국밥을 기부했다는 사실만으로 윤석열 탄핵을 옳은 일로 여겼다.

"알러브유 아이유" 좌익집회에서 울려퍼진 함성이다. 좌익정권이 문화예술계에 국가 예산을 퍼주는 이유다. 아이유의 김밥 기부와 알러브유 아이유 함성은 한동안 계속된다. 반미를 표방하는 이재명의 민주당이 주도하는 윤석열 탄핵을 지지하는 사람은 미국 입국이 거부된다는 소문이 전해지기까지는. 그들은 더 이상 얼굴을 내밀지 않았다. 돈방석인 미국 무대에 설 수 없다는 것은 그들에게 치명적이다. 나라보다 돈을 더 중요하게 여기는 존재, 좌익의 본색이다. 참, 아이유 소속사가 중국 자본을 투자받은 업체라는 사실을 빠트렸다.

112억짜리 광고

대통령 윤석열을 감옥에 가두는데 성공한 더민주당은 '내란특검법'을 발의한다. 1차 발의안을 대통령 권한 대대행이 거부하자 다시 발의하였고 대대행 최상목은 일부 수정된 2차 발의안도 거부한다. 이 특검안의 내용을 들여다 보면 사건의 실체와 진실과 위헌 위법을 가리는 것이 더민주당의 목적이 아니라는 사실을 바로 알 수 있다. 먼저 수사대상을 적시하는 조항인 1호에서 11호까지 다양한 사건을 열거하고 있는데 대상이 매우 광범위하다. 대북 확성기의 재가동을 외환으로 조사하겠다고 하다 큰 비판을 받은 외환유치죄까지 이재명의 즉흥적인 지시로 포함시켰으며 수사과정에서 인지된 모든 관련 사항을 대상으로 한다는 11호 조항에 의해 수사범위를 무한정 확장할 수 있도록 되어 있었다. 더구나 군사 및 공무상 국가기밀에 대한 압수수색을 허용하고, 대통령의 특별검사 임명권을 무력화시킬 수 있는 특검의 임명절차 등 많은 독소조항을 포함하고 있었다. 무엇보다 속보이는 조항은 통상 90일인 특검법의 시행기간을 무려 40일이 더 긴 130일로 함으로써 관련 예산이 112억이나 소요될 뿐만 아니라 대선이 새로 치러질 경우 선거일까지 무분별하고 무차별적인 정치공세가 가능하도록 했다는 점이다. 이재명과 민주당은 국회를 거대한 선전 선동의 장으로 만들고 또한 처벌받지 않고 합법적으로 많은 거짓말을 쏟아낼 수 있는 그들의 춤판으로 만들 작정을 하고 이 법안을 발의하고 국회 본회의 표결을 강행한 것이다.

헌재가 대통령 윤석열에 대한 탄핵 재판을 열어 심리가 진행 중이었고 검찰이 법원에 기소했음에도 더민주당이 최상목 대대행에게 탄핵을 위협하며 특검법안을 추진했던 이유는 간단하다. 국회의원의 면책 특권을 이용한 그들의 거짓말 대잔치를 생방송으로 국민에게 그대로 전달하기 위해서다. 윤석열 탄핵을 위해서는 수단과 방법을 가리지 않는 그들에게 중요한 것은 진실이 아니었다. 국민에게 거짓을 선전하고 분노를 선동하여 헌재와 법원을 압박하고, 겁 많고 자신의 체면 구겨지는 일만 겁

202

정하는 우익 정치인들의 입을 꼭꼭 닫게 하는 일이 특검의 목적이었다. 많은 법조인과 학자들은 이 특검법이 통과되면 특검의 대상을 문어발식으로 확장할 수 있게 되어있어 최소 4000명 이상이 조사대상이 되며 추정 소요 예산이 112억원이라고 했다. 이 특검법을 더민주당의 112억 원짜리 광고, 112억 원짜리 거짓 선전 선동의 연설대라고 말한 이유다. 많은 국민과 지식인은 그들이 정권을 잡으면 대대적인 피의 숙청을 단행하기 위한 죄목을 미리 찾아두는 현대판 사화가 될 것이며 그것은 곧 보수의 완전한 궤멸과 좌익의 완전한 대한민국 점령으로 가는 길이라고 입을 모았다. 무서운 일이다.

25년 2월 5일 김병주 박선원 부승찬 추미애 등 야당의원 11명은 서울구치소와 동부구치소 두 곳을 방문했다. 윤 대통령과 김용현 전 국방장관에 대한 감방 청문회를 열기 위해서다. 그러나 두 분의 불응으로 청문회는 무산된다. 그들은 증인이 동의하지 않으면 조사를 할 수 없다는 사실을 미리 알았을 것이고 두 분이 조사에 응할 것이라고 생각하지도 않았을 것이다. 그들의 목적은 이벤트와 쇼였다. 우익 대통령과 전 국방장관이 감옥에 갇혀 있다는 사실을 온 국민에게 다시 각인시키고 윤석열 정부가 뒤집혀졌다는 사실을 더 많은 국민에게 알리는 것이 목적이었다. 조사에 불응하는 이 증인들이 얼마나 나쁜 사람들인지를 확인시켜주기 위해 "사회로부터 영원한 격리" "영원히 감옥에 있어야 한다"는 등의 악담을 퍼붓고 "증인을 조사하기 위해 모든 수단과 방법을 동원할 것"이라는 결연한 다짐도 말했다. 그들은 대한민국의 현재적 발전과 미래의 번영에는 아무런 관심도 없다. 그런 일을 할 능력도 없다. 자유민주 진영을 공격하고 대한민국을 좌익의 나라로 만드는 일만 한다. 그 첩경은 거짓과 조작과 선전과 선동으로 국민을 속이고 자유민주 진영을 궤멸시키는 일이다. 윤석열도 김용현도 이 그물에 걸려든 것이다. 이것이 윤석열 탄핵의 본질이다.

우익 기생충들에게 고함

이성윤이 총을 말하고 정청래가 사형을 말하며 대통령 윤석열을 기어이 탄핵시키겠다고 혈안인 이 시국에서 보수 정당의 정치인들에게 묻고 싶은 말이 있다. 공수처의 윤석열 체포에 항거하기 위해 공수처 청사 앞에서 분신한 국민의 이름을 아시는가. 50대의 대한민국 국민 김태권 씨다. 조문한 사람은 김민전 의원 외에 또 누가 있는가. 2016년 9월 불법 시위를 진압하는 경찰의 물대포에 맞서다 사고를 당한 농민 백남기 씨의 죽음을 좌익진영 전체가 나서서 박근혜 정부 타도에 악용했던 기억을 잊었는가. 좌익 그들처럼 제사정치에 나서지 않았다는 질책이 아니다. 김태권 씨가 분신한 이유라도 국민에게 충분히 전달했다면, 많은 국회의원이 조문하고 그 장면이 방송에 나와 그의 죽음을 국민에게 충분히 알리기라도 했다면 국민 각자의 뇌리에 이미 확고히 자리잡은 '윤석열의 내란'을 '이게 내란이 맞기는 하는가'라고 의심하는 국민은 더 늘어났을 것이다.

비상계엄 선포로 단 하나의 희생조차 없었음에도 좌익은 사형과 총이라는 극단을 말하며 '윤석열의 내란' 이미지를 더 단단하게 하고 있는데 열사라고 불러야 마땅한 김태권 씨의 '현실이 된 죽음'은 여당 정치인들의 외면으로 쉽게 묻혀버렸다. 그의 죽음의 의미를 국민에게 널리 알리고 이것이 내란이 아니라고 설득하는 우익 정치인은 김민전 윤상현 주진우 등 몇몇 외에는 없었다. 많은 국민이 보수정당 정치인들을 '세금 처먹는 기생충'이라고 부르는 이유다. 세금을 도둑질하는 좌익 정당의 정치인들보다 낫다고 생각하는가. 나라를 멍들게하는 결과는 같다. 그리고 혁명 테러리스트들과 기생충들의 싸움이라면 결과는 뻔하다. 좌익은 거짓을 한 번 더 말해 국민 한 명이라도 더 내편으로 만들어가고 있는데 우익은 무수히 널린 진실과 생생한 진상을 왜 국민에게 알리지 않는가. 이미 다 알고 있는 것이 아니냐고 말하는가. 매일의 생계에 바쁜 국민은 당신이 알고 있는 것을 모른다. 우익 정치인 당신이 국민을 향해 열심히 말하고 부지런히 알려주지 않는 한 우익은 결코 좌익을 이길 수 없다. 좌익이 왜 지금도 선동학교를 만들고 학생을 모집하는지를 생각하라.

2. 탄핵 때가 되면 왼쪽 눈만 뜨는 괴물, 대한민국 언론

　12월 연말이 가까워지자 모든 언론은 2024년 한 해의 경제를 총평하는 보도를 낸다. 모든 보도는 경제가 크게 침체되었다는 데 의견이 일치했다. 그런데 그 원인으로 가장 자주 들먹여진 것은 대통령의 비상계엄 선포다. 비상계엄 때문에, 윤석열의 잘못된 계엄 선포 때문에 경제가 침체되었다고 했다. 대통령이 1호 영업사원을 자처하며 체코에 가서 24조 이상의 원전 수출을 따내고, K-방산 수출에 박차를 가하고, 문재인이 고의적으로 붕괴의 지경까지 몰아간 대한민국 경제를 장기 부채의 감소, 고용율과 성장률의 현저한 증가, 부동산 가격과 물가 안정 등 회복의 기초를 다져놓은 일을 말하는 언론은 거의 없었다. 모든 보도는 12월 들어 눈에 띄게 침체된 수치를 말하며 그것이 비상계엄 때문이라는데 초점이 맞춰져 있었다. 언론은 오른쪽 눈을 감고 있었다.

　모든 신문과 방송은 비상계엄을 초래한 형사사법 기능의 방해, 월례 행사처럼 내고 또 내놓는 특검법안과 탄핵, 대한민국 경제를 망치기로 작정한 노란봉투법과 양곡관리법 등의 포퓰리즘적 사회주의 법안의 강행 등 이재명과 그의 민주당이 윤석열의 손발을 꽁꽁 묶어놓고 정부를 마비시킨 일은 깡그리 잊어버린 듯했다. 지식인 축에 드는 언론인 그들은 '원인 없는 결과는 없다'는 인간 세상의 이치를 모르지는 않을 것이다. 그들은 이 이치를 무시하고 있었다. 고의로 보였다. 고의가 아니라면 그들은 왼쪽 눈으로만 대한민국 정치판을 보는 괴물이다.

유튜브가 극우? 언론이 극좌!

"윤석열 대통령은 어쩌다 극우 유투브에 포획되었나" 한 일간지의 기사 제목이다.(아시아 경제, 2025.1.4) 반국가 세력에 대한 위험성을 자주 말하고 척결의 의지를 드러내는 대통령을 이 신문은 극우 유튜브에 포획되었기 때문으로 보고 있다. 대통령 체포를 막기 위한 우익 유튜버들의 활약을 폄훼하는 이런 취지의 보도는 조중동 등 그동안 우익언론으로 불리던 신문사도 마찬가지였다. 이재명의 민주당은 물론 주류 언론까지도 대통령의 비상계엄 선포의 필요성에 공감하는 대체언론과 탄핵을 막기 위해 행동하는 국민을 '극우'라고 불렀다. 물리적 폭력의 요소가 동반되는 이념을 극우 혹은 극좌라고 부르는 정치학 본래의 정의에 따르면 대한민국에는 민노총 같은 극좌는 있어도 극우는 존재하지 않는다. 물리적 폭력을 언어 폭력까지 확장한다면 유튜브 방송에서 테러에 가까운 털보의 외모를 하고 들어주기 힘든 대소大笑를 쏟아내며 육두문자를 거침없이 날리는 김어준 같은 극좌 유튜브는 있어도 극우 유튜브는 없다. 구심점이 되어야 할 국민의힘 정치인들이 모두 가자미 눈을 뜨고 가자미 입을 하고 있는 상황에서 대체 구심점 역할을 하고 있는 자유민주 진영의 유튜브를 향해 기성 언론은 주저없이 '극우 유튜브'라는 딱지를 붙였다.

세월호 참사 초기에 '전원 구조'라는 대한민국 언론 역사상 최대의 오보를, 어쩌면 세계 언론사에서도 손가락 안에 들만한 엄청난 오보를 내고도 책임지는 사람 단 한 사람 없이, 사과 한 번 하지 않은 채 모든 화살을 대통령 박근혜에게만 집중시키며 이 엄청난 오보에 대한 책임을 피해갔던 대한민국 언론이, '최순실의 딸 정유라는 박근혜의 딸이다'에서 시작하여 박근혜 탄핵에 핵심증거로 쓰인 가짜 태블릿PC가 이미 많은 정황증거와 주장이 나왔음에도 의심도 비판도 없이 그대로 전하고, 후에 가짜임이 밝혀졌음에도 수정 보도에 소극적인 태도를 취해 결국 이에 대한 국민의 잘못된 인식을 바로잡지 않았던 언론이 이번에는 '내란과 탄핵'이라는 거대한 거짓 앞에서 그것을 바로 잡으려는 대체언론 유튜브를 싸잡아 '극우'로 몰아붙였다. 이 극우 딱지를 가장 많이 붙이는 언론은 조선중앙방송 서울지국의 역할을 수행하는 듯 보이는 MBC였다. 나라가 망하려면 펜이 먼저 휘는 법이다. 좌익의 혁명에 대항하는 윤석열의 반혁명 정국에서 대한민국 언론은 왼쪽 눈만 가진 괴물이었다. 박근혜의 국정농단은 없었다. 사기탄핵만 있었을 뿐이다. 윤석열의 내란도 없었다. 좌익의 혁명을 막기 위한 비상계엄이 있었을 뿐이다. 사기탄핵이 성공하고 계엄이 내란으로 둔갑한 것은 왼쪽 눈만 가진 괴물 언론의 절대적 방조가 없었다면 불가능한 것이었다.

현장과 보도의 미스매치

왼쪽만 편드는 편향된 언론을 실감하자면 집회 시위의 현장과 언론의 보도를 비교하면 간단히 알 수 있다. 더민주당이 민노총의 조직력과 자금력의 폭풍 지원을 받으며 함께 유도한 탄핵 찬성 집회는 24년 12월 하순까지 계속되었다. 그러나 연말 연초부터 분위기는 역전된다. 대통령을 체포하려는 공수처장 오동운의 미친 행보를 본 국민은 이 정국의 본질이 좌익세력과 곧 감방가는 길을 피하려는 이재명의 반란이라는 사실을 알게 된다. 그리고 한남동과 광화문에 집결한다. 대부분의 언론은 박근혜 탄핵에서 이미 했던 행태를 다시 보여준다. 좌익의 집회는 크게, 우익의 집회는 작게 또는 보도하지 않음으로써 국민의 눈을 속이는 수작질이다. 이것은 국민의 여론을 있는 그대로 전하는 것이 아니라 특정 여론을 유도하려는 의도를 가진 여론조사 업체도 마찬가지였다. 리얼미터 갤럽 등의 여론조사업체는 대통령에 대한 지지율 수치가 올라 가고 탄핵 반대의 여론이 높아지자 특정 항목을 빼는 등의 방법으로 대응했다. 어떤 여론업체는 대통령에 대한 지지율이 40%를 넘게 나오자 조사결과를 발표하지도 않았다. 그들에게는 윤석열에 대한 지지율이 높게 나와서는 안 되는 이유가 있는 듯 보였다.

언론의 편파성은 시위현장에서 발생한 폭력에 대한 보도에서도 분명했다. 25년 1월 19일 좌익 판사들이 진지를 구축한 서울서부지법에 시위대가 진입한 사건에서 경찰 57명이 다쳤다. 언론은 이 사건을 실시간으로 중계하는 방송과 신문사가 많을 정도로 대대적인 보도를 했다. 이 시위를 폭동으로 보이게 하기에 충분했다. 반면 이보다 두 배인 105명의 경찰이 다친 24년 11월 9일 민노총의 윤석열 퇴진 집회에서 있었던 테러에 대해서는 작고 간단하게 보도했다. 민노총의 집회를 현장에서 직접 경험해 보면 그것은 시위가 아니라 테러리스트들의 난동 수준이다. 언론이 민노총의 폭력적 시위를 보도한 것을 서부지법 사건의 보도와 비교하면 명백한 축소 보도다.

이런 편파적인 보도에 힘입어 105명의 경찰을 다치게 하고 인대파열 등의 중상자도 3명이나 낸 민노총 시위는 불과 몇 명만 처벌받은 반면 서부지법 사건은 무려 66명이 구속된다. 25년 1월 4일 한남동 관저 인근에서 대통령 체포를 촉구하는 민노총 집회에서는 조합원이 경찰의 무전기를 빼앗아 경찰의 머리를 내려치는 폭력을 가해 봉합수술을 받는 사건이 있었다. 외국이면 난리가 날 이 일을 국내 언론은 무비판적인 스트레이트 보도로 간단히 처리했고 경찰은 현장에서 폭력 행위자를 체포하지도 않았다. 25년 1월 15일에 공수처의 대통령 체포에 항거하여 국민 김태권 씨가 분신했을 때도 과거 농민 백남기 씨의 죽음은 온 언론이 나서 정부와 경찰을 향해 매질을 했던 언론이 이 우익 국민의 뜨거운 죽음에는 몇몇 매체에서 건조한 보도를 간단히 냈다. 대한민국 언론을 왼쪽 눈만으로 보는 괴물이라고 말하는 이유다.

대한민국 언론이 괴물이 된 까닭

우리 언론은 왜 탄핵정국만 되면 일방적으로 좌익의 편만 들고 우익 진영을 집중적으로 공격하는 것일까. 사실과 진실을 공정하게 보도해야 할 언론이 왜 이렇게 편파적인 집단이 되었을까. 좌익 그들의 집요한 투쟁의 결과다. 좌익 이념의 허구적 아름다움을 널리 선전하는 한편 좌익 이념을 현실에 적용하는 과정에서 노정된 결함에다 선전과는 정반대로 나오는 결과를 합리화하고 감추기 위해 거짓과 조작과 위장과 은폐가 필요한 좌익 진영이 언론을 자신들의 스피커로 만들기 위해 언론을 장악하는 노력을 지난 수십 년간 끊임없이 해 온 결과다. 이 사실은 지금의 MBC가 압축판이다.

문재인 정권은 박근혜 탄핵 정국에서 우익 집회에 참가한 인원이 좌익을 넘어서자 좌익의 집회에 모인 인원을 두고 "딱 보니 100만"이라고 말한 박성제를 MBC 사장의 자리에 앉히고 더민주당의 마이크에서만 나오는 소리를 전하는 스피커로 철저히 이용해 먹었다. 반면 조선일보와 TV조선에 대해서는 대규모 세무조사에다 사주 일가의 비리를 캔다며 오랜 시간을 두고 스토킹에 가까운 조사를 하고 방통위원장 한상혁은 TV조선을 길들이기 위해 재승인 심사 점수 조작을 불사하며 이 방송을 괴롭혔다. 이런 언론 길들이기 사례는 무수하다. 이런 일을 기억하는 언론은 좌익이 대세를 잡는 상황이 되면 일방적으로 그들 편에 선다. 대한민국 언론이 괴물이 된 첫 번째 이유다.

김어준은 언론 대통령이라 불린다. 주기적으로 많은 거짓말을 배설하고 거대한 조작된 뉴스를 생산하는 이 상습 거짓말쟁이에게 언론 대통령이라는 별명이 붙은 사실 자체가 거짓과 조작이 대한민국 언론을 지배하고 있는 현상을 대변한다. 대통령 박근혜는 마약설, 굿판설, 정윤회 밀회설, 정유라 친자설 등을 언급하며 "정말 끔찍한 거짓말도 웬만해야지"라며 "거짓말로 쌓아올린 커다란 산"이라고 말했다. 그가 말한 거짓말은 후에 깡그리 거짓임이 밝혀졌으나 이런 무수한 거짓말이 머금은 에너지로 그는 결국 탄핵이 확정되고 4년 9개월 동안 감옥에 있어야 했다. 반면 이에 대해 어떠한 집단적 반성도 한 적이 없는 언론은 윤석열 탄핵의 광풍 속에서 똑 같은 행태를 반복한다. '딱 보니 100만'을 말한 업적으로 거대 언론사의 사장 자리를 꿰찬 박성제를 보며, 최순실 이름 석자를 처음 언론에 올린 공으로 청와대에 들어가고 특혜 대출로 흑석동의 부동산 부자가 되고 국회의원이 된 김의겸을 보며, 세무서와 검찰 경찰과 방통위에 시달리는 조선일보와 TV조선을 보며 언론은 이번에 부는 탄핵 바람의 방향을 가늠하고 자발적으로 그 방향을 탔을 것이다. 기자 아나운서 등 언론인 개개인의 실직의 두려움은 또 얼마나 컸을까.

마르크스 앵겔스 등의 지식인들이 새로운 유토피아를 가리키며 시작한 것이 좌익 이념이다. 그 이념 속에는 인권 정의 진실 공정 평등 등 좋은 단어가 모두 나열되어 있으니 그 가운데 하나만 말해도 좌익의 편에서는 명분을 확보하는 것은 간단한 일이다. 그래서 탄압 받는 길이 아닌 특혜의 길이 열린 쪽으로 먼저 드러누운 언론을 탓할 수 있을까 싶기도 하다. 대한민국을 좌익의 나라로 만들기 위해 언론을 모두 자신들의 고성능 스피커로 만들고 있는 이 상황을 말하는 것에 심한 공허감을 느낀다. 언론에 고한다. 이제부터는 정론, 사실, 진실을 들먹이지 말라. 펜이 칼보다 강하다는 말도 하지 말라. 좌익의 땅에서는 칼이 펜보다 강하다. 휘어진 펜으로 칼을 이길 수는 더욱 없다.

박장범을 변호함

언론이 자신의 오른쪽 눈을 스스로 없애버린 이유는 언론사 각각의 내부에도 있다. 지금의 대한민국 언론은 소수를 제외하고 대부분 주사파가 장악하고 있다. 민노총 산하의 언노련전국언론노동조합연맹 소속의 조직원들이 거대 세력을 형성하고 대부분의 언론사를 사실상 지배하고 있는 것이 보편적 언론 환경이다. 노조에 소속된 직원은 좋은 보직을 받고 높은 자리에 오를 수 있는 반면 비노조원은 반대다. 양경수 위원장을 필두로 민노총의 핵심 지도부의 자리는 경기동부연합 출신의 주사파가 모두 장악하고 있으며 그들은 사실상 이석기의 손아귀에 있는 것으로 알려져 있다. 경기동부연합은 한총련, 조폭 출신들과 함께 이재명 세력을 구성하는 한 축이다. 민노총 산하의 수많은 노조 가운데 현장에서 전개되는 유혈투쟁은 금속노조가 주도하는 반면 펜과 마이크로 하는 사상투쟁의 전위대는 언노련 소속으로 각 언론사애 조직된 언론노조다.

이재명의 더민주당과 민노총과 한통속이 된 각 언론사가 내놓는 기사와 보도는 뻔하다. 내용을 교묘하게 비틀고, 한 쪽의 목소리만 크고 길게 전하고, 왼쪽에 유리하고 오른쪽을 때리는 것이라면 확인도 없이 내놓고, 그런 무궁무진한 방법을 쓰며 오른쪽만 패고 왼쪽을 편들었다. 말리는 시누이는 저리가라다. 시누이보다 100배는 더 편향된 대한민국 언론이다. 비상계엄 약 2주전에 청문회를 하고 대통령 탄핵소추안 가결 직전에 KBS 사장에 임명된 박장범은 문재인의 시대에 MBC에 버금가는 편향성을 보이던 KBS를 바로잡아 줄 것이라는 우익 진영의 기대를 한 몸에 받고 취임했다. 그러나 KBS도 다른 언론들처럼 '윤석열 내란'의 거짓 프레임에서 벗어나지 못했다. 우익 진영에서는 박장범을 비난했다. 그러나 사장이 된 그도 KBS를 지배하고 있는 노조를 어쩌지 못하는 듯 보였다. 조중동 등의 전통적 신문사와 KBS 등의 방송매체는 유튜브 등의 대체 언론과 넷플리스 등의 대체 영상매체에게 자리를 내주고 경영에 어려움을 겪는 지금의 상황은 가속화될 것이다. 편향된 뉴스를 전하는 언론이 도태되는 것은 개선이고 발전이다. 그들이 자초한 자업자득의 일이다.

저자의 세컨하우스가 있는 시골에 8순이 넘은 동네 할머니가 한 분계신다. 한 번은 이런 대화를 나눈 적이 있다. "할머니: 북한은 집도 주고 학교도 그냥 보내주고 먹을 것도 나라에서 다 주고 그렇게 살기가 좋다고 하네 / 저자 : 누가 그래요 / 할 : 미국 대통령이 / 저 : 직접 들으셨어요? / 할 : 마을회 선생님이 미국 대통령이라고 그라데" 마을회 선생님이란 주민자치회 일을 하는 마을 이장을 말한다. 국정원에 27년간 근무한 이희천 교수가 그의 저서 [공산화의 길목]에서 말한 주민자치기본법의 무서움에 머리털이 쭈뼛거림을 느낀 순간이었다.

서 씨 성을 가진 이 이장은 선거때만 되면 이 할머니를 포함한 마을 노인 대부분을 직접 투표장으로 인솔한다. 그가 미국 대통령의 말이라며 북한 체제의 아름다움을 전한 것은 거짓 선전이다. 그리고 선거때가 되면 더민주당 후보가 정직하고 일도 잘한다고 넌지시 말하며 투표를 유도하는 것은 선동이다. 정직하고 능력 있는 더민주당 정치인은 단 한 명도 본 적이 없다. 정직한 사람은 절대 좌익의 인간형이 아니다. 능력이라면 거짓말 잘하고 우익을 공격하는 능력 뿐이다. 좌익인 서 씨 이장은 선전으로 할머니를 좌익의 편으로 만들었고 선동으로 할머니의 한 표를 훔쳤다. 헌법에 자유민주주의 국시가 명시되어 있는 대한민국이 좌익의 나라가 된 것은 좌익진영이 이러한 거짓 선전과 선동을 오랫동안 전개해온 결과다. KBS 사장의 자리에 우익의 인사를 앉혔다고 기대를 한 것이 잘못이다. 박장범은 주사파의 조종을 받는 언론노조를 이기지 못할 것이다. 노조와 타협하며 자신의 자리를 보전하거나, 그쪽 편이 되어 노조와 KBS 예산을 나누어 먹으며 범죄 동지가 되어야 할 것이다. 노조에 손을 댄다면? 우익 대통령 꼴이 나겠지. 이 내 나라 대한민국을 어쩌나.

제5장

좌익의
이 반란

"증오의 정치를 넘어 야수의 정치를 하고 있습니다"(조선일보,2024.12.23) 대통령 윤석열에 대한 탄핵의 폭풍 속에서 정치학자 신복룡 전 건국대 교수는 이렇게 말했다. 그는 "지금 대한민국은 GDP 그래프로만 선진국일 뿐 해방 직후보다 더 위험하다"고 경고한다.

 "여와 야가 꿈꾸는 나라가 서로 다른 것이었다는 동상이몽이 지금의 불행한 사태를 낳은 것입니다."(조선일보, 2024.12.26) 한국 자본주의는 붕괴할 것이라고 예측하는 좌파 경제학자에서 이승만 박정희를 재평가 하면서 생각을 바꿔 뉴라이트 재단 초대 이사장을 지낼 정도로 우파 학자가 된 안병직 전 서울대 교수의 진단이다.

 두 원로 학자는 내전의 양상으로 전개되는 윤석열 탄핵 정국을 이렇게 진단했다. 여당과 야당 두 정치 세력이 지향하는 꿈이 다르고 그래서 야수의 정치를 하고 있다고 두 원로 학자는 말하고 있다. 양쪽이 각자 다르게 꾸는 꿈은 어떤 것이고 어느 쪽의 꿈이 옳은 것인가. 국민인 우리는 어느 쪽의 꿈을 따라가야 하는가. 그것을 알아내는 것은 그다지 어렵지 않다. 좋은 꿈과 나쁜 꿈의 갈림이 분명하기 때문이다.

국민인 우리가 따라가야 하는 꿈은 어느 쪽인가

더불어민주당이 꾸는 꿈은 대한민국을 사회주의 김일성주의의 좌익의 나라로 만드는 것이다. 공장을 더 세워 국민에게 고정적인 월급을 받을 수 있는 일자리를 마련해 주는 것보다 어쩌다 선거 때가 되면, 혹은 자신의 감옥행을 피하는 일에 핑계 삼을 수 있도록 지지율 수치를 높이기 위해 25만 원의 현금을 지급하여 표밭으로 만드는 남미식 사회주의를 꿈꾸는 당대표 이재명과 국보법 위반 등으로 징역 4년 6개월의 '인민민주화의 별'을 단 운동권 출신으로 상속세와 법인세 등에 대한 감세정책을 결사 반대하는 정책위의장 진성준이 주도하는 노란봉투법, 양곡관리법, 주 52시간제의 고수 등은 그들이 대한민국의 체제를 좌익의 것으로 변경하려고 하는 대표적인 사례다. 전체주의와 계획경제와 일당독재를 기본으로 하는 좌익의 체제로 변경하는 일을 그들 진영은 혁명과업이라 부른다. 김일성의 작명 그대로 말하자면 대남혁명노선이다.

반면 대통령 윤석열이 1번 당원인 보수여당은 대한민국 헌법에 명기된 그대로 자유민주주의와 시장자본주의를 기본으로 하는 우익의 나라를 지키고 발전시키는 것을 목표로 한다. 전세계적으로 한 세기 이상의 시간을 통해 좌익과 우익 두 체제의 우월성은 일찍 판가름이 났다. 그래서 우익 진영은 이를 지켜내려고 한다. 그러나 대한민국을 좌익의 체제로 바꾸는 혁명의 시간 80년을 목전에 둔 지금까지 단 한 순간도 멈춘 적이 없는 좌익세력의 혁명은 이미 대한민국의 모든 영역을 점령하고 있다. 그들의 혁명은 이미 성공했고 이제 완성의 단계에 이르렀다고 진단하는 전문가가 많다. 위험하고 절박한 현실이다.

그러나 게으르고 심약한 백면서생들만 모인 보수정당의 정치인들이 대부분 입을 닫고 눈치만 보고 있는 상황에서 좌익이념의 위험성을 깨닫고 그들의 혁명에 대항하기 위해 나선 사람이 있다. 대한민국 제20대 대통령 윤석열이다. 현직 대통령인 그가 탄핵소추가 가결되어 감옥에 갇힌 이유다. 이 이유는 18대 대통령 박근혜가 탄핵된 이유와도 같다. 다른 것이 있다면 윤석열에게는 사이코패스적인, 혹은 천재적인, 혹은 둘 다일지도 모르는 종합범죄자 이재명이라는 악인이 가세하여 상황이 더 어렵게 되었다는 점이다. 박근혜 탄핵이 사기탄핵이라는 사실을 뒤늦게 알게 된 국민이 이번에는 두 눈을 부릅뜨고 있다는 점도 8년 전 그때와는 다르다. 좌익 혁명가들과 거대 범죄인이 힘을 합쳐 대한민국의 자유민주적 질서를 뒤집으려 하는 그들의 혁명에 이를 막으려는 반혁명으로 맞서는 대통령 윤석열의 이야기를 풀어내려 한다.

1절

•

아주 오래된
혁명

"지금 대한민국은 당장 무너져도 이상하지 않을 정도의 풍전등화의 운명에 처해 있습니다" 2024년 12월 3일 밤 대통령 윤석열은 비상계엄을 선포해야 하는 이유를 이렇게 말했다. 그러나 12월 14일 탄핵소추가 가결되어 대통령 직무가 정지되었고 그의 대통령 직을 대행하던 국무총리 한덕수도 12월 27일 탄핵되어 직무가 정지된다. 해가 바뀌어 1월 15일에는 공수처에 의해 구치소에 수감되고, 19일 새벽 3시에 발부된 영장이 집행되어 구속된다. 그의 반혁명은 일단 실패했다. 좌익 혁명가들과 범죄자가 연합한 대한민국 뒤집기 혁명이 일단 성공했다는 뜻이다.

학자들의 견해와 반대로 가는 혁명

"비상계엄은 헌법이 규정한 대통령의 비상대권 중 하나다. 비상사태인지를 판단하는 권한은 오직 대통령에게 있다. 국민의 눈높이와 다르다 하더라도 독자적으로 판단할 수 있다."(경희대 허영 교수), "대통령의 권한 행사에 위헌성이 있다고 하더라도 권한 행사를 폭동이라고 할 수 없다. 위헌 무효라 해도 권한 행위자를 처벌하지 않는다"(중앙대 이인호 교수), "대통령의 계엄 선포 자체는 내란죄를 물을 수 없다."(강원대 김학성 교수) 김철수 권영성 이후 현존하는 최고 권위의 헌법학자인 허영 교수를 비롯하여 대부분의 학자가 이렇게 말한다. 곡학아세 하는 학자 이외의 모든 헌법학자들의 견해가 그렇다. 학자들의 이런 견해에 따르면 헌법이 명문으로 대통령의 권한으로 보장하는 비상계엄 선포는 정당한 권리 행사다. 이것을 내란으로 규정하고 탄핵하는 일이야말로 불법적인 내란이고 쿠데타다. 흔히 무고탄핵이라 불리는 한덕수 총리에 대한 탄핵도 마찬가지다. 학계와 법조계의 정설인 정족수 200석을 무시하고 국회의장 우원식이 자의적으로 가결을 선언했다. 한 총리의 탄핵소추안에서 내란 이외의 사유는 없다. 그래서 내란을 뺀 탄핵의 불법성은 더욱 명백해진다. 이재명의 민주당이 폭력적이고 불법적으로 밀어붙인 총리와 대통령에 대한 탄핵은 내란이자 반란이고 쿠데타다.

더불어민주당은 불법적 탄핵을 헌법과 민주주의를 수호하기 위한 것이라는 논리로 국민을 속이고 지지를 받으려고 했다. 그들의 목적을 법적으로 확정하기 위해 170여 명에 달하는 오래된 혁명가들과 새로운 혁명가들이 힘을 합해 한 일들을 살피면 그러한 행위 자체에 반란과 국기

문란과 국정농단의 증거가 있다. 오래된 혁명가들이란 운동권 또는 종북 주사파라 불리는 사람들이며 새로운 혁명가들이란 이재명 양문석 등 수십 명에 이르는 감옥갈 순서에서 앞뒤를 다투는 범죄혐의자들과 김병주 박범계 등 자신의 부귀영화를 위해서라면 나라도 팔아먹을 듯 행동하는 기회주의자들이다. 탄핵 정국에서 그들이 했던 여러가지 행위는 대통령이 비상계엄을 선포해야 하는 이유를 더욱 분명하게 보이도록 해주었다. 이들 각자의 행동에는 그들이 대통령 윤석열을 쫓아내야 할 필요성을 담고 있으며 그들이 왜 그렇게 다급한지도 알 수 있다.

국보법 전과자가 국회의원을 하는 것이 말이 됩니까

우원식, 국회의장, 반정부활동으로 징역 3년, 생애주기 별로 자식에게까지 갖가지 특혜를 주는 내용의 민주유공자법 통과에 집착한 일로 '미스터 민주특혜'의 별명을 얻음. 생계형 복지형 민주화운동가의 대명사 / 이학영, 국회부의장, 일본 적군파식 공산주의 테러운동을 표방한 남민전 간첩단 조직원 출신으로 징역 5년의 별이 있음 / 정청래, 국회 법사위원장, 1989년 미문화원 테러사건으로 징역 6년형을 선고받음, 원래 '테러리스트'라는 별명으로 불렸으나 22대 국회에서는 '법을 하나도 모르는 법사위원장'의 별칭이 더해짐 / 김민석, 서울미문화원 점거농성 사건과 삼민투 사건의 배후로 5년6개월 형을 선고 받음. 배신의 아이콘으로 오랜 야인생활을 하다 이재명의 오른팔로 실세가 됨. 친형과 함께 형제 주사파로 유명함 / 진성준, 당 정책위 의장, 국보법 위반과 공익건조물 방화 등으로 징역 4년6개월, 입법을 통한 대한민국 사회주의화 정책통.

2025년 1월 윤석열을 체포하겠다는 공수처의 예고에 눈을 맞으며 한 남동 대통령 관저 앞을 지키는 집회에서 연단에 올라온 한 젊은이는 "국 보법 전과자가 국회의원 하는게 말이 됩니까"라고 외쳤다. 더민주당 국회 의원 중 국보법 전과자는 수십 명은 족히 된다. 여기다 더민주당과 사실 상 한 집으로 혁명의 행동 전위대 역할을 하는 민노총의 핵심 지도부에 다 간첩혐의로 실형을 선고받은 전력이 있는 권력형 간첩을 더하면 숫자 를 세기가 힘들어진다. 민노총의 사실상의 배후로서 약 10년 간 징역을 산 이석기도 있다. 대한민국 국민 대부분에게 이미 익숙해서 잘 보이지 않는 이 일이 이 젊은이에게는 보였던 모양이다. 국보법 위반자라면 대한 민국을 공격하고 안전을 위험하게 한 사람이다. 그런 자들이 국회의 가 장 높은 자리인 의장과 부의장에다, 제도적 체제 변경에 가장 중요한 길 목인 법사위원장의 자리, 당대표의 오른팔, 당의 정책과 대한민국의 방 향성을 결정하는 당 정책위 의장 등 요직을 모조리 차지하고 있다. 그들 이 하는 모든 일이 좌익혁명일 수 밖에 없는 이유다. 윤석열 정부를 붕괴 시키는 반란을 주도한 사람들이 바로 이들이다.

북한 전문가들과 전향한 주사파 출신들이 정의하는 주사파란 '김일 성의 주체사상을 지도이념으로 삼고 조선로동당의 대남적화노선을 투쟁 목표로 설정하며, 남한에 대한 대남적화통일전선과 공산혁명 투쟁에 앞 장선 전위대'를 말한다. 그런데 윤석열 탄핵정국에서 일반 국민에게는 다 소 생소한 주사파가 등장하여 온 국민의 시선을 끈다. 조선로동당에서 문재인보다 서열이 높다는 박선원이다. 22대 국회에 입성한 그는 국정원 을 비롯한 국가안보 관련 기관에서는 이미 유명한 인물이었다. 국정원을 대한민국이 아닌 김정은에 봉사하는 북한 정보부대로 만들기로 작정한 듯 보였던 문재인이 국정원 1인자의 자리인 원장에 종북주의자+기회주의자 쯤 되는 박지원을 앉힌데 이어 박선원을 기획실장 제1차장 등 국정원 2인자의 자리에 앉힐 정도로 우익세력 궤멸의 공작과 대한민국 파괴의 공작에 최고 전문가로 보인다. 박선원 그의 정체를 알면 윤석열을 주저앉히려 하는 좌익의 의도와 전술과 과정이 더 쉽게 이해된다.

박선원이라는 골수 혁명가

대북 정보관계자들 사이에서 박선원은 '남한의 최고존엄'이라 불린다. 20년 전의 한 간첩단 사건에서부터 그렇게 불렸다. 2006년 10월 일심회 간첩단 사건을 조사하던 국정원장 김승규는 노무현의 청와대에서 안보담당 비서관으로 있던 박선원의 혐의를 포착하고 그를 조사하겠다고 청와대에 보고한다. 이에 박선원은 노무현 대통령과 문재인 비서실장에게 수사중단을 주장했고 김승규는 반발한다. 김승규는 바로 해임된다. 국정원 내부에서 잘 알려진 사실이다. 간첩혐의가 포착된 박선원이 아니라 간첩을 잡으려 하는 국정원장이 날아간 이 내막은 박선원이 남한 최고존엄, 문재인보다 서열이 높은 간첩으로 불리는 근거다. 박선원이 노무현과 문재인을 조종하고 있다는 첩보가 국정원 내부에서 회람된 적도 있으며, 그가 빼돌려 북한으로 보낸 국가기밀이 A4용지 80만 장 분량이라는 주장도 있다. 호남 출신으로 주사파의 모태인 삼민투에서 활동하며 위원장까지 지낸 그는 1985년 4월 미문화원점거사건을 주도한 혐의로 징역 2년 6개월을 살았으며 통진당의 이석기, 민노총 위원장 양경수, 중부지역당 총책으로 사북사태를 주도했던 황인오 등 핵심 종북 투쟁가들과 강력한 끈으로 연결되어 대한민국의 안보, 특히 대북한 관련 안보체계의 붕괴에 가장 깊숙이 개입되고 가장 오래 일한 사람으로 알려져 있다. 그는 특히 주사파에 대해 가장 많은 정보를 축적하고 있는 국정원을 무력화시키고 주사파 투쟁가들의 활동 공간을 넓혀주기 위해 국정원의 국내정보 수집부서의 폐지를 주도한 사람으로 회자된다.(스카이데일리, 2025.1.9) 이런 과거를 가진 박선원은 대통령 탄핵정국에서 북한의 지령을 받고 반란을 실질적으로 조종하는 사람으로 보여졌다.

2025년 1월 중순 내란특검법을 추진하던 더민주당은 수사범위에 '외환유치죄'를 넣는다. 여당은 물론 학계와 언론에서도 외국에 적용되는 이 죄를 북한에 적용할 수 없다는 것이 중론이었다. 이에 더민주당은 "일정 시기를 빼고는 북한을 외국으로 규정하고 있다"는 논리를 꺼냈고 박선원은 "북한은 이중적 존재다"라고 말했다. 그들의 필요에 따라 외국이 될 수도 있고 아닐 수도 있다는 뜻이다. 북한을 외국으로 규정하는 것은 2024년 초 김정은이 말한 '두 개의 국가론'과 이를 받든 임종석의 "통일하지 맙시다" 발언과 같은 맥락이다. 우리 헌법에 따르면 북한은 한반도 북부지역을 불법으로 점령한 반국가집단일 뿐이다. 김정은의 두 국가론에 기반한 더민주당과 박선원의 이러한 주장은 명백한 위헌이다.

외환죄는 외국과 긴장상태, 무력충돌, 전쟁유발을 도모해 국가 안보를 위협하는 범죄다. 박선원과 더민주당은 오물풍선에 대응하는 대북 확성기 가동과 오물풍선 원점타격 계획의 수립, 북한이 먼저 내려보낸 무인기에 대응하는 국군의 무인기 평양 침투설 등을 모두 외환을 유치한 죄로 몰아갔다. "북한이 먼저 우리를 공격하는데 우리는 가만히 있어야 하느냐, 50만 국군은 왜 필요하냐, 1980년대 이후에만 북한의 도발의 3000번이 넘었다, 6.25전쟁은 물론 남북 사이의 모든 무력충돌은 북한이 먼저 도발하고 우리가 대응한 것이었다 우리가 대응하는 것이 죄냐"라는 국민의 물음에 그들은 대답하지 않았다. 북한에 대한 윤석열의 조치는 모두 외환을 유치한 죄이니 탄핵해야 마땅하다는 주장만 되풀이 했다. 북한의 도발에 대들지 말고 당하고만 있으라는 말이다. 주사파와 간첩들의 논리다.

거짓말 대통령 김어준이 국회 과방위에 나와 비상계엄 당일 밤 한동훈 암살조가 출동했다는 새빨간 거짓말을 하도록 사주하고 후에 이를 사과하는 쑈를 하고, 예비역 군인들로부터 '똥별 네 개'로 불리는 김병주 의원과 작당하여 군사시설을 노출하고 군사동원 체계 등의 극비사항과 블랙요원의 실명까지 공개를 유도했으며, 윤석열 내란 프레임에 핵심 증거로 쓰인 조작된 홍장원의 메모와 "국회에서 의원을 끄집어 내라"는 지시를 받았다는 특수전사령관 곽종근의 거짓말 모략에 박범계 의원과 함께 깊이 개입한 사실 등 박선원 그의 무수한 반란행위를 다 말하자면 끝이 없다. 종북세력 내에서 대한민국 안보 붕괴의 1등 전문가로 대접받는 박선원은 현직 대통령 윤석열에게 북한에서 쓰는 용어인 '내란 수괴'의 딱지를 붙이고 탄핵에 앞장섰다. 정권을 잡고서도 이런 치명적 반국가 사범을 그냥 두었던 대통령 윤석열의 치명적 실수다.

3년 징역을 산 정치범이 국회의장이 되면
대통령 윤석열이 공수처에 체포된 날 저녁 한남동 우원식 국회의장

공관에서는 더민주당 인사들의 부부동반 만찬이 있었다. 이 자리에서는 "대권"의 외침이 있었다고 전해진다. 징역 3년 산 훈장을 앞세워 자신에 이어 자식들에게까지 부귀영화를 누리는 특권의 법제화에 목을 매던 우원식이 대권을? 세상이 뒤집어졌다는 사실이 실감나는 소식이었다. 계엄 당일 국회 담장을 넘는 그의 사진은 전세계에 전해졌고 그 힘으로 불법과 위법의 칼을 마구 휘두른 사람이 이제는 대권까지 넘보고 있다는 이 초현실적인 사실이 믿어지지가 않았다. 대한민국을 뒤집는 일에 큰 공을 세웠다면 반국가 사범이다. 반란세력 그들에게는 대통령감이었겠지만 대한민국의 자유민주주의를 지키겠다는 국민에게는 초현실이었다.

윤석열에 대한 탄핵소추안을 가결시키는 일에 우원식이 세운 공은 혁혁하다. 그의 행동이 대한민국에 거대한 악영향을 미치는 위법적이고 불법적인 것이었다는 뜻이다. 우선 대통령 탄핵에 대한 헌재의 심리 과정에서 내란죄를 제외한 것은 소추사유의 불성립이므로 재의결 사항이라는 것이 학자와 법조인들의 다수의견이다. 그럼에도 그는 재의결에 대해 꿈쩍도 하지 않았다. 위법이다. 또한 대통령 권한대행 한덕수에 대한 탄핵에서 의장이 탄핵소추안을 국회 법사위에 회부해 조사하도록 한 국회법을 위반하고 곧바로 본회의 표결에 붙인 점은 명백한 국회법 위반이며, 대통령 권한대행의 탄핵 가결 정족수는 200석이라는 '국회법 해설서'에 있는 매뉴얼과 법조계의 다수의견을 무시하고 총리에 대한 정족수를 151석으로 해석하여 가결시킨 직권남용은 중대한 범죄다.

최상목 권한 대대행이 마은혁 헌법재판관 후보 임명을 보류한 일에 대한 권한심판청구를 국회의 의결없이 의장 자신의 독단으로 청구한 것도 위법의 소지가 크다는 비판을 받았다. 여기다 국회의 의사진행 과정에서 국회의장의 정치적 중립 의무를 개밥으로 던져준 비열한 행태는 다 열거할 수가 없다. 국회의장으로서의 중립의무 위반 역시 국회법 위반이다. 늙어서도 전향하지 않은 반국가 범죄 전과자가 국회의장이 되어 자행한 대한민국 파괴적인 일이다. 이런 사람이 대권 주자? 우원식 그에게 국가 비전이 있느냐고 물으시는가. 국가 비전을 가지고 대권에 도전하는 더민주당 주자는 없다. 표정 하나 바꾸지 않는 거짓말을 잘하고, 조작에 능하고, 자유민주 정당 공격만 열심히 하면 되지 않는가. 정책은 이재명이 감옥 간 후 그의 기본시리즈를 베끼면 될 것이다. 퍼주기 전문가와 생계형 정치인, 동전의 앞과 뒤다. 우원식과 이재명의 정치철학은 완벽하게 일치한다. 이런 사람들이 대한민국 대통령 자리를 넘보는 일, 기괴하다.

탄핵되는 대통령과 제왕적 주사파

법무장관 박성재를 탄핵시킨 사유에 "야당 대표를 노려봤다"는 내용이 들어있어 논란이 되었다. 일반 국민인 우리에게는 논란거리지만 반국가 세력 그들에게는 자연스러운 일이다. 종북 주사파들에게 수령주의와 결사옹위 정신은 그들의 몸 세포 하나하나에 새겨져 있다. 그런 사람들이 대한민국을 장악하고 '제왕적 대통령'이라는 말을 반복하며 이 반란의 핵심 지휘부가 되어 대통령 윤석열을 무너뜨리려 하고 있다. 대통령직에서 퇴임하면 구속되는 일이 반복되더니 이제는 재임 중에 손발이 묶여 아무일도 하지 못하다 급기야 탄핵되고 구속되는 일이 두 번이나 반복되고 있다. 이게 제왕적 대통령이라고? 대한민국에 자유민주 진영 출신의 제왕적 대통령은 없다.

　　대한민국에는 김대중 문재인처럼 좌익 진영의 제왕적 대통령과 죽어서 신화적 존재가 된 노무현이 있을 뿐이다. 제왕적 권력을 휘두르는 종북 주사파 정치인들이 있을 뿐이다. 그들이 꿈꾸는 나라는 노란봉투법이 통과되어 기업주를 밀어내고 노동자가 기업의 주인이 되는 나라, 양곡관리법이 통과되어 필요량 이상의 곡물 생산을 유도하여 만성적 식량 부족에 시달리는 북한에 퍼주고, 마약 등의 강력범죄에 대응하는 검경의 예산을 삭감하여 마약과 성범죄가 넘치게 만들어 사회질서를 무너뜨린 후 북한에 쉽게 흡수 통일되는 그런 나라다. 고영주 변호사가 대표로 있는 자유민주당이 더불어민주당을 위헌정당으로 규정하고 법무부에 해산을 청구한 이유이며 대통령 윤석열이 비상계엄을 선포한 이유이기도 하다. 대통령 윤석열이 탄핵당한 이유는 그들의 대한민국 반역을 막으려 했기 때문이다.

2절

●

우리법
천하

"이재명은 안 하고 왜…" 공수처의 대통령 체포를 보고 분노한 국민 김태권 씨는 대전에서 상경하여 분신하기 전에 이렇게 말했다. 그가 분노한 직접적 대상은 사법부의 편파성이다. 대한민국의 법치는 국민이 목숨을 걸고 항거해야 할 정도로 편파적으로 집행되고 있다. "안타깝게도 이 나라 법이 모두 무너졌다" 대통령 윤석열은 공수처로 이동하기 전 촬영한 대국민 담화에서 이렇게 말했다. 12개 혐의, 8개 사건, 5개 재판을 받고있는 종합범죄자 이재명에게는 3년째 지켜지고 있는 무죄추정의 원칙이 비상계엄을 선포한 그에게는 조사도 수사도 재판도 없이 단 하루만에 내란죄가 사실상 확정되었으니 대통령에게 대한민국의 법치 붕괴는 현실이었다. 대한민국의 법치는 어떻게 무너졌을까.

1. 법조 혁명가들의 전설과 실제

김일성장학생, 북한문제와 종북주사파에 관심이 있는 국민 사이에서 전설처럼 전해지는 이야기다. 이 전설은 대통령 윤석열에 대한 탄핵 정국에서 선명한 현실로 다가온다. 대한민국 사법부를 장악한 김일성장학생의 존재를 확인한 일만으로도 대통령 윤석열의 비상계엄 선포는 성공으로 평가받아야 한다고 역설하는 국민도 있다. 이들의 기원은 멀다. 수십 년 전으로 거슬러 올라간다.

김용규, 서울 출생, 6.25때 납북된 후 공작원으로 양성되어 7차례 남파 공작원 임무를 수행, 1976년 체포되어 전향, 김대중 집권 이후 좌파들에게 수난을 겪음. 이러한 이력을 가진 전향한 간첩 김용규 씨는 1999년 출간한 저서 '소리 없는 전쟁'을 통해 김일성장학생의 실체를 증언한다. 위에서 내려온 지시라고 말한 그의 증언을 요약하면 이렇다. "남조선에서는 고시 합격만 하면 행정부 사법부에도 얼마든지 비집고 들어갈 수 있다. 지금부터 머리가 좋고 영악한 아이는 데모에 내보내지 말고 고시 준비만 시켜라. 열 명을 준비시켜 한 명만 합격해도 목적은 달성된다."

김씨의 이런 증언을 부연설명하는 법조계와 대북 전문가들의 말을 종합하면 북한정권의 이런 지시에 따라 1980년부터 서울에 고시원 10곳을 만들어 2010년까지 1년 평균 6명씩, 10곳에서 60명씩 합격하여 30년 동안 서울에서만 사법시험 합격자 1800명이 나왔으며 이 중 약 300명은 사법부에서 강력한 카르텔을 형성하여 대한민국을 좌익 국가로 만드는 혁명 투사로 활동하게 된다. 이들이 바로 '좌익무죄 우익유죄'의 판결을 붕어빵 찍어내듯 내놓는 판사들이다. 서울서부지법 차은경 판사처럼 대통령에 대해서는 단 15개의 글자가 적힌 구속영장을 발부하고, 유창훈 판사처럼 좌익정당의 당대표에게는 정당대표라는 이유로 600자의 기각 사유를 적어 방면하는 사법환경이 만들어졌다는 것이다. 정확히 말하면 우익 대통령이 좌익정당의 당대표보다 아래에 놓이게 된 사법환경이다. 이런 환경을 만든 것은 전체적으로는 종북좌익 세력 모두다. 그러나 직접적인 작용을 한 것은 좌익 법조인들이다. 대표적인 좌익 법조인 그룹으로는 민변민주사회를위한변호사모임과 좌익 판사들의 모임인 우리법연구회 및 그 후신인 국제인권법연구회(아래 '우리법'으로 통칭함)가 있다. 대통령 윤석열에 대한 탄핵정국에서 대한민국의 좌익 국가화를 위한 그들의 혁명을 완성하기 위해 대활약을 펼친 바로 그 우리법연구회다.

좌익 판사들의 카르텔

우리법연구회는 1970년대 중반 광주일고 출신의 법조인 중심으로 결성된 사조직으로 출발했다. 어디를 가나 동향인끼리 똘똘 뭉치는 배타적 전라도인의 친목단체 정도였던 이 모임은 1988년 6월 강금실 유남석 이광범 등 8명의 멤버로 시작된다. 이듬해인 1989년 '사법부 민주화'를 기치로 내걸고 우리법연구회의 이름으로 공식적으로 출범한다. 이때부터 전국적인 운동권 출신의 법률가들로 확대되고 동시에 좌편향적 법조인의 이익집단이 된다. 창립멤버 중에서 강금실은 노무현 정부에서 법무장관을 지내며 법조계의 좌익화를 이끌었고, 유남석은 문재인 정부에서 5

년 내내 헌법재판소 소장으로 재직하며 헌법재판소를 대다수의 재판관은 물론 수십 명에 이르는 연구관까지 좌익 법률가들로 채웠다. 이광범은 윤석열 탄핵 헌재 재판정에서 국회측 변호인단 공동대표의 자격으로 3명의 우리법 국제법 출신의 재판관과 이 모임 출신으로 탄핵TF팀에 있는 후배 연구관들을 연결하며 사실상 재판을 총지휘하고 있다. 윤석열 대통령에 대한 헌재의 탄핵 재판의 결과가 크게 우려되는 이유다.

우리법연구회가 하나의 힘 있는 정치 세력이 된 것은 모든 좌익단체들이 다 그러하듯 김대중 노무현 정권 10년부터다. 이 모임 판사들은 사법부의 요직을 장악하고 대부분의 정치적 사건에 개입하여 법 조문과 법리를 무시하고 정권과 진영에 유리한 편파적 판결을 양산했다. 노무현 정권의 법무장관 강금실이 유명하다. 이후 이들은 문재인 정권에서 확연히 드러났듯이 대한민국의 형사사법 기관과 정부의 최고위직을 대거 접수한다. 김명수 대법원장과 노정희 대법관 겸 중앙선관위원장은 편파성에서 대표적인 법관으로 대한민국의 법치와 선거제도를 완벽하게 유린한 법관으로 손꼽혔다.

호남출신의 법조인 사조직으로 출발한 우리법연구회는 지금도 호남인이 많다. 대법관 노정희(광주광역시), 윤석열에게 형소법을 배제한 위헌적인 체포영장을 발부한 서부지법의 이순형(전북무주), 이재명의 위증교사에 무죄를 선고한 김동현(전남장성), 이재명의 선거법 위반 사건을 무려 16개 월이나 지연시키다 "조선시대 사또도 아니고…"라는 유명한 말을 남기고 사표를 낸 강규태(전남 해남) 판사가 호남인이며 조국 재판을 15개월 동안 공판 한 번 열지 않고 있다 휴직 등의 방법으로 2년을 넘긴 일로 '재판 지연의 달인'으로 불린 김미리 판사는 제주 출신이다. 윤석열 탄핵 재판에 국회 측 대리인으로 참석한 김이수(전북 고창)와 이광범(전남 나주) 도 호남인이다. 좌익 법조인 가운데 호남인이 유독 많다는 뜻이다.

우리법연구회는 법원 내부에서 그들의 이익집단화에 대해 논란이 이어지게 되자 2010년 이후 회원명단을 공개하지 않았으며 노골적 편파성으로 사회적 지탄을 받게되자 2018년 스스로 해체한다. 그러나 해체는 그들의 주장일 뿐 구성원들이 국제인권법연구회로 옮겨 법조계의 강력한 이익집단으로서의 활동을 계속한다. 김명수는 국제인권법연구회의 초대 회장이었다. 2019년 한 외신이 "정부 관료들에게 뇌물을 주는 억만장자들보다 강남좌파들의 해악이 훨씬 크다"(블룸버그통신, 2019.9.14)는 칼럼을 냈을 때 사회주의를 추구하면서도 위법적 이익에 탐닉하는 조국 장하성 등과 함께 강남 서초구에 주로 거주하는 좌익 법조인들이 집중적인 조명을 받은 적이 있다. 이들 좌익 법조인들이 대한민국 법조계에서 강력한 이익 카르텔과 이념 카르텔을 형성하고 있다는 사실을 말해준다. 대한민국의 좌익국가화에 압도적이고 핵심적인 힘을 발휘하는 그들은 윤석열을 탄핵시키는 정국에서 국회, 공수처, 법원 등 각 기관에 포진하고 있는 자신들의 카르텔의 존재를 거침없이 드러낸다. 전체법조인 중 소수를 점하는 이들이 강력한 카르텔을 형성하고 법치주의를 농락하며 대한민국의 체제 변경을 위해 법을 혁명의 도구로 이용한다는 사실은 법원 내에서 점하는 그들의 과잉 대표성에서 바로 확인된다.

너그들만 판사냐

2010년 전국 모든 법원의 판사 2000여 명 중 우리법과 국제인권법연구회 출신 판사는 129명으로 전체 법관의 5%가 조금 넘는 비율이었다. 1989년을 출범 원년으로 볼 경우 2018년에 표면적으로 해체하기까지 30년 동안 이 모임을 거쳐간 판사는 150명 정도다. 같은 기간 판사 재직자 5000여 명의 3%다. 후신인 국제인권법연구회 판사를 다 합해도 500명 안팎으로 10% 선에 그친다.(한국경제, 2025.1.14) 이로부터 15년이 지난 2025년 현재의 대한민국 최고, 최후의 사법기관인 헌법재판소에서 우리법 출신들이 차지하는 비율은 8명 중 3명으로 38%다. 모든 법원의 고위직과 요직을 통계낸다 해도 비슷한 비율일 것이다. 좌익의 오래고 질긴 대한민국 점령 노력의 결과다. 그들의 혁명이 완성의 단계에 이르렀다는 뜻이기도 하다. 기존의 3명의 좌익 재판관과 더민주당이 대통령 권한 대행 최상목을 겁박하는 폭력적 행위가 먹혀들어 역시 우리법연구회 출신인 마은혁 후보가 임명된다면 헌재에서 점하는 비율은 50%가 되어 대한민국 사법부는 물론 대한민국 전체가 우리법연구회의 손아귀에 들어가게 될 것은 자명하다. 마은혁이 헌법재판관에 임명되면 헌재의 재판은 혁명재판이 될 것이라고 걱정하는 국민이 많다. 헌재의 판결은 단심으로 사후 수정이나 교정이 불가능하다. 헌재가 우리법에 장악되는 일은 그래서 무서운 일이다.

논객으로 활동하는 전원책 변호사는 "대한민국은 이념에 찌든 판사가 왕이 되어버린 나라가 되었으며 좌익판사 한 명이 정치의 흐름과 나라의 운명을 완전히 바꾸어 놓는 사법구조가 되었다"고 진단했다. 50억을 받고 이재명에게 무죄를 준 혐의로 재판에 넘겨진 대법관 권순일, 국회에서 국회의원 전원의 표결을 거쳐 통과시킨 이재명에 대한 체포동의안을 간단히 뒤집어버린 일개 판사 유창훈, 이재명의 재판이라면 갖가지 특혜를 주면서 시간을 끌고 또 끌어주다 위증교사죄의 사문화 비난을 무릅쓰고 검찰의 주장대로 음주운전을 음주와 운전으로 분리하는 기막힌 방법으로 무죄를 선고한 김동현 등 좌익진영에 대한 불공정하고 불법적이며 특혜적인 재판의 사례는 이제 흔한 일이 되었다. 이것이 좌익진영 그들이 말하는 공정과 정의다.

대통령에 대한 체포영장에 입법권 침해라는 엄청난 위헌성을 무릅쓰고 영장을 발부한 이순형, 구속영장을 대통령에게 마치 잡범에게 발부하는 것처럼 "피의자가 증거를 인멸할 우려가 있다" 단 한 줄의 사유를 적어 발부한 차은경, 대통령에 대한 재판에서 일반 국민의 눈에도 훤히 보이는 편파성을 굳이 감추려고도 하지 않는 뻔뻔함을 보이며 탄핵재판을 진행하는 문형배와 이미선, 선관위를 복마전으로 만들고 수많은 부정선거의 증거가 나왔음에도 선관위의 독립성만 주장하며 조사와 수사에는 결코 응하지 않는 노정희와 노태악 대법관 등을 보면 이념에 찌든 판사가 나라의 운명을 바꾸어 놓는다는 전원책 변호사 우려가 피부에 와닿는다. '대한민국 좌익 판사 그들은 법치 파괴를 넘어 법 위에 있는 존재다'라는 비판과 좌익진영의 뻔한 범죄에 대한 재판과 우익진영에 대한 모함성 재판은 대부분 '설마가 역시'로 판결나는 것이 이제는 공식이 되었다는 국민의 푸념이 가장 실감나는 곳은 대통령 윤석열에 대한 탄핵사건을 대하는 공수처와 서울서부지방법원이다.

2. 4년을 기다린 공수처의 쓰임

"박범계 : 윤석열이 도망갔을 가능성이 있다고 봅니까 / 오동운 : 네 맞습니다" 2025년 1월 8일 국회 법사위에 출석한 공수처장은 박범계의 질의에 이렇게 답변했다. 대통령이 관저에 있었다는 사실은 곧 밝혀졌다. 우리법 출신의 두 법률가는 국회에서 장단을 맞추며 이렇게 공개적으로 거짓을 말했다. 이들은 법률가가 아니라 거짓 선동을 하는 좌익 혁명가들일 것이다. 1월 15일 대통령을 체포하여 구치소에 가둔 공수처는 대통령에게 서신의 수발신을 금지하고 부인의 면회도 금지한다. 악질적 잡범이나 중대한 간첩에게나 할 조치였다. 윤석열은 대통령이 되기 전에 "공수처는 권력의 3류 하수인"이라고 말한 적이 있다. 자신의 이 말이 자신에게 가장 먼저 적용될 것이라는 사실은 그도 몰랐을 것이다. 2019년 문재인이 '한국판 게쉬타포가 될 것'이라는 비판을 무릅쓰고 폭력적인 절차로 공수처를 만든 이유를 국민인 우리는 이때까지는 몰랐다. 4년 동안 3000여 건의 사건을 접수하고 유죄판결을 받아내기는 커녕 영장을 발부받은 것조차 단 1건도 없는 공수처를 매년 200억 원의 예산을 들여 유지하는 이유를 국민인 우리는 이때까지 몰랐다. 접수된 3000여건의 사건 중에서 문재인 정권의 중대한 범죄 사건에는 거의 손을 대지 않았다는 사실에서 문재인이 공수처를 만든 목적은 어느 정도 짐작이 갔지만 진짜 목적은 단 15% 국민의 지지를 받는 공수처가 대통령을 체포하기 위해 미친 듯 날뛰는 장면에서 선명하게 확인된다. 문재인이 공수처를 만든 심대한 뜻을 이제야 알게 되었다.

숨어 있다 등장한 혁명투사 오동운

공수처장 오동운은 국제인권법연구회에서 활동한 판사 출신이다. 윤석열 대통령이 당대표 한동훈의 추천으로 공수처장에 임명한 것으로 알려져 있다. 종북주사파의 좌익혁명에 대한 이해가 부족한 책똑똑이 한동훈이 그의 정치적 미래를 위해 공수처에 심은 자신의 라인으로 보인다. 오동운 본연의 좌익 정체성에다 미래권력인 한동훈에 붙어 더 높은 자리에 오르려는 한국 엘리트 공통의 출세주의가 더해진 것이 오동운 그를 미쳐 날뛰게 한 에너지일 것이다. 2025년 1월 7일 국회에 나온 오동운에게 정청래 이성윤 김용민 등의 더민주당 의원들이 대통령에 대한 체포를 재촉하자 "유념하겠습니다"라고 말하는 그의 답변에서 좌익 정당의 혁명투사들과 손발을 맞추는 그의 좌익 본색은 바로 드러났다.

대통령이 공수처에 가서 아무런 진술도 하지 않을 것이며 그래서 대통령에 대한 조사는 불가능할 것이라는 사실을 법조인들은 물론 좌우익을 막론한 모든 국민은 이미 알고 있었다. 공수처는 내란혐의에 대한 수사권이 없으며 그래서 조사와 수사에 응할 수 없다는 입장을 대통령이 이미 여러 차례 밝혔기 때문이다. 그래도 오동운은 대통령을 체포하려는 의지를 굽히지 않았다. '윤석열은 확신범'이라고 적힌 구속영장을 들이미는 공수처의 대통령 체포 목적은 수사에 있는 것이 아니었다. 이재명이 그렇게도 원했다는 '체포되는 사진 한 장'이 오동운 그에게도 필요했던 것은 자유민주주의자 윤석열을 인민재판의 광장에 세우는 것이었다. 이것이 그에게 부여된 임무인 듯 보였다. 체포에 성공한 오동운은 이재명의 민주당이 검찰과 경찰에 대해서는 단 한 푼도 주지 않는 대신 공수처와 법원에만 듬뿍 집어준 특활비로 공수처 간부들과 함께 비싼 회식을 즐겼다. 세금으로 반주를 곁들인 회식을 하는 그들은 즐거웠을 것이다. 그러나 대통령을 체포하는 과정에서 공수처가 범한 위법과 불법을 되짚어보면 국민인 우리는 결코 오동운과 공수처를 용서할 수 없다.

공수처가 해체되어야 하는 이유

대통령 윤석열을 체포하는 과정에서 공수처가 범한 위헌 위법 불법 편법적 행위를 다 말하자면 길다. 가장 엄중한 위헌 위법은 내란에 대한 수사권이 없는 공수처가 대통령을 수사하겠다며 나선 일이다. 법 조문만 읽어보면 위법이라는 사실을 바로 알 수 있는 간단 명료한 이 일을 우리 법연구회 출신의 박범계 등의 더민주당 의원, 좌익 법률가들로 채워진 공수처의 검사들, 법원과 헌재의 이념 판사들로 엮어진 이들 좌익 법조인 카르텔은 별다른 해명이나 변명도 없이 밀어붙였다. 해명을 해봐야 궤변에 지나지 않는다는 사실을 알았기 때문에 그들은 말하지 않았을 것이다. 수사권도 없는 공수처가 대통령을 수사하겠다고 나선 이 일은 그들이 일으킨 이 쿠데타 혹은 반란이 진압되고 공수처 해체에 나설 때 해체 사유의 첫 번째 줄에 있어야 마땅하다.

체포영장을 관할 법원인 서울중앙지법을 피해 우리법 판사가 있는 서부지법에 신청한 일은 편법이자 위법이다. 중앙지법에 4차례나 신청하여 기각당한 영장을 오동운의 오랜 이념적 동지인 정계선이 법원장으로 있는 서부지법에 다시 신청하면서 중앙지법에 이미 신청했던 사실을 누락 은폐한 일은 명백한 실정법 위반이다. 또한 대통령조차 개입할 수도 없고 간섭할 수도 없을 정도로 모든 국가기관으로부터 철저한 독립성을 보장 받는 동시에 스스로 이 독립성을 지켜야 하는 국가기관인 공수처가 대통령 체포의 목적을 달성하기 위해 행정부 수반의 역할을 하고있는 대통령 대대행 최상목에게 공수처와 경찰의 행동을 제지하지 않도록 대통령 경호처에 대한 지휘를 요청한 것도 월권이자 위법이다. 최고 4000명에 이르는 대규모 경찰을 동원한 일 역시 법 규정에는 근거가 없는 위법이자 불법이며 출입허가증을 위조한 명백한 불법행위에 대해서도 최고 지휘권자인 오동운에게 책임을 물어 사후에 반드시 처벌해야 할 일이다. 여당이 "공수처법상 공수처 검사가 경찰을 지휘할 권한이 없다"는 법조계의 견해와 국민의 여론을 전하자 경찰이 즉각 나서서 "위법성의 문제가 제기되지 않도록 하겠다"고 응수하고는 2차 체포에서 더 많은 경찰 인원을 투입할 정도로 공수처 경찰 서부지법으로 연결된 그들의 좌익 카르텔은 이 반란을 멈출 생각이 없는 듯 보였다.

문재인이 중국의 국가감찰위원회와 인민검찰원을 모방해 만든 공수처는 좌익정당의 1당독재를 위해 만들어진 사법기관이다. 이런 사법기관은 전체주의를 표방하는 사회주의 국가에서 독재적 권력을 유지하기 위해 설치하는 기구다. 그러나 자유민주주의 국가에서는 존재할 수 없는 괴물 같은 존재다. 대한민국을 좌익의 나라로 만드는 일만 했던 문재인과 그의 주사파 수하들에 의해 설계된 공수처는 반드시 해체되어야 한다. 공수처가 계속 존재한다면 그들의 좌익혁명은 더 빨리 완성될 것이다. 또한 대한민국의 자유민주주의는 더 빨리 무너질 것이다. 틀림없다.

3. 좌익 판사들의 집 서부지법

"향후 공수처가 직접관할인 서울중앙지법에 사전구속영장을 청구하면 영장심사에 응하겠다. 서부지법에서 받은 무효인 영장에 의한 수사는 응할 수 없다. 이것은 원칙의 문제다" 2025년 1월 8일 대통령 측 변호인 윤갑근은 이렇게 말했다. 그럼에도 1차 영장에 이어 2차 영장도 서부지법이 발부했다. 이어 17일 청구하여 19일에 발부된 구속영장까지도 서부지법이다. 공수처가 법적 관례적 관할인 중앙지법을 피해 서부지법에 청구한 이유는 간단하다. 더민주당과 공수처의 우리법 판사 출신들과 한통속인 법관들이 똬리를 틀고 있는 곳이 바로 서부지법이기 때문이다. 대통령의 비상계엄 선포로 국민인 우리가 뒤늦게 알게 된 사실이다.

우리법 출신으로 서부지법 법원장으로 있던 정계선과 부장판사 마은혁은 이미 청문회를 마치고 정계선은 임명되었고 마은혁은 임명을 기다리고 있었다. 형소법 적용을 배제함으로써 입법권을 침해하는 위헌적인 영장을 발부한 우리법 출신의 이순형 판사, 이미 좌익무죄 우익유죄의 판결을 많이 내린 것으로 유명한 전력을 가지고 대통령을 구속하는데 단 15자의 구속사유를 적은 영장을 새벽 3시에 발부한 차은경도 서부지법 판사다. 이순형이 발부한 체포영장이 기한을 넘기자 이를 연장해준 신한미 판사와 대통령 체포영장 효력정지가처분을 기각한 마성영 판사도 서부지법이다. 정계선 마은혁 이순형 차은경 신한미 마성영 이 6인의 판사가 모두 우리법 국제법 출신의 좌익 판사다. 대통령 윤석열이 이들 6인의 올가미에 걸려든 것이다. 좌익 시위대와 비교하면 폭력을 거의 행사하지 않는 우익 시민이 분노하여 서부지법에 폭력을 행사한 배경이다. 이를 대하는 경찰과 서부지법의 사후처리는 대한민국이 이미 좌익의 땅이 되었다는 사실을 확인시켜 주기에 충분했다.

판사들의 혁명

1월 19일 새벽 3시 서부지법 차은경 판사는 대통령 윤석열에 대한 구속영장을 발부했고 법원 주변에서 시위를 벌이던 수백 명의 우익 시민은 국민저항권 행사를 명분으로 즉시 법원에 진입한다. 우익 시민의 관공서 진입으로는 아마 헌정사 최초일 것이다. 헌정사 최초의 현직 대통령에 대한 구속영장 발부에 헌정사 최초의 우익 시민에 의한 정부기관 난입일 것이다. 이 사건으로 107명의 시민이 특정되고 이중 70명 이상이 구속된다. 구속된 시민의 면면을 보면 회사원과 자영업자가 36명이고 20대와 30대가 29명이었다. 민노총 조합원들이 수시로 경찰을 구타하고 어떤 때는 한 번의 시위에서 100명 이상의 경찰에게 부상을 입히고 경찰버스와 기물을 손괴하는 테러를 자행하고도 한꺼번에 이렇게 많이 구속된 일을 본 적이 없다. 서부지법에 대한 이날의 난입사건을 두고 법원 고위직에서는 '법치주의에 대한 전면 부정'의 소리가 이어졌다. 대한민국에 더 무너질 법치주의가 아직 남아있었던가.

2017년 9월 5일 국제인권법연구회 출신의 오현석 판사는 법원 내부 게시판에 "재판은 정치다. 대법원 판결을 따를 필요 없다"라는 글을 올렸다. 문재인 정권 초기에 나온 좌익 판사의 이 글은 자유민주주의에 기초한 대한민국의 법질서를 무너뜨리는 신호탄이었다. 이 글이 게시되고 20일 후에 오현석 판사와 같은 국제인권법 회장 출신의 김명수가 대법원장에 취임하면서 대한민국의 자유민주적 법질서는 거침없이 망가진다. '천하의 거짓말쟁이 대법원장'이라는 이름을 얻은 김명수와 건국 이후 최대 간첩단이라고 의심받는 정권의 수장 문재인 두 사람의 콜라보는 대한민국의 자유민주적 법치주의를 붕괴시키는 혁명이었다.

법을 어긴 체포와 수사와 재판은 모두 무효다

"사법부가 불공정하다는 국민이 상당수다. 우리 사법부는 반성해야 한다." 법원행정처장 천대엽 대법관은 1월 23일 국회에 나와 이렇게 말했다. 사법부가 반성해야 한다는 그의 말이 너무 완곡해서 피부에 와닿지 않는다. 시민들의 집회 현장에서 흔히 목격되는 '법치 파괴' '대한민국 사법부의 붕괴' '지리산에 있던 빨치산이 이제는 법원에' 등의 주장과는 너무 느낌이 멀다. 대한민국 사법의 붕괴, 한 신문이 실감나게 요약했다.

"조국은 징역 2년을 확정받기까지 5년이 걸렸다. 1심만 3년 2개월이 걸렸고 2심 재판부는 실형을 선고하면서도 법정구속을 하지 않아 그가 국회의원이 될 수 있는 길을 열어줬다. 이것이 재판인가. 후원금 횡령혐의의 윤미향은 기소된 지 4년 2개월 만에 당선무효의 징역형이 확정됐다. 하지만 국회의원 임기 4년을 다 채운 뒤였다. 법원의 불의다. 문재인 청와대의 울산시장 선거개입 사건으로 기소된 황운하 의원은 1심 징역형 선고에만 3년 10개월이 걸렸다. 우리법 출신 판사가 무려 15개월간 본안심리를 하지 않은 탓이다. 황 의원은 임기를 다 채우고 또 의원이 됐다. 판사들이 재판이 아니라 정치를 한 것이다. 현 정부 들어 한 판사는 노무현 부부 명예훼손 사건에 돌연 징역 6개월을 선고했다. 법조계의 상식을 넘어서는 극단적 판결을 내린 이 판사는 자신의 정치적 편견을 여러 차례 온라인에 올린 사람이었다. 이재명 관련 재판은 지금도 지지부진이다. 그의 재판지연 작전을 법원이 거의 다 받아준 결과다. 그가 지난 대선에 출마한 것 자체가 'TV토론에서 한 거짓말은 허위사실 공표가 아니다'라는 황당한 대법원 판결 때문이었다."(조선일보, 2025.1.21)

이 기사에 나온 각 사례 하나하나는 대한민국의 사법이 무너졌다는 사실을 분명하게 말하고 있다. 이 사례들에 의해 시민이 서부지법을 난입하여 기물을 파손한 것보다 서울서부지법 판사들과 대한민국 모든 법원이 이재명의 재판을 한없이 지연시키면서 대한민국의 법치를 파괴한 것이 순서에서 더 먼저이고 심각함에서 더 큰 문제라는 사실은 쉽게 확인된다. 또한 민노총이 수십 년간 파손한 공공기물이 압도적으로 더 많고 절대적으로 엄중한 일이라는 사실도 분명해진다. 대한민국의 법치가 어느 쪽에서 무너졌는지는 분명하다. 좌익무죄 우익유죄, 왼쪽이다.

대한민국 법원의 판결이 공정하려면 법관 대신 AI가 판결을 내려야 한다는 주장이 설득력을 얻을 정도로 대한민국의 법치주의는 이미 무너졌다. 대한민국 정치판의 도덕과 정의는 모두 무너졌으며 그 책임의 80%는 사법부 때문이란 주장이 설득력을 얻고 있다. 당장 급하게 주장해야 할 일이 있다. 공수처와 법원이 절차와 법규를 어겼다면 대통령 윤석열에 대한 내란죄 수사는 모두 무효다. 헌법재판소가 절차를 어기고 법규정을 어기고 불공정하고 편파적으로 재판을 진행했다면 그것도 무효다. 헌재는 대통령 윤석열에 대한 탄핵재판을 즉시 중단하고 기각 결정을 내려야 한다. 헌법재판소를 믿어도 될까. 대통령 윤석열의 운명은 물론 대한민국과 이 나라의 국민인 우리의 운명까지 결정짓게 될 이 형사사법기관을 신뢰할 수 있는가. 걱정스러운 마음으로 한번 들여다 보자.

3절

●

대한민국
헌법재판소

법이 정하는 헌법재판소의 재판관 수는 9인이다. 2017년 이들이 쓰는 의자를 모두 교체했다. 한 개당 얼마짜리인 줄 아시는가. 100만 원이다. 물론 국민인 우리의 세금으로 산 것이다. 국민의 혈세로 이런 비싼 의자를 구입했느냐고 따지려는 것이 아니다. 그들이 100만 짜리 의자에 앉을 자격이 있느냐, 그들이 장관급 대우를 받을 자격이 있느냐 하는 것을 말하려 한다. 대한민국 최고의 형사사법기관에서 국가의 최대 중대사에 대해 고민하고 판단하는 일을 하는 사람들이라면 100만 원짜리 의자에 앉을만 할 것이다. 그것이 세계 10대 경제대국에 걸맞는 일이기도 할 것이다. 문제는 그들이 그런 돈값을 하느냐 하는 데 있다. 각자의 생계에 바쁘고 그들보다 아는 것이 적은 국민의 무리에 속하는 우리는 그들을 대한민국의 법질서와 국가 정체성을 지키는 최고 엘리트 법관으로 생각한다. 국가 기관에 대한 신뢰도 조사에서 헌법재판소가 늘 1등으로 나온 이유일 것이다. 제20대 대통령 윤석열의 비상계엄 선포와 뒤이은 그에 대한 탄핵 재판이 있기 전까지는 그랬다. 이제는 아니다.

1. 우리법연구회에 포위된 대통령

대통령 윤석열에 대한 재판은 변론준비기일 2차에다 변론기일 11차까지 모두 13차례 열렸다. 헌법재판소에서 열린 이 재판의 법률가 구성을 보면 "이 재판은 좌익 혁명가 출신의 법률가들이 우익 이념을 가진 대통령을 심판하는 혁명재판이다"라고 말하는 논객들의 주장을 바로 이해할 수 있다. 우선 이 재판정에서 가장 높은 자리인 헌재소장대행인 문형배를 시작으로 이미선 정계선 3명의 재판관이 우리법 국제법 출신이다. 국회측 대리인단의 공동대표인 김이수 송두환 이광범 3인도 모두 우리법 국제법 출신이거나 각자의 인맥으로 직간접적으로 연결되어 있다. 특히 우리법연구회 창립멤버인 이광범은 공수처, 더민주당, 헌재에 포진한 모든 좌익 법률가들을 연결하는 핵심 고리로 알려져 있다. 대통령탄핵사건팀에 소속된 약 10여 명의 헌재 연구관들 중에도 우리법 국제법 출신들이 다수일 것으로 추정되며 이광범 변호사가 이들과 직접적으로 연결된 것으로 보인다. 사법부의 이흥구 윤성식 등 외곽부대까지 말하자면 길다. 대통령 탄핵재판의 이러한 인적 구성을 보면 대통령 윤석열이 좌익 판사들에게 포위되어 혁명재판을 받고 있다는 주장이 결코 근거 없는 말이 아니다. 인적 구성 뿐만이 아니다. 재판의 과정과 내용을 들여다 보면 이것이 혁명재판이라는 사실은 더 분명해진다.

이 뻔한 일을 왜

2025년 1월 8일 헌재는 이창수 서울중앙지검장 등 검사 3인과 최재

해 감사원장에 대한 탄핵소추 사유가 분명하지 않다고 말했다. 그러나 더민주당이 24년 12월 5일에 가결시킨 이 4인의 탄핵 사유는 불을 보듯 뻔하다. 검사들은 이재명을 수사한다는 이유와 대통령 부인을 기소하지 않았다는 이유로, 감사원장은 문재인 정권에서 있었던 비위를 감사한다는 것이 이유였다. 첫 변론기일에 법사위원장 정청래는 물론 국회측 대리인도 나오지 않는 작태에서 이 탄핵 심판의 목적이 헌재에서 시비를 가려달라는 데 있는 것이 아니라 이재명과 문재인 정권 사람들에 대한 수사 방해와 검사 길들이기에 목적이 있다는 사실은 바로 알 수 있었다. 이 뻔한 일에 대한 판결을 미루는 헌재의 목적도 알고보면 뻔하다. 대통령에 대한 탄핵을 빛의 속도로 밀어부치려는 목적이 뻔히 보였다.

헌법은 대통령이 국가비상사태에 있어서 병력으로써 군사상의 필요에 응하거나 공공의 안녕질서를 유지할 필요가 있을 때에는 계엄을 선포할 수 있다고 규정하고 있다. 이 규정에 의거하여 비상계엄의 요건 판단과 선포 결정은 당연히 대통령의 권한이다. 판단을 하고 결정하는 권한은 직원 몇 명이 있는 사기업에서도 사장의 몫이다. 대통령의 책상 위에 있어야 할 이 뻔한 일을 헌재의 재판정으로 옮기고 끌어들인 것은 더민주당과 공수처와 법원과 헌법재판소의 좌익 법조인들의 카르텔, 감옥행이 예정된 이재명과 수십 명의 국회의원 그리고 한동훈을 포함한 여야의 배신자와 기회주의자 연합이다.

이들 연합은 대통령의 비상계엄 다음날부터 '비상계엄은 곧 내란'이란 프레임을 만들고 대통령에게 무차별적인 공세를 퍼붓는다. 국민과 언론에 이 공세가 먹혀든 것은 박범계 박선원 김병주 등 더민주당의 모략 전문 국회의원들이 홍장원 곽종근 등의 기회주이자 공무원들과 공모하여 거짓 증거를 만들고 거짓말을 널리 퍼뜨렸기 때문이다. 계엄 선포로부터 두 달이 지나자 많은 증거와 증언에 의해 그들의 거짓말과 조작과 모략의 전모가 드러난다. 8년 전 박근혜에 대한 탄핵 그때처럼 사기탄핵이 다시 한번 되풀이 되고 있다는 사실이 분명해졌다. 헌재는 이 뻔한 일에 기각 판결을 내리지 않았다. 오히려 신속하게 인용 판결을 내리려는 의도를 숨기지 않았다. 이 뻔한 사건을 졸속으로 마무리 지으려는 헌재소장 대행 문형배의 노골적 행태에서 이 탄핵재판의 본질을 알게 되었다. 좌익 재판관 그들은 자신들의 오래 묵은 혁명과업 수행을 서두르고 있었다.

탄핵재판을 주무르는 사람들

국제인권법 출신의 오동운의 공수처가 우리법 출신 이순형 판사가 발부한 대한민국 형소법을 쓸모없는 것으로 만드는 위헌적 영장을 가지고 대통령을 체포하여 구치소에 구금하고, 이어 우리법 판사들의 집인 서부지법에서 발부한 영장으로 구속된 대통령은 헌법재판소에 출석하여 심리에 참석한다. 헌재 재판소 법정에는 우리법 출신으로 가득했다. "우리법만 판사냐"는 목소리가 판사들 사이에서 터져나오고 "우리법연구회가 탄핵재판을 주무른다"는 언론 논평이 나온 것도 이 무렵부터였다. 헌재 법정을 채운 우리법 국제인권법 출신들의 면면을 보자.

우선 헌재 측의 소장대행 문형배부터 재판관 정계선과 이미선이 있다. 이어 국회 탄핵소추인단의 최기상 박범계 더민주당 의원이 우리법 출신이다. 우리법 판사 출신이 아닌 김승원 의원은 처음에는 소추단에 포함되어 있었으나 곧 빠졌고 국회 법사위 간사 자리에서도 물러났다. 우리법 출신들이 탄핵을 주무르자는 의도로 보였다. 소추단의 공동대표인 이광범 변호사도 우리법 출신이다. 그는 대표적 좌파 로펌으로 불리는 법무법인 LKB의 대표로서 LKB 소속의 변호사 무려 4명이 소추단에 들어있었다. LKB 변호사 중에는 공수처 검사로 간 사람도 많았고 거꾸로 공수처에서 온 변호사도 많았는데 이들 모두는 이광범 대표의 영향력 아래에 있는 법률가들이다. 대통령 체포영장을 현장에서 집행한 공수처 최장우 검사도 LKB 출신이다. 이런 사람들로 채워진 헌법재판소는 처음부터 재판 진행의 공정성을 기대할 수 없었고 재판 결과 역시 뻔해 보였다. 이들 중에서도 가장 중요한 헌법재판관 3인의 본색을 들여다보면 대한민국의 법치주의는 절망적이다.

소장대행 문형배는 그를 임명한 문재인의 간첩 정체성을 다시 한번 확인할 수 있는 사람이다. 대통령이 되어 대한민국을 파괴하는 일만 했던 문재인이 대한민국의 법치를 절단 내기 위해 그를 헌재 재판관으로 임명한 것이 틀림없다. 스스로 "우리법연구회 내부에서 내가 제일 왼쪽에 자리 잡고 있을 것"이라며 자신의 좌익 정체성을 자랑스럽게 말하는 그가 6.25 북한의 남침을 두고 '전쟁의 방법으로 통일을 이루려는 것'이라고 말 한 것은 종북 주사파들의 견해와 일치한다. 2003년 1월, 판사 문형배는 "대법원 인사가 정치적 고려에 다른 지역별 기술별 안배에서 성향별 안배가 필요한 시점이다. 진보 성향의 대법관이 보수 성향의 대법관과 최고 법원을 구성해 사회의 보편타당한 가치를 모색할 시점이 되었다."는 글을 법원 내부 통신망에 올렸다. 그의 좌익 정체성은 이렇게 분명하다. 여기다 이재명과 술친구라는 개인적 인연까지 더해진 그는 국가의 질서유지와 국익을 위해서가 아닌 감옥가야 할 이재명의 바쁜 시간표에 맞추기 위해 극단적인 편파성을 드러내며 재판을 진행했다.

대통령에 대한 탄핵소추안이 가결된 이후 임명된 정계선 역시 좌익 정체성이 확실한 재판관이다. 사회주의적 평등을 실현하기 위한 법안 중 하나였던 '포괄적 차별금지법'을 지지했던 정계선은 자신은 물론 남편까지 좌익의 정체성을 가진 사람이다. 정계선의 남편이 국회측 소추단 단장인 김이수와 같은 로펌에서 일 할 뿐만 아니라 대통령 탄핵촉구 시국선언에 동참한 것은 이해충돌의 소지가 크다는 사유로 대통령 측에서 낸 기피신청을 단 하루만에 기각시킨 일은 헌법재판소가 좌익의 편으로 완전하게 기울어져 있다는 사실을 확인시켜 준 사례다.

6년 전 그의 등장에서부터 "재판 시간에 주식놀이나 했나"라는 논란이 컸던 이미선은 당시 40억 원 규모이던 자신의 재산을 퇴임 무렵에는 76억 원으로 늘린 주식천재다. 별명이 '여자 김남국'이다. 재판 당사자의 주식을 대량 보유하는 등 도덕성에서 논란이 컸던 그에 대한 헌재재판관 임명 강행은 문재인이라는 사람을 다시금 생각하게 해준다. 문재인은 우리법의 문형배와 국제인권법 출신의 이미선을 헌재 재판관에 임명함으로써 대한민국 헌법재판소를 정권의 불법적 통치에 합법의 포장을 씌워주는 그런 기구로 만들려고 했을 것이다. 좌익 운동을 하는 자신의 가족에 대한 논란에는 철저히 입을 다문 이미선은 25년 1월 23일에 열린 김용현 전 국방장관에 대한 심리에서 "(부정선거) 그게 계엄의 이유가 되나요"라는 취지의 말을 해서 대한민국의 자유민주주의가 위험하다고 걱정하는 국민을 깜짝 놀라게 했다. 부정선거는 자유민주주의의 근간을 뿌리째 흔드는 국가적 중대범죄인 동시에 종북세력이 남한 체제를 변경하려는 그들의 좌익혁명에 합법의 외피를 입히기 위해 구사하는 중요한 수단이다. 이미선은 법조문 암기 이외에는 다른 지식을 쌓지 않은 무식한 대한민국 판사의 전형이며 자신의 재산을 불리기 위해 관직을 탐하는 공직자의 샘플 쯤으로 보인다. 그가 진행하는 재판이 정상적일 리가 있는가.

문형배 이미선 정계선 3명의 우리법 국제법 출신이 포진한 헌재의 편파성은 대통령에 대한 탄핵재판에 앞서 열린 이진숙 방통위원장에 대한 재판에서 먼저 드러났다. 방통위원장에 임명되어 단 하루 일한 이진숙을 탄핵한 것은 MBC를 조선중앙방송과 같은 자신들의 스피커로 계속 써먹으려는 더민주당과 종북세력의 횡포라는 사실을 알고 있는 국민은 헌재 재판관 8명 전원일치의 결과를 예상했다. 이 뻔한 재판을 거의 6개월을 끌다 1월 23일 결과가 4 : 4로 나오자 국민은 경악했다. 문형배 이미선 정계선의 이름이 탄핵을 찬성한 4명에 포함된 것을 보고 대통령의 탄핵 결정에 대한 찬반 예상이 쉬워진 점은 위안이 되었다.

헌재는 이진숙에 대한 재판에서 윤석열 정부가 출범한 이후 이재명의 민주당이 29번 발의하고, 이 가운데 16번의 소추안이 가결되어 헌재에 올라오고, 이미 결정난 4건이 모두 기각된 탄핵을 "남발이 아니다"라고 말했다. 29번의 발의, 16건의 국회 통과와 헌재 이첩, 헌재에서 이미 결정난 4건 모두가 기각, 이게 남발이 아니라고? 분통을 터뜨리는 국민의 원성이 높아지자 1월 31일 헌재 공보관 천재현이 얼굴을 내밀고 말했다. "정치권이 재판관 성향을 단정해 본질을 왜곡하고 있다. 탄핵 심판은 재판관 개인의 성향에 의해 좌우되지 않는다. 판단은 헌법과 법률을 객관적으로 적용해 이뤄지는 것이지 재판관 개인 성향에 의해 좌우되지 않는다." 그의 이 새빨간 거짓말에 국민은 분노했다. 법조문을 외우고 알량한 법률가가 된 그는 모든 국민을 무지랭이로 여기고 있었다.

한덕수 대행의 재판을 미루는 이유

24년 12월 27일 국회의장 우원식은 한덕수 대통령 권한대행에 대한 탄핵안 가결을 선포했다. 권한 대행 단 13일 만이다. 헌법재판관 임명을 거부한다는 것이 이유였다. 헌법학의 태두인 김철수 권영성의 학설까지 끌어오지 않더라도 현존하는 최고의 헌법학 권위자 허영 교수를 비롯한 대부분의 학자는 권한 대행의 적극적인 임명권은 제한된다고 말한다. 그것이 다수 의견이다. 그럼에도 이재명의 민주당은 한덕수를 탄핵했다. 이에 여당은 헌법재판소에 권한쟁의심판을 청구하고 효력정지가처분을 신청한다. 미국을 비롯한 외국에서조차 대통령이 탄핵된 대한민국 정부의 카운트파트로 국무총리 한덕수를 거론하며 그를 중심으로 질서가 회복되는 대한민국을 기대한다는 성명이 속속 나왔다. 이미 대한민국 정부와 진행 중에 있는 안보와 통상분야에서 협상 중단을 피하려는 의도였다. 그러나 그런 나라 걱정을 할 이재명의 민주당이 아니다.

나라를 걱정하는 많은 국민과 학자 변호사 등의 지식인은 한덕수 총리에 대한 탄핵결정이 가장 시급하다고 입을 모았다. 국민 179명이 희생된 무안공항 참사에서 재난관리 사령탑 라인인 행안부 장관, 국무총리, 대통령이 모두 공석이어서 경제전문가인 최상목이 이를 지휘하며 많은 허점을 드러냈고, 새로이 출범하는 트럼프 정부가 급진적 변화를 예고하고 있음에도 해당 장차관 자리가 공석이 되고 많은 핵심 공직자가 국회로 경찰로 불러다니는 등 정부내 조직의 결손으로 협상팀의 구성을 엄두조차 내지 못하고 있는 상황을 극복하기 위해 총리라도 신속히 복귀시켜야 한다는 것이 중론이었다. 대통령에 대한 탄핵을 결정하기 전에 국무총리에 대한 탄핵이라도 빨리 결정해야 한다는 국민의 목소리를 헌재는 외면했다. 이유는 간단하다. 한덕수 총리가 이재명의 민주당이 요구하는 꼭두각시 노릇을 거부했기 때문이다.

한덕수 탄핵소추안을 본 법률가들은 이를 무고탄핵이라고 불렀다. 탄핵 사유가 모두 어거지고 엉터리라는 뜻이다. 더구나 후에 대통령에 대한 탄핵소추 사유에서 내란을 제외함으로써 한덕수의 내란동조 혐의는 자동으로 사라졌다. 이어 탄핵 심판을 앞두고 국회측은 한덕수의 내란죄도 철회했다. 이로써 한덕수에 대한 탄핵소추 사유는 100% 사라졌다. 그렇다면 그에 대한 탄핵을 기각하면 된다. 더구나 권한쟁의 심판과 효력정지가처분은 절차와 적용법리가 간단하여 바로 결정할 수 있다. 그럼에도 헌재는 결정을 내리지 않았다. 이 혼란을 수습한 후 빨리 쉬고 싶다는 노 행정가 한덕수 개인을 위해 이 결정의 다급함을 말하려는 것이 아니다. 대한민국의 혼란을 속히 수습하고 국정을 안정시키기 위해서다.

25년 2월 19일, 한덕수 총리에 대한 헌재의 탄핵심판이 열렸다. 직무가 정지되고 54일만에 열린 재판은 단 70분만에 종료되었다. 다툴 쟁점이 없었다는 뜻이다. 그러면서도 선고일을 정하지 않았다. 이 혼란이 빨리 수습되기를 기다리고 있는 많은 국민의 염원을 무시하고 선고일을 추후에 결정하겠다고 말했다. 헌재 재판관 이 사람들 결코 나라를 걱정하는 사람들이 아니다. 그들은 좌익 세력과 이재명의 손익만 계산하고 있다. 좌익혁명을 하고 있는 그들에게 자유민주주의를 고집하는 대통령 윤석열을 탄핵시키는 일이 더 급했기 때문일 것이다.

2. 이런 국가기관이 필요한가

능력 있는 인재들이 공직을 맡지 않겠다는 대한민국의 풍토에서 더 민주당의 폭언과 깡패짓을 견뎌내며 나라의 이 혼란을 수습하고 물러나겠다는 한덕수에 대한 탄핵재판을 헌재는 서두르지 않았다. 한덕수가 돌아온다면 이재명의 세상에 방해를 받기 때문일 것이다. 더구나 헌재소장 대행 문형배는 이재명의 오랜 친구이고, 정계선과 이미선은 우원식 김민석 진성준 박주민 등의 종북좌익 정치인들과 같은 색깔이 아닌가. 국가의 안정과 이익을 위한다면 탄핵 사유가 제로인 한덕수 총리에 대한 탄핵안을 먼저 결정해야 마땅하다는 국민의 목소리에도 불구하고 헌재는 그것을 미루었다. 그리고 대통령 윤석열에 대한 탄핵만 서둘렀다. 기각으로 결론 날 것이 뻔한 한덕수 탄핵을 결정하면 범죄자 이재명과 좌익 혁명가들이 모두 불리하기 때문일 것이다. 대통령의 탄핵이 인용된다면 한덕수 총리의 탄핵건은 국민의 뇌리에서 저절로 사라질 것이기 때문에 그 때를 기다리고 있는 것이다. 이런 이유로 헌법재판소는 대통령의 방어권 보장 등 기본적 인권의 탄압에 대한 부담을 무릅쓰고 윤석열에 대한 탄핵재판을 신속하게 진행했다. 이 재판이 졸속을 피할 수 없는 이유다.

간첩보다 못한 대한민국 대통령의 인권

"절차를 존중하지 않는 헌법재판소는 일제 재판관보다 못하다. 이토 히로부미를 암살한 안중근 의사에게도 1시간 반의 발언기회를 줬다. 그러나 헌재는 윤 대통령에게 3분 발언의 기회도 주지 않았다. 이 꼴을 보려고 내 할아버지가 의병을 일으키고 내 아버지가 전쟁에 나갔는가." 헌재의 재판을 지켜보던 현직 검사장의 발언이다. 이영림 춘천지검장이 이렇게 분노한 재판정은 2월 4일의 5차 변론이다. 이 지검장은 "문형배 재판관은 3분의 발언기회를 요청한 대통령 측의 요청을 묵살하고 '아닙니다. 돌아가십시오'라고 말했다. 같은 날 정청래 의원의 요구에 응해 추가 의견 기회를 부여한 것과 극명히 대비됐다"며 그는 개탄했다. 이러한 불공정하고 편파적인 재판 진행에 대해 국민인 우리는 이미 '문형배가 하는 짓' 쯤으로 여기고 체념하고 있을 때 재판정 드나든 경험이 많은 이영림 검사장의 눈에는 이 상황이 심각하게 보였던 모양이다. 헌재의 편향적인 재판 진행은 대통령에 대한 변론 내내 목격되었다. 여러가지 많은 사례 중에 하나만 말하자면 초읽기다.

초읽기, 바둑 이야기가 아니다. 25년 2월 들어 열린 변론에서는 초시계가 등장한다. 문형배는 심판정에 설치된 빨간색 초시계를 가리키며 발언시간을 제한한다고 말했다. 홍장원에 대한 신문 시간이 부족하니 3분만 더 달라는 대통령 측의 요청을 거부한 것도 이 초시계가 멈추었다는 것이 이유였다. 시간제한 때문에 사실관계를 확인하지 못했다는 항의는 대통령 측에서 나왔다. 문형배가 초읽기에 들어간 이유는 간단하다. 정청래가 이끄는 국회측은 홍장원과 곽종근의 거짓말과 조작된 증거가 거짓으로 뒤집어지거나 조작임이 밝혀지지 않도록 하는 것이 관건이었던 반면 대통령 측에서는 그것이 거짓과 조작임을 밝히기 위해 3분이라도 더 필요했기 때문이다. 이 싸움은 문형배와 이미선의 편파적 진행에 의해 이미 승부가 결정난 듯 보였다. 이미선이 정한 주 2일 변론기일 일정에 따라 헌재는 하루 3~4명의 증인을 부르는 등 졸속으로 재판을 진행했다. 충분한 시간을 가지고 심리한 결과 홍장원과 곽종근의 거짓과 조작된 주장이 뒤집히는 것을 막으려는 의도가 분명하게 보였다. 국회측과 한통속인 헌재는 진실이 거짓의 자리를 대체할 경우 이 탄핵을 인용할 수 없다고 생각했을 것이다. 이것은 곧 대통령의 방어권을 심각하게 침해했다는 뜻이다. 결국 "대통령의 인권이 일반 국민보다, 잡범 이재명보다, 민노총 간첩보다 못하냐"는 항의가 곳곳에서 나오게 된다. 재판의 진행은 이러한 편파성에 더해 위법적이고 불법적인 경우도 많았다.

대한민국 법을 지키지 않는 최고의 헌법기관

헌법재판소법 제124조 2항은 "재판장은 공판기일을 일괄 지정할 경우 검사 피고인 또는 변호인의 의견을 들어야 한다"고 명시하고 있다. 그럼에도 이미선은 대통령 측 변호인의 의견을 묻지도 듣지도 않은 채 공판 기일 5일을 일괄 지정하고 주 2회씩 열겠다며 일방적으로 결정했다. 재판 당사자의 방어권과 공정한 재판을 치명적으로 침해하는 명백한 위법이다. 이는 헌법 12조의 적법절차 규정을 위반한 위헌이기도 하다. 헌재 심판에서 준용되는 형사소송법의 162조 1항은 "피고인은 증인 신문에 참여할 수 있다"고 명시하고 있다. 이 규정에 따라 대통령은 당연히 증인에게 질문할 권리가 있다. 그러나 문형배는 대통령의 신문을 불허했다. 이재명이 증인 유동규에게 직접 신문했다는 사실을 방송을 통해 수시로 접하고 그것에 익숙한 국민은 분노했다. "대통령의 권리가 잡범 이재명보다 못한가" 여기다 수사기록을 유출하는 불법행위도 빈번했다. 경찰과 검찰이 헌재에 제출한 수사기록을 헌재가 국회측에 유출하고 더민주당에서 이를 언론에 공개하며 여론전을 펼친 사례는 많다. 헌재법 32조 위반이다. 심지어 헌재는 대통령의 답변서를 언론에 유출했고 이를 입수한 JTBC가 내용을 미리 보도하는 일도 있었다. 대한민국 대통령의 인권이 민노총 간첩보다 낫다고 생각하시는가.

대통령에 대한 헌재의 재판을 지켜보던 허영 헌법학 교수는 헌재의 편파성과 위법성을 다음 10가지로 정리해 주었다. 1. 답변서 제출 기일을 보장하지 않음 / 2. 변론 기일을 일방적으로 지정함 / 3. 수사 서류 송부 촉탁 수용 / 4. 탄핵소추 사유 변경 수용 / 5. 증인신문 참여권 박탈 / 6. 홍장원 메모의 진위 확인 미흡 / 7. 진술 번복 증인의 증언 채택 / 8. 우리법연구회 출신의 재판관 임명 논란 / 9. 대통령 권한대행 탄핵안 각하 필요성 / 10. 졸속 심판 진행. 이렇게 문제가 많은 재판은 혁명재판이라 불러야 마땅하다. 6.25 전쟁 당시 경상도 일부지역을 제외한 남한의 모든 지역이 북한군의 수중으로 들어간 약 3개월 동안 경험했던 좌익의 혁명재판을 우리는 흔히 인민재판이라 부른다. 25년 2월 18일에 열린 9차 변론을 마친 대통령측 변호인단은 "헌재의 재판 진행은 명문 규정을 위반한 것이다"라며 항의했다. 법이 정한 규정을 지키는 않으며 진행하는 재판은 혁명재판, 즉 인민재판이 맞을 것이다. 법을 정면으로 위반하며 법을 해석하고 집행하는 인민재판은 당연 무효다. 대한민국이 법치주의 국가가 맞다면 인민재판은 당연히 무효다.

헌재가 대통령 탄핵이라는 이 중대한 재판을 편파적이고 위법적이며 불법적으로 진행하는 이유는 급박한 그들의 시간표에 있었다. 그 시간표는 국민인 우리의 시간표가 아니었다. 대통령의 시간표도, 대한민국의 시간표도 아니었다. 감옥 안 가려는 이재명과 더민주당의 수십 명에 이르는 범죄 피의자들의 시간표, 주사파 정치인들의 혁명과업 완수의 시간표, 기회주의자들의 출세와 부귀영화의 시간표였다. 헌재 재판정에 걸린 초시계는 국민의 시간표가 아닌 그들의 시간표만 담고 있었다. 대한민국의 질서회복이 먼저라고 생각하는 국민의 시간표는 범죄자들의 안녕과 남한의 좌익국가화가 먼저라고 생각하는 그들의 시간표와 다르다. 그들이 주도권을 잡고 일방적으로 진행하는 대통령 윤석열에 대한 조사와 수사와 재판이 졸속이고 반인권적이고 편파적이고 위법적이었던 이유는 국민인 우리와 그들의 꿈이 다르고 시간표가 달랐기 때문이다.

헌법재판소는 없어져야 합니다

2019년에는 480일 즉 1.4년이었던 헌재에 접수된 사건의 평균 처리기간은 2023년이 되자 732일, 2년으로 252일이 늘어났다. 이 5년 동안의 미제 사건은 연평균 10건 중 5~6건이었다.(문화일보, 2023.10.16) 재판 지연이 이렇게 갈수록 심화되고 사건 처리가 지지부진한 이 사법기관을 대한민국 최고의 법원이라고 할 수 있을까. 이 기관이 존속되어야 하는가. 이런 기관을 국민인 우리가 내는 세금으로 유지할 필요가 있는가. 헌법재판소 소속의 헌법연구관들이 만든 '헌재법 해설서'는 헌법재판의 매뉴얼 역할을 한다. 여기에는 대통령 권한대행의 탄핵 가결 정족수를 200명으로 명시하고 있다. 박근혜 정부에서 정의화 의원이 국회의장으로 있던 당시의 국회입법조사처에서도 대통령 권한대행 탄핵의 의결정족수를 200석이라고 결론 내렸다. 그렇다면 헌재는 한덕수에 대한 탄핵을 즉시 기각해야 했다. 그러나 이 뻔한 사건을 헌재는 기각하지 않았다. 그리고 거북이 걸음으로 재판을 진행했다. 내란동조 혐의와 내란죄의 사유가 모두 사라지고 삭제되어 탄핵의 사유가 100% 사라졌음에도 재판은 진행되었고 법리도 절차도 매우 간단한 권한쟁의심판과 효력정지가처분에 대해서도 결정하지 않았다. 이 헌법재판소가 있어야 할 필요가 있을까.

25년 2월 13일에 열린 8차 재판기일에서 재판을 진행하던 소장대행 문형배는 종이를 흔들었다. 그의 편파적이고 위법적인 소송지휘에 대해 대통령 측이 이의를 제기하자 그는 종이를 들어보이며 말했다. "이게 내가 진행하는 대본인데 내가 쓴게 아니다. 탄핵심판TF에서 올라온 거다" 비겁한 문형배. 10여 명의 탄핵심판TF 소속 연구관들은 소장대행인 자신이 대부분 뽑고 모두 자신이 임명하여 이 TF를 구성했다. 스스로 자신이 가장 왼쪽이라고 말한 그가 뽑은 연구관들도 하나같이 왼쪽이라고 헌재 밖의 법조인들은 입을 모은다. 그런 왼쪽 연구관들이 작성한 대본은 그들보다 더 왼쪽에 있는 자신의 뜻을 그대로 반영하고 있었다. 편파성, 위법성, 불법성은 이론가와 행동가를 막론하고 모든 좌익의 사람들에게 공통적이다. 기존의 도덕과 질서와 법률을 존중하고 준수하는 좌익은 없다. 자신이 모은 왼쪽 연구관들이 만든 대본을 자신과 무관한 것처럼 말하는 문형배, 거짓말과 위장도 좌익 사람들의 공통점이다.

대한민국의 정체성을 완전한 왼쪽의 것으로 만드는 통치로 일관했던 문재인 정권에서 5년간 헌재소장으로 있었던 유남석은 우리법연구회 출신이다. 유남석은 헌재 연구관들을 좌파 일색으로 구성했다. 60~70여 명의 연구관 중 우파적 인물은 손에 꼽을 정도였으며 그들은 좌파 연구관들 속에서 개밥의 도토리 신세였다. 우파적 연구관들은 좌파 일색인 헌재의 환경이 매우 힘들었다고 말했다. 대통령 측 변호인단에서 활동하는 배보윤 변호사도 그런 경우다. 대한민국은 자유민주주의 국가 즉 우익 국가다. 그러나 대한민국 최고의 사법기관인 헌재의 연구관들은 대부분 좌익이다. 이것은 심각한 일이다. 자유민주주의 국가 헌재의 연구관들은 자유민주주의 헌법을 연구하여 단점을 보완하고 장점을 살려야 한다. 좌익국가의 헌법은 비교 차원에서 부수적으로 연구해야 한다. 좌익 본색의 연구가들이 모여 사회주의 공산주의 헌법의 장점만 연구하고 자유민주주의 헌법의 단점과 허점을 찾아내어 공격의 무기로 삼는다는 것은 국가의 체제를 바꾸기 위한 준비일 것이다. 대한민국 헌법재판소가 빨리 없어져야 하는 이유다.

한덕수 대행을 탄해시키는데 가결 정족수가 200이냐 151이냐를 두고 일었던 논란의 와중에서 이재명은 "챗GPT 한테 한덕수 탄핵 정족수를 물어봤다. 가결 정족수는 151명이다"라고 말했다.(MBN, 2024.12.27) 헌재의 존재 자체를 조롱하고 농락하는 이재명의 이 말에 모멸감을 느낀 헌법재판관은 있으셨는가. 이재명의 말을 듣고 그대들 모두는 이제 쓸모가 없으며 차라리 챗GPT에 그대들의 역할을 맡기는 편이 낫겠다고 생각하는 국민이 많았다는 사실을 아시는가. 일찍이 그렇게 했더라면 대한민국이 지금 이지경까지는 되지 않았을 것이라고 말하는 국민의 목소리는 들으셨는가. 헌법재판소를 없애자는 말은 들리시던가. 헌법과 법률의 조문, 공정과 정의, 사실과 진실, 대한민국의 자유민주주의 정체성, 국가의 존속과 미래 등이 판결의 기준이 아닌 여론의 풍향에 따라 판결을 내리는 그런 기관이라면 여론조사 회사들의 조사결과를 집계하여 평균을 낸 수치로 판결하면 더 빠르고 더 경제적이고 더 공정하여 더 많은 국민이 납득하지 않을까. 헌법재판소는 없어도 된다. 헌법재판소가 없어야 대한민국다운 대한민국이 될 수 있을 것이다.

헌법재판소 재판관 정원은 9명이다. 모두 장관급이다. 매년 수백억의 예산을, 어쩌면 1000억이 넘는 세금을 사용할 것이다. 그들이 사건을 처리하는 기간이 갈수록 늘어나고 미제사건이 60%에 육박한다면 이런 기관은 존재해서는 안된다. 해체한 후 대안적 기관을 검토해야 한다. 헌재 재판관들은 업무의 효율성과 경제성에서 그리고 무엇보다 판결의 공정성에서 100만 원짜리 의자에 앉을 자격이 없는 사람들이다. 더구나 이 기관은 좌익의 법에 관심이 더 많고 좌익진영의 이익을 먼저 생각하고 대한민국을 좌익 국가로 만들기 위해 행동하는 연구관들로 대부분 채워져 있다. 문형배와 이미선이 나간다고 해도 정계선이 이미 새로이 들어왔으며 헌법 재판정을 인민재판정으로 만들 것이 뻔히 예상되는 좌익 혁명가 마은혁도 청문회를 마치고 임명을 대기중이다. 문재인 때는 대부분이 좌익 재판관이었다. 다음에 좌익정권이 또 들어서면 또 그럴 것이다. 좌익이념 법률가들의 혁명기지가 된 대한민국 헌법재판소는 반드시 없애야 한다. 대한민국이 계속 자유민주주의 국가로 남기 위해 무엇을 해야하는지를 찾는다면 이 일이 먼저다. 그런데 당장 급한 일이 있다. 그들의 손아귀에서 심판을 받고 있는 우익 대통령 윤석열이 위험하다.

4절

•

아주 새로운 혁명가
이 재 명

2018년 경기도지사 경선에 나선 김영환 후보는 이재명의 면전에서 그의 여러 범죄혐의와 비도덕적인 일을 나열했다. 결론은 이렇다. "내가 살다 살다 이런 인간 처음 본다." 2022년 대선에 나선 이재명의 대표 구호는 "이재명은 합니다"였다. 그는 자신의 탐욕을 위해서는 무슨 짓도 다 하는 그런 사람이다. 저자가 관찰한 이재명은 대한민국 77년의 역사에서 가장 악마 같은 정치인이다. 현대사에서 히틀러나 스탈린 같은 독재자도 이재명 정도로 정신병적이고 악마적이었나 싶다. 선출된 지도자가 아닌 계승된 군주였던 연산군 정도가 이재명에 필적할 것이다. 그러나 현대 대한민국에서 선출된 정치인 중에서는 이런 인간형을 찾을 수가 없다. 이런 사람이 자신의 감옥행을 무산시키기 위한 도화선으로 써먹기 위해 감행한 일이 현직 대통령 윤석열에 대한 탄핵이다. 이 사람이 감옥 밖에 있어도 대한민국이 무사할까. 이 사람이 대권을 잡아도 대한민국이 지금의 대한민국일까. 국민인 우리는 이를 먼저 고민해야 한다.

천재이거나 사이코패스거나 악마이거나

이재명은 천재다. 말과 다른 행동을 완벽하고 하고 행동과 다른 말을 완벽하게 해내는 점에서 그렇다. 표정 하나 바꾸지 않고 그렇게 해내는 그의 모습에서 천재성과 함께 정신병이 의심되기도 하지만 천재적인 것은 분명해 보인다. 이런 그가 대권 주자 지지율 1위를 달리고 있으니 천재가 맞을 것이다. 대권주자의 반열에 이름을 올리려는 목적으로 800만 불을 북한정권에 뇌물로 주고도 조연 이화영과 김성태는 수사를 받거나 실형을 선고받았는데 주범인 그는 멀쩡하게 대권을 준비하고 있다. 천재가 맞다. 그의 범죄와 관련된 주변인 6명이 자살하거나 의문을 죽음을 했음에도 그는 여전히 멀쩡하니 그는 천재가 맞을 것이다. 물론 그를 다르게 보는 시각도 있다.

회계사 김경률은 이재명을 두고 "악마를 형상화하면 이재명의 모습일 것"이라고 말했다. 이재명은 대통령 탄핵을 반대하기 위해 광주 금남로에 모인 국민 3만 명을 '악마'라고 말했다. 이재명게이트가 분명한 대장동 사건을 윤석열게이트라고 뻔뻔하게 말하는 그의 문법에 따르면 이재명은 악마가 맞다. 논객 진중권은 이재명을 사이코패스라고 말했다. 우리말로 하면 정신병이다. 김경률과 진중권의 말을 합하면 이재명은 정신병적 악마다. 공직자의 거짓말은 서구 선진국에서는 매우 엄하게 처벌하는 범죄다. 워터게이트 사건은 도청이라는 불법적 행위보다 거짓말을 한 사실이 현직 대통령 닉슨을 물러나게 한 사유였다. 25년 1월 23일 이재명은 "공직선거법상 허위사실유포죄는 전세계에서 대한민국이 유일하다"고 말했다. 중학생 정도의 지식이면 다 아는, 그래서 모든 언론에 의해 바로 반박된 이런 뻔한 거짓말을 기자회견을 통해 공개적으로 말하는 이 재명은 온전한 정신일까. 그를 대통령으로 지지하는 30%가 넘는 국민은 그와 자신의 정신상태를 의심해보지 않아도 될까.

이재명이 진실을 말하는 것을 들은 적이 있는가. 더민주당과 상속 세 개편을 논의했던 여당 의원 송언석은 이재명의 새빨간 거짓말을 듣고 "거짓말은 이재명의 모국어"라고 말했다. 이재명과 다른 모국어를 쓰는 우리는 대통령이 되어 많은 말을 마구 쏟아낼 그의 말을 알아들을 수가 있을까. '미국은 점령군'이라던 그가 이제와서 '미국은 동맹국'이라고 말 했다. 앞의 말을 들어야 할까 뒤의 말을 믿어야 할까. 모든 기업이 긴급하 다고 말하는 '주 52시간제의 예외' 요청을 퇴짜놓으며 "삼성전자 같은 기 업 6개를 키우겠다"고 말하는 이재명의 민주당을 믿을 수 있는가. 앞이 진실인가 뒤가 진실인가. 앞이 거짓인가 뒤가 거짓인가. 자신의 탐욕과 이기심을 채우기 위해서라면 무슨 짓도 다 하고 어떤 거짓말도 다 하는 이재명이 대통령이 되려고 한다. 정신병적이고 악마적인 천재가 통치하 는 대한민국이 무사할까.

이재명의 민주당

차은우보다 이재명이라고 말한 안귀령은 국회의원 공천을 거뜬히 받 아냈다. 이재명을 정조에 빗댄 김준혁은 공천을 받고 뱃지까지 달았다. 정청래는 이재명을 손흥민에 빗대며 법에는 깡통인 자신을 법사위원장 자리에 앉혀준 이재명에게 보은했고 당에서 별 존재감이 없는 강병원 의 원은 이재명을 예수에 빗대는 말로 자신의 존재를 이재명의 뇌리에 확실

하게 각인시켰다. 더민주당 정치인들의 생존술을 말하는 것이 아니다. 이
재명이 더민주당 국회의원 170여 명 모두를 자신의 똘마니 혹은 인민당
원으로 만드는 기술이다. 더민주당 의원들의 언행을 보자면 조폭을 닮아
있다. 이재명에 대한 절대적 충성은 형님을 모시는 조폭집단과 다를 바
없다. 그래서 똘마니라고 해도 될 것이다. 당대표 이재명의 결정을 일사
불란하게 따르는 그들을 인민당원이라 부르는 것도 매우 적절해 보인다.
인민당원을 거느리는 사람은 수령으로 불러야 맞는 언어사용법일 것이
다. 사이코패스적이고 천재적이며 악마적인 이재명은 전통 있는 정당인
더불어민주당을 그런 방법으로 완벽하게 장악했다. 김대중의 민주당도,
문재인의 민주당도 아니었던 민주당은 그렇게 해서 이재명의 민주당이
되었다. 이재명은 천재가 맞을까.

국무총리와 더불어민주당의 당대표를 지낸 이낙연은 2024년 1월 "민
주당 의원 44%가 전과자다. 이랬던 적이 없다"고 말했다. 이재명이 공천
권을 행사한 22대 국회의 민주당 의원은 전과자 비율이 더 높을 것이다.
이재명은 국민의힘을 '범죄정당'이라고 불렀다.(2025.2.14) 그의 문법으로
해석하면 더민주당은 범죄정당이다. 높은 전과자 비율 뿐 아니라 증거도
무수하다. 자신의 욕망 덩어리를 채우기 위한 수단으로 정치가가 되고
결국 종합범죄자가 된 이재명은 범죄정당 더민주당을 완벽하게 장악하
고 의원의 절반을 차지하는 범죄 전과자들을 자신의 방패로 혹은 졸개
로 써먹었다. 공천권과 당의 보직에 목줄이 잡힌 기회주의자 졸개들과 종
합범죄자 이재명이 감옥가지 않아야 이재명보다는 상대적으로 죄가 가
벼운 자신도 감옥가지 않을 것이라는 기대감에 그들은 똘똘 뭉쳤다. 범

죄자의 소굴이 된 더민주당 의원들이 오랫동안 범죄자 잡는 검사로 일하다 대통령이 된 윤석열을 겁내는 이유다. 그들이 윤석열을 임기 절반 내내 대통령직에서 끌어내리겠다고 벼르고 또 벼른 이유이기도 하다.

2023년 12월 뇌물혐의로 유죄가 확정되어 감방으로 가야했던 송영길은 구속 직전 한 외신과의 인터뷰에서 "윤석열 정부는 끝났다. 윤석열을 퇴진시키겠다"는 의지를 밝혔다.(미국 외교전문지 The Diplomat, 2023.12.23) 반정부 학생운동으로 구속되었던 공안범죄 전력이 있는 송영길이 이제는 20여 명의 민주당 정치인들이 함께 연루된 소위 돈봉투 뇌물 범죄로 구속을 앞두고 윤석열 퇴진을 다짐했다. 그의 경력에는 과거의 공안범죄에다 이제는 뇌물범죄까지 더해졌다. 두가지 경력을 모두 갖춘 송영길은 더불어민주당 정치인의 완벽한 정체성 샘플이다. 우원식 김민석 정청래 박선원 등 최대파벌을 이루는 좌익혁명가의 정체성과 이재명 양문석을 비롯한 수십명에 이르는 범죄혐의자의 정체성 두 가지를 모두 갖추었다는 뜻이다. 이재명이 이끄는 범죄혁명과 우원식이 이끄는 좌익혁명이 연합한 그들의 혁명, 이것이 현직 대통령을 탄핵시키는 그들의 쿠데타 혹은 반란의 출발이다. 대통령 윤석열이 역부족인 이유다.

조연들

5000만의 인구, 77년의 역사, 세계 10대 경제대국, 이런 대한민국이 어쩌다 수 년째 정신병적 악인 1명에게 끌려다니는 나라가 되었을까. 대한민국의 역사의 길이와 단 일 초도 짧지 않은 종북좌익 혁명가들의 혁명투쟁과, 죄를 범하고도 감옥가지 않는 그런 새로운 혁명을 이끄는 이재명과 범죄자 일당의 범죄혁명 때문이다. 그런데 여기에는 조연도 있다. 기회주의자들이다. 쓸모없는 사람들도 있다.

특전사령관 곽종근은 별이 3개다. 3성장군인 그는 김병주와 박선원이 판을 깐 개인방송에 나와 계엄 당시의 상황을 말하며 울었다. 그가 한 말은 리허설까지 거친 거짓이라는 것은 곧 밝혀졌다. 국민은 그를 두고 '질질 짜는 똥별 3개'라고 조롱했다. 조롱이 아니라 개탄이었다. 50만 군인은 물론 국민도 모두 부끄럽고 민망했다. 북한정권이 가장 싫어한다는 참군인 김관진을 구속시키기 위해 온갖 방법을 동원하고 참군인 이재수를 죽음으로 몰아가는 등 대부분의 참군인을 구속시키고 옷을 벗겨 집으로 보낸 문재인이 이런 질질 짜는 군인만 남겨둔 결과다. 김병주는 똥별이 무려 네 개다. 분노한 국민은 그를 '똥별 4개를 단 김병주'라고 부른다. 오래 군인으로 있었던 김병주는 좌익혁명가는 아닐 것이다. 수사받은 범죄혐의도 없으니 범죄혁명을 하는 것도 아닐 것이다. 그렇다면 기회주의자로 봐야 한다. 공직에서 정년으로 은퇴한 후 죽을 때까지 부귀영화를 누리기 위해 어떤 무도한 짓도 마다하지 않는 그런 기회주의자 말이다. 이런 면에서 놀라운 전투력을 보이는 김병주는 질질 짜며 거짓 증언을 하고 거짓이 들통나면 수시로 말을 바꾸는 곽종근을 앞세우고 계엄 6시간을 조작했다. 대통령이 "의원 다 끌어내라"고 지시했다는 음모적 조작은 초기에 윤석열의 계엄선포를 내란으로 몰아가는 근거로서 결정적인 작용을 했다. 이재명과 우원식 주연의 이 모략극을 빛나게 해준 조연 김병주와 곽종근의 모략이었다.

홍장원이라는 뛰어난 조연도 있다. 국정원 예산 횡령, 부도덕한 사생활 등 국정원 내부에서 전해진 갖가지의 비리혐의가 회자되는 홍장원은 국정원 1차장 선배 박선원과 박근혜 탄핵에서 온갖 모략을 꾸민 '최순실 TF'에서 활약한 전력이 있는 박범계와 함께 모략을 꾸몄다. 대통령이 "싹 다 잡아들여라"라고 했다며 그가 명단을 적은 메모는 곽종근의 거짓말과 함께 '윤석열 내란' 프레임에 결정적으로 작용한다. 4개의 쪽지가 등장하고, 필적이 다르고, 그의 말이 거듭해서 번복되면서 거짓말임이 확실해지자 나중에는 약에 취해서 한 것이라며 자신의 거짓을 덮으려 했다. 만취상태에서 대통령의 전화를 받고 받아 적었다는 그의 쪽지는 헌법재판소의 재판정에서 뜨거운 감자였다.

대통령의 지시를 받아 적었다는 쪽지는 무려 네 개가 있다고 했는데 어느 것이 술 취한 상태에서 적은 것이고 어느 것이 술이 깨고 적은 것인지, 어느 것이 자신이 쓴 것이고 어느 것이 부하가 써준 것인지, 하나의 쪽지에 필체가 왜 다른지는 그도 헷갈리는 듯 보였다. 거짓을 태연하게 드러내는 홍장원보다 그런 쪽지를 가지고 싸우는 법률가들이 더 한심해 보이기도 했다. 더민주당 국회의원들에게 여러 차례 인사청탁을 하고 서로 내통한 그를 국정원 2인자의 자리에 둔 대통령의 순진함이나 아둔함이 아쉽기도 했다. 대통령의 비상계엄을 내란으로 몰아가고 탄핵소추 가결에 결정적으로 작용한 그의 거짓말과 거짓 증거는 끝까지 추적되어야 한다. 다시 탄생할지도 모를 다음 혹은 먼 이후의 자유민주 우익 정부를 위해서다. 대통령 박근혜에 대한 탄핵 인용에 중요하게 작용했던, 고영태 등의 민간인 일당이 사기적 이익을 취하기 위해 벌였던 모략을 이제는 고위 공무원인 국정원 2인자가 대통령을 무너뜨리기 위해 그런 일을 했다면 대한민국은 온전한 나라가 되기는 이미 틀린 듯하다.

아무것도 하지 않는 특급 조연

이런 조연도 있다. 아무 일도 하지 않고 이 모략극을 성공시키고 이 반란에 공을 세운 특급 조연이다. 대통령 윤석열이 1번 당원으로 있는 여당이다. 이재명을 아버지로 혹은 예수로 모시는 더민주당의 의원들과는 달리 여당 의원들은 대통령의 수난을 불구경하고 있었다. 대통령을 배신한 책똑똑이 한동훈이 비운 당대표 자리는 권영세가 비대위원장의 이름으로 채웠다. 권영세가 그 자리에 앉은 내막을 보면 헛웃음이 난다. 이 난국을 타개할 수 있는 의지와 전투력을 갖추었다는 것이 그가 지명된 이유가 아니다. 여러 계파의 이익을 취합하여 계파색이 적다는 것이 이유였다. 자신의 소신과 주장이 적고 권력욕이 없다는 뜻이다. 뼈 없고 능력 없는 사람이라는 뜻이기도 하다. 권영세를 욕하자는 것이 아니다. 세금만 축내며 국회의원 오래 해먹을 궁리만 하는 그런 기생충 형의 국회의원은 국민의힘에 수두룩하다. 여당의 국회의원들은 더민주당이 만든 내란이라는 거짓 프레임을 바로잡고 이 국가적 혼란을 수습하는 일에는 무관심했다. 그들은 다음 권력의 향방에만 관심이 있었다.

뼈 없는 비대위원장보다 더 큰 문제는 대통령과 당과 나라의 운명을 좌우할 이 비상시국에 뼈없는 사람을 그 자리에 앉힌 108명의 국회의원 집단이다. 수정한다. 윤상현 김민전 주진우 장동혁 곽규택 강선영 박수영 신동욱 박충권 9명을 제외한 99명이다. 이 99명의 조연이 한 일은 딱

한 가지다. 입을 닫고 눈치만 보는 것이다. 이재명은 국민의힘을 향해 '극우정당도 아닌 범죄정당'이라고 말했다. 아무것도 하지 않고 이런 이름을 얻는 것을 과분하게 생각한 국민의힘 의원은 몇이나 있었을까. 여당이 극우정당이고 범죄정당이라면 나라를 바로 세우려 하는 대통령이 감옥에 갇히고 종합범죄자가 대통령 자리를 넘보고 있는 지금의 상황은 가능하지도 않았을 것이다. 이재명이 아무말이나 마구 배설해 놓아도 가자미 눈을 한 그들은 별 말이 없으니 대통령 탄핵정국은 이재명의 말대로 되어가고 있었다. 1개의 마이크와 170개의 스피커를 가지고 쉼없이 그것을 가동하는 더불어민주당, 단 9개의 마이크 일체형의 스피커를 가진 국민의힘, 그 결과가 바로 대통령의 체포와 구속과 재판이다. 분노를 유발하는 야당과 답답한 여당, 지켜보는 국민이 지친다.

교도소 담장에 매달린 사람이 대권을 잡는다면

'이재명은 곧 감옥에 갈 것이다' 5년 째 듣고 있는 말이다. 경기도지사 경선과정에서 경기도민 전체를 상대로 허위사실을 유포하는 명백한 범죄를 범하고도 권순일 대법관과의 검은 거래 의혹 속에 무죄를 선고받은 것이 2020년 7월이니 5년이 되었다. 수시로 말을 바꾸고 급하면 무슨 말이든 마구 던지는 그는 한 인간으로서의 철학은 물론 뚜렷한 정치관도 없는 사람으로 보인다. 자신의 이기심과 탐욕을 채우기 위해 국민의 세금으로 움직이고 유지되는 모든 공공부문을 도구로 삼고 이를 악용하는 그는 이 과정에서 수많은 범죄행위를 범했다. 그 결과가 8개 사건, 12개 혐의, 5개 재판, 이미 전과 4범에 곧 전과 10범 예견이다. 이재명 그를 교도소 바깥 담장에 매달린 사람이라고 말하는 근거다.

절벽에 매달린 사람 이재명이 자신이 사는 방법으로 선택한 것은 윤석열 정부를 무너뜨리는 것이다. 북한의 지령을 받고 윤석열이 대통령에 취임도 하기 전부터 탄핵을 외쳤던 종북좌익세력은 그에게는 천군만마였다. 좌익세력과 연합체를 이룬 이재명은 부정선거의 흔적과 증거가 곳곳에서 드러난 22대 총선에서 압승을 거두고 윤석열 탄핵에 본격적으로 나선다. 그가 선택한 방법은 지연전과 속도전이다. 윤석열의 대통령 임기 절반의 시간 동안 그는 자신의 범죄에 대한 모든 수사와 재판을 지연시키는 일에 집중했다. 자신을 수사하는 모든 검사를 탄핵하고, 검찰과 경찰의 특활비 항목을 제로로 만들고, 정쟁을 일으켜 정부를 공격하겠다는 목적으로 특검안을 남발했다. 결국 윤석열 정부는 손이 묶이고 발이 마비되어 아무것도 할 수 없는 지경에 이른다.

이에 대응하는 대통령 윤석열의 조치가 바로 24년 12월 3일 밤에 선포된 비상계엄이다. 이재명의 민주당은 준비가 부족했던 이 계엄조치를 내란으로 몰아갔다. 박범계 박선원 김병주가 대본을 쓰고 홍장원 곽종근이 연기를 맡은 이 모략은 먹혀들었다. 모든 언론이 대통령의 조치를 비상계엄이 아닌 내란이라 불렀고 국민도 그렇게 여겼다. 이때부터 이재명은 사기탄핵의 수괴로 나선다. 그의 속도전은 그렇게 시작된다. 자신의 감옥행을 피하는 방법으로 윤석열을 감옥으로 보내기로 한 이재명의 속도전은 김정은의 마식령속도전이나 만리마운동을 보는 듯했다. 이재명의 이 속도전이 성공한다면 그 다음에는 어떤 세상이 열리게 될지 생각해 보셨는가. 무서운 세상이다.

이재명은 계엄과 탄핵의 와중에서 '허위사실공표죄는 한국만 있다'는 허위사실을 퍼뜨렸다. 그의 민주당은 계엄 2주 전 이미 허위사실공표죄를 삭제하고 당선무효형의 기준을 높이는 선거법 개정안을 발의한 바 있다. 윤석열에 대한 탄핵이 인용되고 이재명이 감옥가지 않는다면 이 법은 반드시 개정될 것이다. 김동현 판사가 음주와 운전을 분리하는 기상천외한 방법으로 무죄를 선고한 위증교사죄 역시 사실상 사문화될 것이다. 이재명의 감옥행을 피하기 위해 허위사실공표죄가 없어지고 위증교사제가 사문화되는 이 단 두 가지만으로도 대한민국은 거짓말 천국이 되고 범죄 천국이 될 것이다. 마약 성범죄 등의 범죄가 넘쳐나 대한민국의 질서가 무너지는 것은 좌익세력이 대한민국을 좌익의 나라로 바꾸려 하는 그들의 혁명에서 매우 중요한 전략이다. 대한민국의 형사사법 질서를 무너뜨리는 것은 감옥가지 않으려는 종합범죄자 이재명과 우원식 박선원 등의 좌익혁명가들이 완벽하게 의기투합하는 지점이다. 범죄천국이 된 대한민국, 지옥은 여기가 끝이 아니다.

"악마, 사람입니까, 킬링필드" 2025년 2월 15일 탄핵을 반대하기 위해 광주 금남로에 모인 국민을 향해 이재명이 입에서 나온 말이다. "독살, 폭사, 확인사살" 같은 날 '비상계엄이 성공했다면 윤석열은 이랬을 겁니다' 라는 식으로 이재명의 입에서 마구 배설된 무엇이다. 이재명의 문법에 따르면 이것은 모두 그 자신의 머리 속에 담고 있는 그 자신의 계획이다. "정치보복은 매일 해도 된다" "권력행사는 잔인하게 해야 한다. 용서하면 안된다"고 말했던 그가 대권을 잡는다면 자신의 머리 속에 든 계획을 모두 실천할 것이다. 잔인하게 실천할 것이다. 적폐청산의 이름으로

1000명 이상의 공직자를 수사하고 200명 이상을 구속시킨 문재인 보다 10배는 더 피를 흘려야 할 것이라는 예상은 최소한이다. 김정은에 버금가는 숙청의 피바람을 예상을 하는 사람도 많다.

'정치는 히틀러처럼, 경제는 차베스처럼.' 감옥 가야할 이재명이 대통령이 되면 펼쳐지게 될 새로운 세상을 압축한 말이다. 히틀러의 정치에 의해 독일은 물론 유럽 전체가 지옥이 되었다. 차베스의 경제에 의해 베네수엘라의 교수와 의사는 이웃 나라로 가서 건축노동자가 되고 유흥가에서 몸을 파는 여성이 되었다. 이게 지옥이 아니고 무언가. 최선의 정치 지도자를 찾는 일은 어려운 일이다. 이에 비해 최악의 지도자를 피하는 일은 국민이 조금만 깨어있어도 가능하다. 윤석열은 최선의 지도자는 아닐지라도 적어도 최악의 지도자는 아니다. 이재명은 최악의 지도자가 분명하다. 이재명과 우원식의 혁명은 저지되어야 한다. 윤석열의 반혁명은 반드시 성공해야 한다. 윤석열은 돌아와야 한다.